वोटर माता की जय!

‘वोटर माता की जय!’ पर कुछ सम्मतियाँ

बिहार की महिला वोटर की आवाज़ को कोई नहीं कर सकता ‘ख़ामोश!’

—शत्रुघ्न सिन्हा

बिहारी महिलाओं की सामाजिक एवं राजनीतिक जागरूकता का जीवन्त प्रमाण।

—पवन वर्मा

एक अनूठा यत्न; प्रतिष्ठा के उद्योग की सराहना करनी होगी। उन्होंने ऐसी अभिलाषाओं को स्वर दिया है जो आमतौर पर सुनाई नहीं देतीं।

—संकर्षण ठाकुर, *रोविंग एडिटर, दी टेलिग्राफ़*

बिहार की राजनीति में महिलाओं की भूमिका को दर्शाता एक ‘नीमन’ प्रयास।

—मनोज वाजपेयी

वोटर माता की जय!

प्रतिष्ठा सिंह

वाणी प्रकाशन

वाणी प्रकाशन
4695, 21-ए, दरियागंज, नयी दिल्ली 110 002

शाखा
अशोक राजपथ, पटना 800 004

फ़ोन : +91 11 23273167 फ़ैक्स : +91 11 23275710

www.vaniprakashan.in
vaniprakashan@gmail.com
sales@vaniprakashan.in

VOTER MATA KEE JAI!
by Pratishtha Singh

ISBN : 978-93-5072-846-8
Non-fiction/Ethnography/Social Science/Politics

प्रथम संस्करण

मूल्य : ₹ 425

सिटी प्रेस, दिल्ली-110 095 में मुद्रित

वाणी प्रकाशन का लोगो मक़बूल फ़िदा हुसेन की कूची से

महिलाओं को समर्पित

सभी महिलाओं को...

(इतालवी रचनाकार बोकाच्चो के एक समर्पण का देशीकरण)

इस पुस्तक में आये हुए सभी पात्र और घटनाएँ वास्तविक हैं तथा
काल्पनिक जीवन से इनका कोई सम्बन्ध नहीं है।
यदि ऐसा होता है तो यह महज संयोग होगा,
इसके लिए लेखिका जिम्मेदार नहीं होगी।
पुस्तक में प्रयुक्त सभी संवाद प्रामाणिक स्रोतों से लिए गये हैं
जो रिकॉर्डिंग आदि के रूप में लेखिका के पास सुरक्षित हैं।

किताब के बारे में...

इस किताब की प्रस्तावना लिखने को जब मुझे कहा गया तो उन दिनों व्यस्तताओं से घिरा था। पर इसका विषय इतना दिलचस्प था कि मैंने तुरन्त हामी भर दी। पढ़कर लगा कि यह कुछ नयी तरह की लेखनी है। बिहार भर में एक महिला का अकेले सफ़र करना, वो भी चुनाव के दौरान...हमने पहले नहीं सुना था। बिहार की महिलाओं से उन्हीं के घर पर जाकर बातचीत करके उन्हें समझने का ये आइडिया बढ़िया है क्योंकि महिलाएँ कहीं की हों, वे परिवार की सूत्रधार होती हैं। वे छोटी-बड़ी हर क़िस्म की अड़चनों का रोज़ सामना करती हैं। ज़ाहिर है कि मतदान यदि रोज़मर्रा की तकलीफ़ों से निजात पाने की नीयत से किया जाये तो लोकतन्त्र मज़बूत ही होगा। महिलाएँ सदियों से बदलाव को अंजाम देने में सक्षम रही हैं और यह किताब उसी बदलाव को उजागर करती है।

यदि हमें सामाजिक उन्नति के स्तर को जानना है तो सबसे पहले उस समाज की महिलाओं की दशा का अध्ययन करना चाहिए। जब कोई बातचीत या वार्तालाप केवल सवाल-जवाब न होकर एक चर्चा का रूप ले लेती है तो कई परतें उभरकर आती हैं। मतदान के इन बहुआयामी कारणों/कारकों को इस किताब में बख़ूबी पेश किया गया है। चुनाव केवल पुरुषों का कर्मक्षेत्र नहीं है, न ही होना चाहिए। और इस किताब को पढ़कर ये यक़ीन हो जाता है कि कम-से-कम बिहार में ऐसा नहीं है। चुनावों को लेकर महिलाओं का जो जोश रैलियों में हमने देखा था, उसी जोश से उन्होंने लेखिका से विचार-विमर्श किया है। चुनावों पर अनेक तरह की समीक्षाएँ एवं आलोचनाएँ लिखी जाती रही हैं, ख़ासतौर पर बिहार के चुनावों पर। लेकिन यह किताब उन सबसे अलग है। यहाँ बहुत ही सरलता और सहजता से एक गम्भीर सामाजिक बदलाव को प्रस्तुत किया गया है जिसका हम स्वागत करते हैं। यदि ऐसे विषय पर किसी राजनीतिक दल के द्वारा लेखन किया जाता है तो उसमें कुछ एकतरफ़ा स्वाद होने का ख़तरा हमेशा रहता है। यहाँ, चूँकि लेखिका राजनीति से सम्बन्ध नहीं रखती हैं, इसलिए उनके लेखन और नज़रिए में निष्पक्षता साफ़ झलकती है। बिहार की महिलाओं ने बेहद निडरता और जोश के साथ लेखिका से

बातचीत कर यह साबित कर दिया है कि वे प्रगतिशील हैं।

बिहार का यह सफ़रनामा इसलिए भी ख़ास है क्योंकि इसका मक़सद केवल बातचीत करना था। हम सफ़र क्यों करते हैं? क्या हर सफ़र का कोई लक्ष्य होना ही उसकी सफलता का सूचक है? या फिर सफ़र खुद-ब-खुद अंजाम तलाश लेता है? लोकतन्त्र में चुनावों के साथ-साथ फ़िलॉसफी के लिए भी स्थान होना चाहिए और इस लेखन में भी आप यह पायेंगे।

स्थानीय भाषाओं का ज्ञान एवं उपयोग बढ़िया है। 'परिशिष्ट' के रूप में जोड़ी गयी शब्दावली और पदावली बेहद मज़ेदार होने के साथ काफ़ी सूचनाप्रद भी है।

किताब सामाजिक जागरूकता की ओर एक बेहतरीन प्रयास है और इस लिहाज़ से सराहनीय है।

–पवन कुमार वर्मा

सफ़र के बारे में...

हम बिहार को तब से अपना मान लिए थे जब से ये जाना कि राम से लेकर बुद्ध तक की यही भूमि है। जॉर्ज ऑरवेल से लेकर मनोज वाजपेयी जैसी शख़्सियतों ने यहीं पर जन्म लिया है। प्रियंका चोपड़ा और रवीश कुमार यहीं की देन हैं। और यह ब्रह्मज्ञान हमें किरोड़ीमल कॉलेज में ग्रेजुएशन के दौरान मिला था। बिहारी एवं हरियाणवी छात्रों के अलावा हम जैसों का एक अल्पसंख्यक वर्ग भी था। हरियाणवी सहपाठी खेलों में व्यस्त रहते थे और बिहारी बातों में। कई महीनों बाद हमें पता चला कि इसे 'हवाबाज़ी' कहा जाता है और छात्र जीवन में इसका अपना स्थान है। कुछ सालों में हमें यह भी पता चला कि हवाबाज़ी के दौरान संजीदा बात करने वालों को 'हवाबाज़' कहा जाता है।

हमें भी कई बार इस ख़िताब से नवाज़ा जा चुका था। वैसे यदि देखा जाये तो विदेशी मूल के लोग जिस क़िस्म की रुचि भारत में लेते हैं, यदि हम भारतीय वैसी ही रुचि बिहार में लें तो बहुत कुछ अच्छा हो सकता है। कहने का तात्पर्य यह है कि भारत जहाँ एक ओर सभ्यता एवं संस्कृति का ख़ज़ाना है, वहीं दूसरी ओर यह मानना होगा कि काफ़ी हद तक इसमें बिहार की भी भूमिका है। और जिस प्रकार हिन्दुस्तानी लोग दुनिया भर में कहीं भी जाकर बसने को तत्पर रहते हैं, उसी प्रकार बिहारी भी भारत भर में पाये जाते हैं। कोई ऐसा कार्यक्षेत्र नहीं है जहाँ बिहारियों ने अपनी प्रतिभा का लोहा न मनवाया हो या अपने नाम का झंडा न गड़वाया हो। फिर सबसे महत्त्वपूर्ण बात यह है कि यदि कोई क्षेत्र उन्नति या विकास की दृष्टि से सीमित-सा हो तो वहाँ करने को बहुत कुछ होता है। इन्हीं वजहों से बिहार में दिलचस्पी होना स्वाभाविक है।

राजनीति में लोगों की रुचि होनी चाहिए और यह बात हम अपने छात्रों से भी कहते हैं। समाज यदि राजनीति से चलता है तो राजनीति को समाज चलाए, यही बेहतर है। लेकिन अक्सर देखा जाता है कि राजनीति में रुचि तब बढ़ती है जब व्यक्तिगत रूप से किसी छोटे-बड़े स्तर पर हमें किसी परेशानी से गुज़रना पड़े। थैंक गॉड कि हमें ऐसी किसी दिक़्क़त से नहीं गुज़रना पड़ा। देश कैसे चलता है, बस

ये जानने का मन था। साइंस की स्टूडेंट होने के नाते कभी इस ओर ख़ास ध्यान नहीं दिया। जब ग्रेजुएट हुए और पेड़-पौधों की पढ़ाई से हटकर अचानक ही खुद को जेएनयू में इटैलियन भाषा पढ़ते पाया तो लगा कि अब तक न जाने किस कुएँ में बैठे हुए थे। 'पॉलिटिकल थॉट' की पढ़ाई भी की। समाज और राजनीति में जब दिलचस्पी बढ़ने लगी तो यह आइंस्टाइन से भी ऊपर की चीज़ें लगने लगीं। अब मार्क्स और गाँधी विचलित करने लगे। मार्टिन लूथर और चाणक्य की बातें समझ आने लगीं। नेहरू हीरो हो गये और बुश विलन।

तभी हमने लोकसभा में एक इंटर्नशिप की। 2010 की बात है। अपने देश की सरकार की कार्यकारिणी में दिलचस्पी बढ़ने लगी। उस दौरान कई राजनेताओं से हमारी मुलाकात हुई। लोकसभा लायब्रेरी में जयराम रमेश आते थे। लालू जी अक्सर गलियारों में दिखते थे। सुषमा स्वराज और जया प्रदा कैंटीन में मिलती थीं। हमने राहुल गाँधी और जेटली को एक-दूसरे के साथ भी देखा। अपनी रिपोर्ट के लिए हमने कई नेताओं का इंटरव्यू लिया। कुछ लोगों को हममें छिपी लेखन की प्रतिभा भी दिखी। प्रिया दत्त एवं मोहम्मद अजहरुद्दीन ने काफ़ी समय दिया। इंटर्नशिप के बाद ये सभी बातें आयी-गयी हो गयीं। हम वापस यूनिवर्सिटी के काम में लग गये। लेकिन दिल्ली यूनिवर्सिटी की एक ख़ास बात ये है कि यहाँ काम करते हुए भी आपको हर दिन राजनीतिक दाँव-पेंचों से जूझना पड़ता है।

ख़ैर, फिर वर्ष 2013 के अन्त में मोहम्मद अजहरुद्दीन के दफ़्तर से फ़ोन आया और पूछा गया कि क्या हम लोकसभा चुनाव में उनके लिए भाषण लिखना चाहेंगे। हमने हामी भर दी। राजस्थान के पिछड़े इलाक़ों में जाकर महिलाओं से बातचीत करने का एक अद्‌भुत मौक़ा मिला। जब तक कैंडिडेट भाषण देते थे, हम गाँव के लोगों से बातचीत कर लेते थे। उनकी कठिनाइयाँ कितनी सरल थीं! और कितना कठिन था उस सरलता का सामना करना!

2014 में 'मोदी लहर' नाम की जो सुनामी आयी, उससे हम सब भली भाँति परिचित हैं। उम्मीदों के उस तूफ़ान में हम खो गये। क्या हर चमकती चीज़ सचमुच सोना होती है? क्या उसमें चमक का न होना एक बड़ी कमी नहीं? क्या लोग जानते हैं कि आगे क्या होगा? क्या वही होगा जो होना चाहिए? कुछ फिनॉमिना इतने शानदार होते हैं कि सवाल पूछने में ही काफ़ी समय बीत जाता है...

...सहसा एक दिन मानो बिन माँगी मुराद पूरी हो गयी—"अरे, जाओ! बिहार तो अब तुम्हारा ही राज्य है!" पतिदेव के इस प्रोत्साहन ने मानो एक लम्बी झपकी से आज़ादी दिला दी। विधानसभा चुनाव सर पर थे और बिहार में वही हलचल थी जो एक गर्भवती महिला के भीतर होती है : क्या होगा? सब ठीक तो होगा न? मैं बच तो जाऊँगी न? अब और इन्तज़ार नहीं होता...! बेसब्री से करवट बदलती हुई

परिस्थितियाँ बिहार को रंग डालने की कोशिश में थीं।

इस सफ़र के बारे में यहाँ और क्या कहें? वह तो आगे लिखा ही है। एक महिला होने के नाते दूसरे राज्यों की अपनी बहनों को जानने की इच्छा थी। बिहार में रुचि थी। हमारे मिस्टर ने हमारी उत्सुकता को फिर से हवा दे दी। दिल्ली में मन नहीं लग रहा था। चुनाव सर पर थे और हमारे सर पर बिहार भ्रमण का भूत! सो हम चल पड़े!

—प्रतिष्ठा सिंह

संविधान दिवस
26 नवम्बर 2016

अनुक्रम

वोटर माता की जय!

वोटर माता की जय!

भारत! भारत माता की जय! भारतवर्ष की जय!

हिन्द, हिन्दुस्तान और इंडिया की जय!

सदियों से समूचे भारत के अखण्ड रूप-स्वरूप को एक नारी का समरूप माना गया है। मातृभूमि जो कि जननी है, मातृभूमि जो पालन करती है और पालन-पोषण के साथ-साथ स्नेह भी देती है। दुनिया में बहुत-सी ऐसी भाषाएँ हैं जिनमें आपको 'मातृभूमि' शब्द नहीं मिलेगा। वहाँ इसे 'पितृभूमि' कहा जाता है। पहली बार जब हमने ऐसा सुना तो कुछ अजीब सा लगा। उन संस्कृतियों में कुछ कमी लगी जो इतनी-सी बात नहीं समझ पायी हैं कि जन्म तो माता ही दे सकती है। लेकिन आज स्थिति बदल गयी है। आज हम ऐसा नहीं सोचते। आज लगता है कि 'पितृभूमि' शब्द में शायद कोई दोगलापन नहीं है क्योंकि कोई चाहे कुछ भी कह ले, भूमि तो पिता की ही होती है और माँ के लाल का नाम भी पिता का ही होता है। जिस माता को इतना अधिकार भी नहीं कि वह अपनी जन्मी सन्तान को अपना नाम दे सके, कहीं उसे बरगलाने के लिए ही तो यह सम्मान नहीं दिया जा रहा? ऐसा लगता है कि जैसे वे कह रहे हों : "सुनो, यहाँ तुम्हारा कुछ नहीं! नाम नहीं, ज़मीन नहीं, कुआँ नहीं, घर भी नहीं। लेकिन इससे पहले कि तुम आवेग में आ जाओ, तुम्हें तो कुछ-न-कुछ देना ही होगा। लो! यह जय-जयकार लो। यह जय-जयकार तुम्हारी है! भावनाओं का नहीं तो कम-से-कम शब्दों का सम्मान ही ले लो! और ख़ुश रहो।" ख़ुश रहना भी एक आज्ञा-सी प्रतीत होती है।

सच में यदि भारत माता या भारत अम्मा कहीं होती तो कभी भी देश में महिलाओं को सुरक्षा का ख़तरा नहीं होता। माता कुछ भी देख सकती है, लेकिन अपनी पुत्री का अपमान होते कभी नहीं देख सकती। भारत हमारी जड़ों का नाम है। हमारा मानना है कि ये जड़ें पुल्लिंग हैं।

भारत यदि पिता है तो उसकी भी जय होनी चाहिए, लेकिन जो भी हमारी माता है, उसका अकारण ही तिरस्कार तो नहीं होना चाहिए। आदर तो उनका भी होना चाहिए न जो निःसन्तान हैं? या अविवाहित हैं? विधवा हैं? बदसूरत हैं? बाँझ हैं?

केवल इसलिए उनका निरादर हो कि वे महिलाएँ हैं? मगर क्या ऐसा होता है? कन्या तो माँ के पेट से ही दुराचार को भोगने लगती है। यदि समझदार हो तो चुपचाप इसे विधि का विधान मानकर सह जाती है। आत्मसम्मान का शिकार होने पर जूझती है, परास्त होती है और परास्त करती है लेकिन अशान्तियों से घिरी रहती है।

क्या जयकारा भर लगा देने से भारत के प्रति या भारत की माताओं के प्रति हमारी जो ज़िम्मेदारियाँ हैं, वे पूरी हो जाती हैं? क्या यह नारेबाजी बेमानी नहीं है? यह नारेबाजी आपत्तिजनक नहीं, किन्तु बेमानी ज़रूर है।

महिलाओं में जन्मजात ही एक ऐसी ऊष्मा होती है जिसे सहज रूप से अपना सकना हर समाज के बस की बात नहीं होती। केवल महिलाओं की उपस्थिति मात्र से ही घरों, दफ़्तरों, पाठशालाओं का माहौल सकारात्मक प्रतीत होने लगता है। आप किसी भी घर में जायेंगे तो यह समझते देर नहीं लगेगी कि वहाँ किसी महिला की सूझबूझ एवं सुरुचि ने किस प्रकार हर कोने को निखारा है। हम यह नहीं कहते कि पुरुषों में ये गुण नहीं होते। बात सिर्फ़ इतनी है कि महिलाओं में यह कलात्मकता जन्मजात होती है। इन तथ्यों के बावजूद भी यह सच है कि किसी भी तर्कसंगत व्यक्ति के लिए इसे समझ पाना बेहद कठिन है कि आख़िर लगातार महिलाओं का तिरस्कार एवं शोषण क्यों होता रहा है। एक कारण जो हमें समझ आता है वह यह है कि पुरुषवर्ग शुरू ही से महिलाओं की बेमिसाल प्रतिभा के बारे में भली-भाँति जानता था इसीलिए उन्हें दबाना शुरू किया गया ताकि आगे चलकर वे उनके लिए कोई ख़तरा न बन जाये। महिलाओं को ऐसे काम दिये गये जिनमें वे इतनी उलझ जायें कि उन्हें दूसरे क्षेत्रों में अपनी प्रतिभा दिखलाने का अवसर ही न मिल सके।

हमारा पुरुष-प्रधान समाज आज कुछ हद तक यह मानने लगा है कि स्त्री-शक्ति के बिना वह स्वयं भी अधूरा है। यदि समाज की एक व्यापक संकल्पना को सोचें और उसके लोकतान्त्रिक ढाँचे को सोचें तो चुनाव इस दृष्टि से बहुत रोचक होते हैं। चाहे महिला हो या पुरुष, चुनाव प्रचार के दौरान एक अतिथि के सत्कार भाव से सबकी ख़ातिरदारी की जाती है। आम आदमी (एवं आम औरत) की इज़्ज़त-आफ़जाई का यह एक महत्त्वपूर्ण अवसर होता है। जो लोग केवल अख़बारों आदि के परम्परागत और रूढ़िवादी लेखों से ही राजनीति को समझने का दावा करते हैं, वे यह कभी नहीं मानेंगे कि आज की आम महिला अपने अधिकारों को लेकर कितनी संजीदा है और उन्हें कितनी ज़िम्मेदारी से निभाती है।

सरहद पर बैठे हर सिपाही के बलिदान को बारम्बार सलाम करते समय कहीं हम ये तो नहीं भूल गये कि एक माँ, एक पत्नी और एक बेटी ने भी उसके पीछे अपना-अपना बलिदान किया है? सेना का हर जवान यह जानता है कि देश की रक्षा करना उसका धर्म है और वह यह भी नहीं भूलता कि यही उसकी नौकरी

है, रोज़ी रोटी है। देश के गाँवों में जाकर किसानों से बात करके देखिए। आपको संघर्ष और बलिदान की ऐसी मिसालें मिलेंगी कि उनके प्रति आपकी सम्मान भावना चौगुनी हो जायेगी। बिना किसी पेंशन या सिक्योरिटी के वे खेतों को अपने बच्चों से भी बढ़कर पालते हैं। बाढ़ और सूखे जैसी आपदाएँ तो हमारे और आपके लिए सिर्फ़ अख़बारों की सुर्ख़ियाँ हैं, लेकिन उनके लिए वार्षिक मौत से कम नहीं है। फिर अपने ही आगे अपने परिवारजनों की दुर्गति होते देखना भी तो किसी सज़ा से कम नहीं। ये किसान केवल पुरुष ही नहीं हैं। इनमें अनगिनत महिलाएँ भी हैं जो हमारी या आपकी तरह फेमिनिज़्म की जानकार नहीं हैं, लेकिन ख़ुद में उसकी जीती-जागती मिसाल हैं।

यह किताब ऐसी ही असंख्य महान महिलाओं की एक पूरी अज्ञात दुनिया को आप तक पहुँचाने का एक प्रयास है। चुनाव उनके लिए क्या मायने रखते हैं—यह समझाया तो जा सकता है लेकिन इसे समझा तभी जा सकेगा जब आप उनके सुख-दुख के भागीदार होंगे। बात ज़रा टेढ़ी लगेगी, लेकिन 'कौन हमारा विधायक होगा और कौन मुख्यमन्त्री बनेगा' से उनके जीवन पर सीधा असर पड़ता है। शहर में रहने वालों पर उतना असर तो शायद अमरीकी चुनावों का भी न पड़ता हो...लेकिन यह तो बिहार का चुनाव है...

जब राजनीतिक पार्टियाँ अपने चुनाव-प्रचार की रणनीतियाँ रच रही होती हैं, तब वे महिला वोटरों को लुभाने के लिए विशेष प्रयास करती हैं। किसी भी चुनावी जुमलों या वायदों में महिलाओं को आकर्षित करने के लिए हमेशा कुछ-न-कुछ सामग्री ज़रूर मिलेगी। आज के दौर की यह ख़ासियत है कि आज महिलाएँ न केवल इन वायदों को समझती हैं, बल्कि इनकी असलियत की माप-जोख करके ही मतदान के लिए उतरती हैं। महिला वोटर आमतौर पर जाति-धर्म एवं रिश्तेदारी निभाने के लिए वोट न देकर अपने परिवार का जीवन बेहतर बनाने के लिए वोट देती हैं। जहाँ एक पुरुष वोटर को जाति या धर्म के नाम पर बहकाया जा सकता है, वहीं महिलाएँ अमूमन इस बहकावे से दूर होती हैं। देश में लगभग हर बार यह देखा गया है कि पैसे या शराब की घूस देकर पुरुषों को वोट देने के लिए बाध्य किया जाता है। महिलाओं के साथ ऐसा कभी नहीं किया जा सकता। पहली बात तो यह है कि इस तरह की रिश्वतखोरी रात के अँधेरे में की जाती है और महिलाएँ उस समय विचरण नहीं करतीं। दूसरी, जो लोग शराब पिलाकर उनके घर के पुरुषों को बहकाते हैं वे यह नहीं समझते कि उन्होंने उस घर की महिला का वोट खो दिया है। जिस पार्टी की वजह से आदमी लोभ-लालच में आकर या शराब पीकर बेसुध पड़ा रहे या फिर

घर में दंगा करे, उसे कभी भी महिलाओं का वोट हासिल नहीं हो सकता।

यदि आप महिला वोटरों की जागरूकता देखना चाहते हैं तो उसका सर्वोत्तम उदाहरण छोटे-छोटे शहरों एवं गाँवों में पायेंगे। बिहार न तो कोई छोटा प्रान्त है और न ही ऐसा कि इसमें केवल गाँव ही गाँव हों। यह बहुत बड़ा राज्य है और शहरों से भी भरा-पूरा है। लेकिन यहाँ की महिलाओं की जागरूकता क़ाबिलेतारीफ़ है। यहाँ की महिला वोटर चुनाव को लेकर इतनी उद्यत (एक्साइटेड) होंगी, यह हमने सोचा ही नहीं था।

वोटर माता का जायज़ा

पहले ज़रा एक आँकड़े पर नज़र डालते हैं, उसके बाद जायज़ा लेंगे। विधानसभा चुनावों में बिहार के पुरुषों एवं महिलाओं के मतदान की संख्या का यह चार्ट 1962 से 2015 तक के आँकड़ों को तुलनात्मक तौर पर दर्शाता है।

विधानसभा चुनावों में मतदाताओं की भागीदारी (लिंगानुपात)
बिहार (1962-2015)

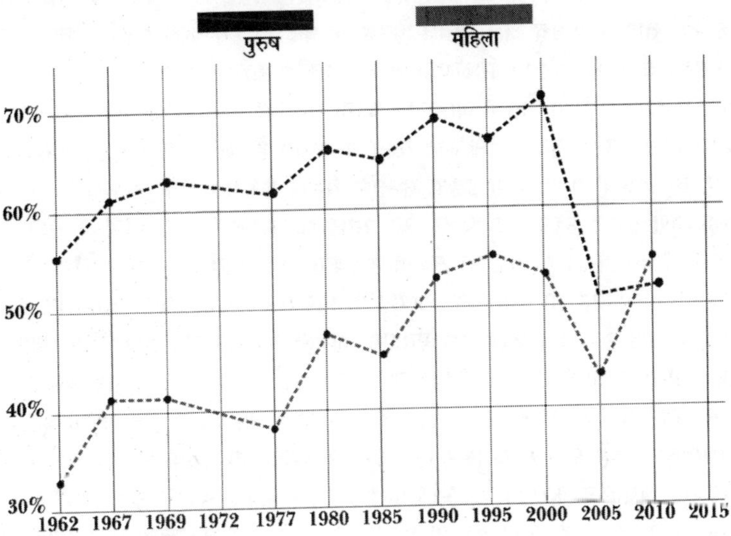

स्रोत : भारतीय चुनाव आयोग से गृहीत डाटा
त्रिवेदी सेंटर फॉर पॉलिटिकल डाटा, अशोका यूनिवर्सिटी

साभार : स्क्रॉल डॉट इन

आँकड़े कुछ कह रहे हैं! जीत महागठबन्धन की ही नहीं, महिलाओं की भी हुई है। आप देखिये कि वे जाति-धर्म की सीमाओं को लाँघकर मतदान करने चली आयीं। दूसरे आँकड़े ये भी बताते हैं कि छोटे शहरों की 'छोटी' कही जाने वाली जातियों

की महिलाओं ने अपनी अल्पसंख्यक वर्ग की बहनों के साथ मिलकर इस बड़ी आँधी को बिहार की ओर मोड़ा है। 'उच्च' जाति के पुरुषों को इस तरह चुनौती देकर पछाड़ देना कोई साधारण घटना नहीं है। इतिहास रचना और किसे कहते हैं! आइये, बिहारनों की इस ऐतिहासिक जीत को क्यों न ज़रा करीब से देखें!

भारतीय राजनीतिक कर्मभूमि को यदि शोध की दृष्टि से देखा जाये तो पायेंगे कि हर एक राज्य में कई चकित करने वाली असामान्यताएँ हैं। बात चाहे बंगाल के रसगुल्ला पसन्द करने वाले इंटेलेक्चुअल की हो या दिल्ली की खाँसी से ग्रस्त इंडिया गेट प्रेमी वोटर की, बम्बई के सेल्फी खींचने की ललक से प्रेरित वोटर हों या बिहार के 'ऐही जमनवे बा बबुआ' कहकर उम्मीदवारों से निराश वोटर...ये सब और हम सब राजनीति को अपने स्तर से समझते व आँकते हैं। चाहे देश का हर कोना व्हाट्सऐप पर धड़ाधड़ फारवर्ड होने वाले झूठे सन्देशों से ग्रस्त क्यों न हो, मतदान आज भी एक पेचीदा मुद्दा है। और निःसन्देह होना भी चाहिए।

यह कहना इतना आसान नहीं है कि वे कौन-कौन से मापदण्ड हैं जो किसी वोटर को किसी उम्मीदवार के प्रति वोट देने वाले के लिए प्रेरित करते हैं। कई तरह के जोड़-तोड़, दाँव-पेंच और विचार-विमर्श के बाद ही हम वोटर निर्णय लेते हैं कि किसको जीत की गद्दी पर बिठलाया जाये। हालाँकि सच्चाई यह भी है कि वोटरों में कुछ प्रतिशत ऐसे भी होते हैं जो केवल कानों सुनी पर निर्भर होकर बिना व्यक्तिगत शोध किये वोटिंग बूथ से निकलते वक़्त ये सोचते हैं कि 'चलो भाई, कम से कम वोट तो दिया।' परन्तु क्या इतनी सन्तुष्टि काफ़ी है? क्या एक लोकतन्त्र की यह महत्त्वपूर्ण इकाई जिसे हम 'वोटर' या 'मतदाता' कहते हैं, वह इतनी आसानी से अपनी ज़िम्मेदारियों से हाथ धो सकता है? क्या बिना स्वयं के मत का निर्णय किये हुए मतदान किया जा सकता है? जवाब में आप सब एकमत होकर कहेंगे कि ऐसा हरगिज़ नहीं है। आप कहेंगे कि मतदान, अर्थात मत का दान, एक ऐसी उदारता की अपेक्षा करता है जिसमें मतदाता को केवल एक मत का दान ही नहीं करना है। उसे अपने मत की रचना करनी है, उसे हर तरह से तौलना है, यह जानते हुए कि सम्भवतः उसके मत के अनुरूप एक सरकार बनेगी जो उसके भविष्य को काफ़ी हद तक प्रभावित करेगी। यह भविष्य केवल उस अकेले का न होकर, उससे जुड़े एवं उससे जुदा कई लोगों का भविष्य है। हमारे हिसाब से, ज़्यादातर मतदाता तो इस ज़िम्मेदारी को समझते ही नहीं और इसी नासमझी में वोट दे आते हैं। दूसरा वर्ग वो है जो यह ज़िम्मेदारी भी समझता है और यह भी कि वो इतना परिपक्व है कि सबके लिए निर्णय ले सके। आज़ादी के चार-पाँच दशकों बाद भी महिलाएँ इस दूसरे वर्ग का हिस्सा बनने के लिए कतई सजग नहीं थीं। पिछले एक दश्क में इस विचारधारा में जबरदस्त बदलाव आया है। ऐसा होने के कई महत्त्वपूर्ण सामाजिक,

मनोवैज्ञानिक, आर्थिक, शैक्षिक और सम्भवतः अलौकिक कारण होंगे। हमारे देश की लगभग हर घटना के पीछे ये सभी कारण होते हैं परन्तु हमारी नज़र में इसका एक मूल कारण है असहनशीलता। इस बात को मुद्दा बनाने से पहले हम कुछ विस्तार से अपनी बात रखना चाहेंगे।

भारतीय महिलाओं की सहनशीलता व सहिष्णुता सदियों पुरानी धर्म-जाति के बन्धनों से परे एक ऐसी रेत की घड़ी में बन्द थी जिसपर चिरकाल से पुरुष वर्ग गर्व कर रहा था। गौरव यहाँ केवल एक हथकण्डा मात्र था। स्त्रियों को इस बहकावे में रखा जा रहा था कि उनका सहनशील होना, उनके परिवार के लिए (ख़ासतौर पर परिवार के पुरुषों के लिए) गर्व का एक संगत कारण था। ख़ैर, रेत धीरे-धीरे लगातार बह रही थी। पिछले दशक में बची-खुची रेत भी बह गयी। अब प्रत्येक बात असहनीय हो गयी। आप शायद कहिएगा कि बुरा हुआ। बिना किसी वैध सोच के हर बात के ख़िलाफ़ सामूहिक जंग छेड़ देना आख़िर किस हद तक सही है। जवाब में क्यों न आप इस दशक से पहले की समय सीमा रहित अनगिनत सदियों की सहिष्णुता का आकलन करिए तो समझ जाइएगा कि ये प्रतिक्रिया कितनी सटीक है। महिलाएँ अपने हालात से आज भी बेजार हैं लेकिन अब वे किसी भी मुसीबत का सामना करने को तैयार हैं। अपनी ज़िम्मेदारी स्वयं उठाने भर से बात ख़त्म नहीं होती...अब हम महिलाएँ समाज के कल्याण का ज़िम्मा भी उठाने को तत्पर हैं। यदि मतदान की बात की जाये तो ये ज़िम्मेदारी केवल व्यक्तिगत न होकर सामाजिक भी है। जहाँ पिछले एक वर्ष में हिन्दुस्तान ने विभिन्न चुनावों में ऐतिहासिक फ़ैसले लिए हैं, वहीं उन फ़ैसलों के परिणामस्वरूप बनी सरकार भी पूरी तरह से सफलता की कसौटी पर खरी उतर पायी है। 2014 के आम चुनावों में मोदी जी की जीत, दिल्ली में केजरीवाल की विजय तथा बिहार में नीतीश जी की अभूतपूर्व जीत इस बात के सबूत हैं कि आज का मतदाता पहले से बहुत ज़्यादा जागरूक हो गया है। आज के इसी जागरूक मतदाता के रूप में बड़े शहरों से लेकर गाँवों तक की सशक्त एवं ज़िम्मेदार महिला वर्ग मज़बूती से कमान थामे हुए खड़ा है।

आँकड़ों पर गौर फरमाया जाये तो स्पष्ट हो जायेगा कि महिलाएँ चुनाव में क्या भूमिका निभाती हैं। या फिर यूँ कहा जाये कि आज के दौर में कुल छः करोड़ से ज़्यादा मतदाताओं में से लगभग तीन करोड़ तो महिला मतदाता ही हैं। एनडीटीवी के चुनावोपरान्त प्रकाशित एक लेख के अनुसार, पुरुष वोटरों की संख्या ़ज्यादा होने के बावजूद इस बार पुरुषों की बनिस्पत महिलाएँ ़ज्यादा संख्या में वोट देने उतरीं। चुनाव आयोग के आँकड़े भी इस बात की पुष्टि करते हैं। कुल वोटरों में से

56.26% महिलाएँ हैं। इससे साफ़ ज़ाहिर है कि मुख्यमन्त्री नीतीश कुमार की महिला-केन्द्रित योजनाओं का जादू आख़िर चल ही गया। बालिका साइकिल योजना, मुस्लिम बच्चियों के लिए 'हुनर' कार्यक्रम एवं पंचायत चुनाव में महिलाओं के लिए 50% आरक्षण जैसे महत्त्वपूर्ण क़दम नीतीश जी का पलड़ा भारी करते रहे। और फिर जीतने पर शराबबन्दी का ऐलान भी महिलाओं में उनकी लोकप्रियता बढ़ाने में सफल रहा। इन महिलाओं ने पुरुषों को पीछे नहीं छोड़ा। ये तो स्वयं आगे चल निकलीं। आज के युग में ग्रामीण भारत में, 'फेमिनिज़्म' की यह एक बेहतरीन मिसाल हैं।

बिहार में हमने ये देखा कि राजनीति में पुरुष वर्ग की रुचि भले ही सदियों से स्वाभाविक मानी जाती रही हो, आज के बिहार में महिला वर्ग का स्वभाव बन चुका है कि इन रूढ़िवादी बेड़ियों को तोड़कर राजनीति को अपनी रुचि के अनुसार कर लें। ऐसे में ये कहना अतिशयोक्ति नहीं होगी कि महिलाओं की यह रुचि पुरुषों के बनिस्पत भौतिक रूप से जीवन-यापन की गुत्थियों से अत्यन्त गहरे स्तर पर जुड़ी है और शायद (महिला मुक्तिकरण की साक्षात् उपस्थिति में भी) आनेवाली कई सदियों तक जुड़ी रहेगी।

राजनीति में दिलचस्पी

सितम्बर के दिन ख़त्म होने को आये हैं और पटना शहर में पहली बार इतने दिन रही हूँ। चुनाव सर पर है और दूर-दूर तक मेरा इनसे कोई लेना-देना नहीं है। सिवाय इस तथ्य के कि अब मैं बिहार की एक 'पुतोह' हूँ और आरा के जगदीशपुर से एक वोटर भी। इसके साथ ही इस साल अपनी पीएच.डी. के बीच के कुछ वक़्त हैं मेरे पास। अपने राजनीतिक विचारों को बीच में न लाते हुए भी यह बता देना शायद अच्छा होगा कि पिछले साल के लोकसभा चुनाव में मैंने सवाय माधोपुर की सीट से कांग्रेस पार्टी के उम्मीदवार के लिए मीडिया और कम्पेनिंग का एक हिस्सा सँभाला था। भारत में, एक युवती होने के नाते, मेरे लिए राजनीति में रुचि कुछ हद तक अस्वाभाविक है। वोट देने के लिए भी मुझे लगता है कि जितनी ज़्यादा जानकारी हासिल कर पाऊँ उतना बेहतर है। दरअसल मैं उन लोगों में से हूँ जो बात करने से पहले तथ्यों को परखने की कोशिश करते हैं। मेरी जिज्ञासा इतनी तीव्र है कि फेसबुक तक पर कुछ भी लिखने से पहले मैं यह सुनिश्चित कर लेना चाहती हूँ कि कहीं मैं तथ्यात्मक तौर पर कोई ग़लत बात तो नहीं कह रही। चीज़ों की बारीकी से तहक़ीक़ात करना मेरे घर की महिलाओं की आदत है या यूँ समझ लीजिए कि हम इस बुरी आदत के हाथों मजबूर सी हैं।

अपने देश के राजनीतिक ढाँचे को बेहतर समझने के लिए मैंने लोकसभा सेक्रेटेरियट में वार्षिक इन्टर्नशिप भी की थी। इस दौरान कई पार्टियों के नेताओं से मुलाकात हुई और यह जानकर अच्छा लगा कि पार्टी समीकरणों से परे भी ये लोग, हमारी और आपकी तरह एक-दूसरे से मानवीय स्तर पर जुड़े भी होते हैं। लोकसभा के सत्र में पायेंगे कि कई पार्टियों के नेता चाय साथ ही बैठकर पीते हैं। हँसी-मज़ाक़ और हालचाल पूछने की सामान्य वार्ताओं के बीच भी मैंने ये देखा कि 'राजनीति' दरअसल उतना घिनौना शब्द नहीं है जितना कि हम बाहर बैठकर कल्पना कर लेते हैं। मुझे कुछ वक़्त लगा अपनी माँ को यह विश्वास दिलाने में कि ये सब लोग साधारण बातें करते हैं, सवाल पूछते हैं और मेरी कई बातों पर आश्चर्यचकित होने के बावजूद भी शर्माते नहीं हैं। उसके बाद से ही राजनीति में

मेरी रुचि बलवती होने लगी।

मुझे जानकारियाँ जमा करना अच्छा लगता है। हर वर्ग, हर राज्य, हर जाति के लोगों से बेवजह बात करने से मुझे ये पता लगता है कि मनुष्य एक-दूसरे से किस हद तक जुड़ा होता है। ट्रेन में सफ़र करती हूँ तो लगता है कि इन्सानियत आज भी ज़िन्दा है। सिर्फ़ कुछ ही घण्टों के लिए सही, लेकिन जब एक व्यक्ति को दूसरे व्यक्ति की निःस्वार्थ सहायता करते देखती हूँ तो तसल्ली होती है। राजनीति सामाजिक विज्ञान से कितनी जुड़ी है! आप देश के किसी भी कोने से क्यों न हों, यदि आप किसी ऐसे व्यक्ति से बात करना चाहते हैं जो आपके कोने से नहीं है, तो आप दो विषयों को छोड़कर अपने बीच एक भावनात्मक बाँध बना सकते हैं : भोजन और राजनीति। खान-पान और राज-पाट दोनों ही पेचीदा मुद्दे हैं। भारत के हर राज्य में त्यौहार के समय खान-पान तथा चुनाव के समय राज-पाट पर चर्चा होती है। परन्तु बिहार की चुनावी सरगर्मी जात-पाँत पर बातचीत किये बिना अधूरी रह जाती है। अफसोस व ताज्जुब की बात है कि अफ़सरशाही के इस गढ़ में जातीय भेद-भाव आज भी अनपढ़ व पढ़े-लिखे के बीच के फ़र्क़ को मिटा देता है।

अपने इस दौरे पर मैंने महसूस किया कि जहाँ उत्तर प्रदेश की राजनीति धर्म की बीमारी से ग्रसित है, वहीं बिहार आज भी जाति-भेद से रुग्ण है। इस रोग की जड़ें उतनी ही गहरी हैं जितना कठिन इस रोग से निजात पाना लेकिन यह भी सच है कि बिहार का वोटर जागरूक है। वह अपने इलाके की समस्याओं से भली-भाँति अवगत है और राजनेताओं के परिवारों का इतिहास भी जानता है। साथ ही वह यह भी जानता है कि प्रत्याशी कौन सी जाति का है और उसे अपनी जाति में समन्वय दिखाने के लिए किस पार्टी के प्रत्याशी को वोट देना चाहिए। इन बेड़ियों में कैद वोटर यह भी जानता है कि वोट देने से परिणाम आने के बीच के दिन ही उसे प्रत्याशी के दुर्लभ दर्शन होंगे। उसके बाद उसका समूचा जातीय समूह जो एकजुट होकर, इस प्रत्याशी को वोट देने का पाप कर बैठा है, यही दुहाई देता रह जायेगा कि उन्हें लगा था कि 'इस बार कुछ नया होगा'...कि 'यह प्रत्याशी उनका मसीहा साबित होगा'...कि 'अबकी बार उन्हीं की जाति का यह व्यक्ति उनकी दशा को सुधार देगा'। सदा से यही होता आया है। उम्मीद की किरण के रूप में मैं यह कह सकती हूँ कि महिला वोटर इस जातीय चंगुल को कहीं-कहीं मात दे चुकी हैं। महिलाएँ अब बहकावे में आने को तैयार नहीं हैं। वे यह जानती हैं कि मतदान एक गुप्त प्रक्रिया है और उनका अपना मत सर्वोपरि है। पिछले चुनाव में भी महिलाएँ इतनी जागरूक थीं या नहीं इस पर यदि मैं टिप्पणी करना चाहूँ तो वह किसी पत्रकार या राजनीतिक समीक्षक के पन्नों को पढ़कर ही हो सकेगी। परन्तु इस बात को यदि सिर्फ़ इस चुनाव तक सीमित रखें तो मैं अपने व्यक्तिगत अनुभव यहाँ साझा कर

पाऊँगी। बीते कुछ महीनों में की गयी कई यात्राओं में बिहार ने मुझे अपना एक स्पष्ट चेहरा दिखाया है। हालाँकि कोई भी चेहरा बहुत कुछ उजागर करते हुए भी काफ़ी कुछ छिपा ही लेता है। परन्तु बिहार की महिलाओं के चेहरे घूँघट के पट के पीछे से भी अपनी बुलन्द आवाज़ में बोलना जानते हैं। पटना के दीघा में घूमते हुए, एक चूड़ी बेचने वाली तीस वर्षीय नीता ने मुझे बताया, "जब तक मशीन के डब्बे पर नहीं जायेंगे, तब तक की हर बात पर नज़र रखेंगे और फिर बटन ही तो दबाना है। कोई साथ तो रहता नहीं है उस समय। पति हो या ससुर, वोट तो अकेले ही डालते हैं। हम जिसको चाहेंगे उसी को वोट देंगे और बाद में कोई पूछेगा तो कह देंगे कि जो जीता उसी पर हमने बटन दबाया था।" इतनी सरलता और दृढ़ता से वह अपनी बात समझा रही थी कि मैं उसे देखती ही रह गयी। अपनी बायीं हथेली पर दायें हाथ की उँगली को उसने कई बार मारा और मुझे ये समझा दिया कि अपनी हाथ की लकीरें वह स्वयं ही खींचना चाहती है।

चुनाव में महिलाएँ एक और रूप में दिखती हैं : चुनावी उम्मीदवार के रूप में। बिहार के विभिन्न जाति समूह अपनी तरह से राजनीति को समझते व निभाते हैं। प्रत्येक प्रत्याशी इस समीकरण को समझने की या तोड़ने की चेष्टा में कैंपेनिंग का हर लम्हा बिताता है। महिला प्रत्याशी इन गुत्थियों को सुलझाने के साथ-साथ दो असम्भव प्रतीत होने वाले कार्यों को भी अंजाम देती है :

1. अपने परिवार के पुरुष वर्ग के वर्चस्व को जाने-अनजाने में ललकारने से जन्मे शीत युद्ध को सँभालना। इसके अन्तर्गत या तो वे पूर्णतः उनके हाथ की कठपुतली बनकर उनके श्रेष्ठ होने पर मोहर लगा देती हैं या फिर किसी तरह से पुरुषों के सदियों पुराने अहम् के वोट को कुशलता से मलते हुए अपने संघर्ष में उन्हें बराबरी का भागीदार बना लेती हैं। अभी तक मुझे व्यक्तिगत तौर पर एक भी ऐसी महिला प्रत्याशी नहीं नज़र आयी है जो कि अपने परिवार के पुरुषों को यह जता पायी हो कि वह उससे बेहतर है और चुनाव में खड़े होने के लिहाज़ से ज़्यादा लायक भी। यह भी कि वह सिर्फ़ इसलिए नहीं खड़ी है कि वह एक महिला है बल्कि उनका महिला होना, उनके क़ाबिल होने की एक कड़ी मात्र है।

2. अपने क्षेत्र के मतदाताओं को यह याद दिलाना कि वह एक गम्भीर व आत्मनिर्भर राजनेता होने के साथ ही परम्परागत परिवेश में ढली एक प्रतिष्ठित परिवार की बहू, बेटी या माँ है। एक विरोधाभास में तराशी हुई और अलौकिक सन्तुलन में रची-बसी छवि की उम्मीद हम केवल महिला प्रत्याशी से ही करते हैं। पुरुष प्रत्याशी से ऐसा कोई तकाजा नहीं किया जाता। हैरानी की बात तो यह है

कि पुरुष प्रत्याशी कितना ही कुख्यात क्यों न हो, जिस दिन से वह चुनाव के लिए अपना नामांकन करता है, फिर चाहे जीते या हारे, वह सामाजिक बल का स्वामी हो जाता है। मानो चौथी फेल होकर भी, उसे रातों रात कोई डिग्री मिल गयी हो। उसके बारे में अक्सर, परिचय आदि देते हुए बड़े गर्व से कहा जाता है, "चुनाव लड़े थे ये!"

मेरे ससुराल के गाँव में एक व्यक्ति 'मुखिया' के नाम से जाने जाते हैं। जी नहीं, वह कभी गाँव के मुखिया नहीं रहे, यहाँ तक कि पहली बार उन्होंने अपना नामांकन भी कुछ वर्षों पूर्व ही किया था। परन्तु वह कई सालों से अपनी इच्छा सब लोगों को बताते आ रहे थे और इतने भर से ही वे 'मुखिया' हो गये थे! गाँव में जो जाता है, वह असली मुखिया को जाने या न जाने, 'मुखिया' को सब जानते हैं। इतनी शक्ति है चुनावी नामांकन में!

महिला प्रत्याशी को मैंने अकसर एक अदृश्य बन्धन में पाया है। ऐसा लगता है कि उनके लिए हार का डर दुगना होता है–पहले तो पराजय की निराशा और दूसरा अपनी राजनीतिक गतिविधियों को समाज के सामने उचित सिद्ध न कर पाने का दुःख। इनके लिए जीत की उमंग भी शायद थोड़ी फीकी होती होगी क्योंकि लोग ये मान लेते हैं कि महिला तो 'कुछ भी करके' जीत ही गयी होगी। उनके परिश्रम और काबिलियत को आसानी से नज़रअन्दाज़ करने वालों की कमी नहीं है। महिला प्रत्याशी की बनिस्पत महिला वोटर कहीं ज़्यादा आज़ाद व उन्मुक्त है।

'मैं' का मतलब 'हम'

अपने जीवन के अधिकांश वर्ष मैंने ऐसी जगहों पर बिताये हैं, जहाँ खुद को सम्बोधित करने के लिए 'मैं' शब्द का प्रयोग किया जाता है। 'मैं' का अकेलापन और उसकी गूँज मेरे जीवन की एकमात्र सच्चाई बन चुके थे जब मेरी मुलाकात 'हम' से हुई। बिहार में विवाह होते ही यह साफ़ हो गया था कि अब 'हम' को ही मुझे 'मैं' समझना होगा। शुरुआत में यह सम्बोधन मुझे कुछ उलझा देता था। समझ ही नहीं आती थी 'हम' की हदें...कौन-कौन था इस 'हम' का हिस्सा?

शुरुआती दिनों 'मैं' ने 'हम' से जमकर टक्कर भी की! खुद की अखण्डता को बनाये रखने की कोशिश में काफ़ी समय तो मुँह भी फुला कर रही 'मैं'।

"हम-हम!! हम सब? हम कौन?"

"मैं-मैं!! बकरी हैं क्या? त ममियाएँ काहे?"

पति-पत्नी की नोक-झोंक में एक मुद्दा ये भी था! यानी "खाने में क्या पकेगा?" "आज फिर देर क्यों हो गयी?" "फ़िल्म देखने का मन नहीं है!" "आइसक्रीम से तुम्हारा पेट कैसे ख़राब हो सकता है?" आदि इत्यादि शिकायतों के अलावा, मुझे ये भी एक तकलीफ़ थी :

"हम-हम! समझ ही नहीं आता कि किस-किस की बात हो रही है! साफ़-साफ़ एकवचन में बात क्यों नहीं कर सकते?"

"और जो हम झेलते हैं?? मैं-मैं...शादी है या धर्म परिवर्तन! ऐसा लगता है मानो पूरी दुनिया ही बदल गयी! बिलीफ सिस्टम पर ही सवालिया निशान लग गया, साला!"

फिर जब बातचीत सामान्य हो जाती तो पतिदेव स्नेह से समझाते, "हम का मतलब सच में वही है जो तुम समझती हो। शायद तुमने ही हमारा ध्यान इस ओर खींचा है। हम एकाकी नहीं है। गाँव-देहात में जब लोग बात करते हैं तो अकेले की नहीं करते। परिवार, पड़ोसी, गोतिया, मवेशी सबका समागम है। लेकिन बात सही है, तुम कनफूजिया तो जाईबे करती होगी...! पर हम तो हम ही हैं, न? मैं नहीं बन सकते!"

न जाने कब ये बात मुझे समझ आ गयी, यानी भा गयी और हमारी बोली का

अभिन्न अंग बन गयी।

आहिस्ता-आहिस्ता 'मैं' 'हम' में खोने लगा। 'हम' का बड़प्पन और एक में अनेकता को बटोर लेने का गुर मुझे भाने लगा और हम यह भी मानने लगे कि हमारी शक्ति एकजुटता में है। वही एकता जो हमें भारतीय होने पर गर्व की अनुभूति कराती है और भारतवर्ष में एकता की मौलिक आवश्यकता से अवगत कराती है।

अब यहाँ से आगे की दास्तान आपको 'हम' ही सुनायेंगे।

अब 'मैं' कहीं बिहार के 'रहड़' के खेतों और कच्ची-पक्की सड़कों पर खो गया है।

'आईपैक' के 'मैंटौर'

यदि आप मुँह टेढ़ा करके बोलने वाली अंग्रेज़ी से अछूते हैं तो शायद उन्हें 'मेंटर' कह बैठेंगे। परन्तु वो गलत होगा। बिहार चुनाव में अंग्रेज़ी हो तो ऐसी ही हो, वरना भोजपुरी से भी काम तो चल ही जाता है।

पटना के 'इगजीबीशन' रोड पर अब्दुल हाई कॉम्पलैक्स में आईपैक का 'वॉर रूम' यानी 'युद्ध कक्ष' बनाया गया था। कौन कहता है कि जंग कमरे में बैठ कर नहीं लड़ी जाती? प्रशान्त किशोर की टीम से पूछिये। रात-रात भर सिगरेट के धुएँ और कम्प्यूटर की रौशनी से धुँधलाए ये सभी अगले दिन की रणनीति बनाने में मसरूफ़ रहते थे। अनुमान वाली राजनीति से परे ये लोग 'रीयल फैक्ट्स' पर ध्यान केन्द्रित किये हुए थे। मोदी की किसी भी रैली से पहले हमने देखा है उनको सवालों की एक झंडी ट्विट करते हुए। जहाँ रैली होनी हो, वहाँ के बड़े एजेंडे उठाकर मोदी से जवाब माँगते सवाल इंटरनेट पर बैठे शहरी वर्ग को नींद से जगाने के ही प्रयास थे। तब भी, शहरी लोग आसानी से अपना मत नहीं बदलते। तथ्यों के प्रभाव में तो हरगिज नहीं। हाँ, यदि बदलना ही हो तो किसी व्हाट्सएप मैसेज के बेतुके तर्क पर तुरन्त बदल सकते हैं।

आईपैक में टीम कुछ इस तरह बँटी थी कि 'मैंटौर' के बाद बारह डायरेक्टर्स थे। लेकिन ये दिल्ली में स्थानान्तरित थे। आईपैक से पूर्व सिटिजन फॉर अकाउंटेबल गवरनेंस नामक एक संस्था दिल्ली में बनायी गयी थी। बिहार चुनाव के लिए तो तीन-चार ही काफ़ी थे : प्रतीक, ऋषि, विनेश और ईशा। इनके बाद 'कोर मेम्बर्स' थे, यानी संगठन का हृदय। शुरुआत में इनकी संख्या 60-65 थी परन्तु धीरे-धीरे बढ़कर 150 तक पहुँच गयी थी। ये इस बात का प्रमाण तो है ही कि काम जोरों पर चल रहा था मगर इस बात का भी कि प्रशान्त ने भी शुरू में नहीं सोचा था कि इतने लोगों की आवश्यकता पड़ेगी। ख़ैर, कोर मेम्बर्स तक का ये प्रशासनिक ढाँचा आईपैक का स्थायी भाग था। इसके नीचे के सभी कर्मचारी केवल बिहार चुनाव तक ही उनके साथ थे। यानी कम्पनी की ओर वफ़ादारी की ज़्यादा उम्मीद इनसे नहीं थी। लेकिन हमने हर ओर यही पाया कि ये निचले स्तर के कर्मचारी पूरी दृढ़ता एवं

ईमानदारी से काम करने के लिए मैदान में उतरे थे। कम-से-कम शुरुआती दौर में तो ये कार्यकुशलता थी ही। बाद में काफ़ी बुझती रही।

अब इसे 'मैंटौर' की कमी न माना जाये तो ही बेहतर होगा क्योंकि वे तो इनसे कभी मिले तक नहीं थे! प्रशान्त किशोर इनके लिए एक ख़याली पुलाव थे जिन्हें रोज़ सुबह कोर मेम्बर्स इनके सामने परोसते थे। "मेरी अभी प्रशान्त से बात हुई है और वो आपके काम से बहुत खुश है लेकिन अभी और भी बहुत कुछ है करने को!" या फिर "प्रशान्त ने साफ़ मना कर दिया है! साइकिल चलाने वालों को हम अभी पेमेंट नहीं कर सकते! उन्हें कहिए एक-दो दिन रुक जाएँ!" या "आज तो प्रशान्त ने 'थैंक्स' लिखा है व्हाट्सऐप ग्रुप पर! तू तो बहुत ख़ुश होगी...नींद आयी थी रात को?" वगैरा...। शायद 'मैंटौर' की महिमा तभी तलक अपरम्पार रहती है जब तलक वो मायावी प्रतीत होता है। रोज़-रोज़ दिखने, बोलने वाले से मन्त्रमुग्ध होना थोड़ा मुश्किल है।

प्रशान्त के बारे में काफ़ी सारे क़िस्से मशहूर हैं। जैसे कि अमित शाह वाला क़िस्सा। बात लोकसभा चुनाव की अभूतपूर्व विजय के बाद की है। कहा जाता है कि मई के चुनावी नतीजों के बाद जून तक धीरज रख चुके प्रशान्त ने एक दिन शाह से पूछ ही लिया, "अब तो जून भी आ गया! आगे का क्या प्लान है?" उनका इशारा स्वयं के लिए कोई प्रतिष्ठित पद पाने की ओर रहा होगा पर शाह ने मासूमियत में जवाब दिया, "जुलाई आयेगा, और क्या होगा?" शाह के मासूम जवाब की बड़ी कमी ये बताई जाती है कि वे इतना कहकर हँस पड़े थे। प्रशान्त को ठेस लगी और उन्होंने घायल मन से भाजपा से किनारा कर लिया।

फिर बिहार में अपने दफ़्तर के बारे में उन्होंने पहले ही नीतीश को साफ़ कर दिया था कि वे एक नम्बर, अणे मार्ग यानी मुख्यमन्त्री निवास पर ही डेरा जमायेंगे। यानी रहना, खाना और दफ़्तर, सब वहीं रहेगा। हम भी उनसे यहाँ पर मिले थे। बड़ा-सा कमरा था और दो अर्दली भी थे। चाय भी पूछी गयी थी, वो तो हम ही नहीं पीये।

"हर घर, हर मन"—कामयाबी का यह नारा तो मानो एक बिगुल ही बन गया था। लेकिन इससे पहले आईपैक की बड़ी जीत थी 'डी.एन.ए. कैम्पेन'। चुनाव प्रचार के पहले जुलाई 2015 में ही मोदी जी ने कुछ ऐसा कह दिया कि उनके घर पर एक लाख से अधिक बाल एवं नाख़ून के सैम्पल पहुँच गये। नीतीश (और इसलिए प्रत्येक बिहारी) के डी.एन.ए. को ख़राब बताकर मोदी ने मानो प्रशान्त को अपनी क्षुधा शान्त करने का अवसर प्रदान किया। ऑफिस में हमें कइयों ने बताया कि किस तरह सभी को प्रेरित किया गया कि वे 'बाहरी' मोदी को दिखा दें कि बिहारी ख़ून में कितना दम है।

कहते हैं कि मुहब्बत और जंग में सब कुछ जायज़ है। फिर जब मुहब्बत ख़ुद से हो तो क्या कहिए।

फिर मामला आया बेनामी पर्चे बँटवाने का। इनमें जातीय समीकरणों को इस तरह दिखाया गया था मानो सभी नीतीश के साथ हों। ये पर्चे जगह-जगह पड़े पाये जाते थे पर इसकी कोई पुष्टि तो हुई नहीं। हालाँकि दफ़्तर में चर्चा थी कि 'मैंटौर' जीत के कितने प्यासे थे।

कहते हैं कि मुहब्बत और जंग में सब कुछ जायज़ है। फिर जब मुहब्बत ख़ुद से हो तो क्या कहिए। 'मैंटौर' महत्वाकांक्षी हैं और ये एक बढ़िया बात है। जिस ख़ूबी से वे अपनी राजनीतिक सोच को दरकिनार कर किसी भी पार्टी के लिए पूरी शिद्दत से मेहनत करते हैं, उसे प्रेरणात्मक भी माना जा सकता है। लेकिन स्वयं राजनेता में भी कोई बात तो होनी ही चाहिए। है न?

एक युवा ऊर्जा का एहसास

'आईपैक' वह संस्था है जिसने नीतीश कुमार जी के नेतृत्व में महागठबन्धन को चुनावी तैयारी के लिए एक सुसंगत ढाँचा प्रदान किया है। यह संस्था प्रशान्त किशोर नामक एक नवयुवक ने 2014 में अपने कुछ साथियों के साथ शुरू की थी। संस्था का एकमात्र मिशन है—भारतीय राजनीति में युवाओं की रुचि बढ़ाना और उन्हें राजनीतिक ढाँचे का हिस्सा बनाना। हम भाग्यशाली हैं कि इस संस्था की इकाइयों को समझने का कुछ वक़्त हमें मिला। इनका ऑफ़िस पटना शहर के बीचोबीच एक बहुमंज़िला इमारत के छठे व सातवें तल पर है। ऑफ़िस में दाखिल होते ही एक युवा ऊर्जा का आभास होता है। किसी बड़ी कॉरपोरेशन हाउस की तरह यहाँ आप कम ऊँचाई वाले क्यूबिक्लस पायेंगे जहाँ कई जवान लड़के व लड़कियाँ ऊँची पदवियों पर बिहार के चुनावी ऑपरेशन की कमान अपने हाथों में लिए बैठे हैं। काम का कोई अन्त नहीं और 'थकान' शब्द इन लोगों की डिक्शनरी में है ही नहीं। ज़ाहिर है कि यह काम सिर्फ़ दफ़्तर में बैठकर नहीं किया जा सकता इसलिए जितने लोग यहाँ बैठे हैं, लगभग उतने ही बाहर यानी फील्ड पर रहकर बागडोर सँभाले हैं। यहाँ चुनाव से जुड़ी प्रत्येक कार्यवाही के लिए अलग-अलग विभाग हैं—मीडिया, ऑपरेशंस, पैम्फलेट डिज़ाइन, रथ व साइकिलें, कैम्पेनिंग इत्यादि।

हमें ये देखकर अच्छा लगा कि आईपैक के दफ़्तर में कर्मठ तथा समझदार युवतियों की कोई कमी नहीं थी। बल्कि देखा जाये तो कई विभाग तो पूरी तरह से महिलाओं के हाथों में थे। दफ़्तर में एक-दूसरे के प्रति सम्मान की भावना थी। छठे तल पर एक मैस थी जहाँ पर भोजन की व्यवस्था थी। सभी छोटे-बड़े कर्मचारी साथ बैठकर खाना खाते थे। एक दिन हमने भी यहाँ बैठकर 'नेनुआ-तोरई' की सब्ज़ी और रोटी खायी। यहाँ हमारी मुलाकात कई लोगों से हुई। इनमें से अधिकतर मुलाकातों ने हमें असमंजस में डाल दिया। दरअसल, अधिकतर कर्मचारी राजनीति में न के बराबर रुचि रखते थे और यहाँ तक कि कुछ तो विपक्षी पार्टी का समर्थन करते थे! हम काफ़ी हैरान हुए लेकिन फिर हमें यह बात समझ में आयी—ये लोग अपने काम को लेकर लगनशील हैं, इनके व्यक्तिगत विचार इनके प्रोजेक्ट के बीच

में नहीं आते। कहने का अर्थ यह है कि यह युवा वर्ग का वो बुद्धिमान हिस्सा है जो अपनी भावनाओं को अपने कर्म क्षेत्र से दूर रखने में समर्थ है। और यह भी कि यहाँ का प्रत्येक कर्मचारी अपने हिस्से का कार्य पूरी निष्ठा से सम्पन्न कर रहा है। आईपैक की टीम इस बात का सजीव उदाहरण है कि इन्सानी दिमाग़ अपनी भावनाओं को ताक पर रखकर, कार्यकुशलता से आगे बढ़ सकता है। देश का विकास इस मुकाम को छू चुका है कि युवा वर्ग व्यक्तिगत संवेदनाओं को कार्य क्षेत्र में हस्तक्षेप करने की आज्ञा नहीं देते। हम ख़ुद को इस लिहाज से, इन नवयुवकों से कुछ कमतर मानते हैं। इस स्तर की भावशून्यता निश्चित ही सफलता के रास्ते को आसान कर देती होगी।

यहाँ हमारी मुलाकात एक पच्चीस वर्षीय लड़की से होती है। टीम की एक मात्र वकील यह युवती इस दफ़्तर की अनेकानेक ज़िम्मेदारियों को बखूबी निभा रही थी। राज्य की राजनीतिक गम्भीरता से उसे कोई ताल्लुक था ही नहीं। वह तो इस काम को 'इन्जॉय' करती थी। बाहर सुबह-शाम प्रत्याशी के लिए महिला प्रकोष्ठ आयोजित करना और देर शाम दफ़्तर में बैठकर दिनभर का लेखा-जोखा बनाना और अगले दिन की तैयारी करना। हमसे कुछ लगाव हो गया था इस बच्ची का। यह पटना के एक प्रसिद्ध व धनवान वकील की बेटी थी और साफ़तौर पर इसका पूरा परिवार विपक्षी पार्टी का समर्थक था। हम पूछ बैठे कि इस दफ़्तर में काम करने की प्रेरणा उसे कहाँ से मिलती है? "प्रशान्त!" उसने बेझिझक कहा। पूरे आईपैक में प्रशान्त किशोर के प्रति एक अलौकिक आस्था है जो निःसन्देह प्रेरणात्मक है। जब हमने इस लड़की के साथ कुछ और समय बिताया तो उसने अपने परिवार के बारे में बताया। उसकी माँ, ठीक हमारी माँ की तरह, समझ नहीं पा रही थी कि आख़िर राजनीति से जुड़े काम वह क्यों कर रही थी। और उसे दिन भर में औसतन पच्चीस बार यह कहकर धमकाती थी कि जल्द ही वे उसके लिए एक सुयोग्य राजपूत परिवार का आई.ए.एस. दूल्हा ख़रीद...माफ़ कीजिए, 'ढूँढ़' लायेगी। दिल्ली की रहने वाली यह लड़की अपनी माँ के विचारों को अपना नहीं पा रही थी और बेसब्री से चुनाव ख़त्म होने का इन्तज़ार कर रही थी ताकि वह दिल्ली की अपनी धमकी-रहित ज़िन्दगी में लौट सके।

"वोट देने जाओगे?" हमने पूछा।

"देखेंगे...ऑफिस से वक़्त कहाँ मिलेगा? और वैसे भी मेरे वोट से कोई फ़र्क़ नहीं पड़ता। हमारे यहाँ से भाजपा ही जीतेगी।"

"तुम्हें पूरा यक़ीन है?"

"ऑफ कोर्स! हमारी पूरी कास्ट इन्हीं को वोट देती है। अब 'क्यों' मत पूछिएगा। हमें नहीं पता। वोट चुनाव सब बोरिंग है। आज शाम चलिएगा रोटरी क्लब की गर्बा पार्टी में?"

हमने मना कर दिया। हमें कुछ लिखना था।

आईपैक में ही हमारी मुलाकात कुछ और युवतियों से हुई जो अख़बार के लेख व प्रत्याशियों के भाषण लिखने की ज़िम्मेदारी सँभाले हुई थीं। बीस से तीस वर्ष की आयु की सब लड़कियाँ तीव्र बुद्धिमती व अत्यन्त उत्साहित थीं। हम उनकी जितनी प्रशंसा करें कम है। यहाँ तक कि हिन्दी भाषा की पूरी जानकारी न होते हुए भी वे गूगल अनुवाद के जरिये अच्छे-ख़ासे लेख छपवा रही थीं। कौन सोच सकता है कि हिन्दी में हाथ तंग रहते हुए भी ये लोग बिहार जैसे राज्य की चुनावी गतिविधि की अहम ज़िम्मेदारी इतने सुचारु रूप से सँभाल सकती हैं! चुनावी प्रक्रिया के विभिन्न पहलुओं को एक मौलिक ढाँचा प्रदान करने में आईपैक की सफलता पर कोई प्रश्नचिह्न नहीं है। यहाँ देश के अनेक प्रान्तों से आये कर्मचारी भले ही राजनीतिक विचारधारा में समन्वय हासिल न कर पाये हों, वे इस विशालकाय मशीन को कुशलता से चलाने का गुर तो सीख ही चुके हैं। गौरतलब यह भी है कि आज से दस साल पहले ऐसी कार्यकुशलता सपने में भी मुमकिन नहीं थी। इसमें आज के युग के तकनीकी विकास का बहुत बड़ा हाथ रहा है। चीज़ों को निपुणता से व्यवस्थित करने के लिए स्मार्ट फ़ोन, ई-मेल, व्हाट्सऐप व गूगल माता का आशीर्वाद अनिवार्य है।

पटना स्थित आईपैक

पटना की ओर : प्रत्युषा

चुनाव के सिलसिले में पहली बार जब हम पटना के लिए रवाना हुए तब हवाई जहाज़ ही में हमारी मुलाकात 20 वर्षीय एक युवती से हुई। दिखने में सुन्दर व हमेशा मुस्कुराती हुई यह लड़की प्रत्युषा दो-तीन बार हमारे आगे से गुज़री। दरअसल प्रत्युषा एक एयर होस्टेस थी और विमान उड़ने से पहले ही जिन महानुभावों को कतई सहन न होने वाली प्यास लगी थी, उन्हें वह काग़ज़ के छोटे-छोटे आधे भरे, आधे खाली गिलासों में पानी देने का महत्त्वपूर्ण कार्य कर रही थी। ऐसे मौक़ों पर अकसर देखा गया है कि जब हम अपने बराबर में बैठे व्यक्ति को पानी पीते देखते हैं तो हमें भी प्यास लग जाती है। इस बढ़ती डिमाण्ड के आगे प्रत्युषा न तो घबराई और न ही झल्लाई। वह इसे अपना काम समझकर, पूरी निष्ठा से कर रही थी।

विमान के आख़िरी हिस्से में हम एक ऐसी सीट पर बैठे थे जो इकोनॉमी क्लास में सबसे सिकुड़ी हुई थी। सीट की पीठ का हिस्सा तनिक भी पीछे नहीं होता था पर यदि 'गिलास को आधा भरा' देखने की नीयत से कहा जाये तो बगल की दोनों कुर्सियाँ खाली थीं और हमें पूरा विमान अपनी आँखों के सामने नज़र आ रहा था। ख़ैर, प्रत्युषा जब आठवीं बार हमारी बगल से होकर पीछे और पानी लेने जा ही रही थी तो हमने कहा, "सुनिये!" वह हमारी तरफ़ मुड़ी और मुस्कुराकर बोली, "मैम, मैं अभी और पानी ला ही रही हूँ।" हालाँकि हमें प्यास नहीं थी और हमने पानी माँगने की नीयत से उसे नहीं रोका था, तब भी हमने सन्तोष भरे स्वर में कहा, "ओके। थैंक्स!"

उड़ान भरने में करीब 25 मिनट का बिलम्ब हो रहा था और कप्तान मधु यादव के स्वर पूरे विमान में गूँज ही रहे थे कि एकाएक प्रत्युषा के सफ़ेद गिलास पकड़े हुए हाथ हमारे आगे प्रकट हो गये। हमने गिलास का हलका बोझ सँभालते हुए पूछा, "प्रत्युषा?" उसने अपने कॉलर से लगा नेम प्लेट देखा फिर मुस्कुराकर बोली, "येस मैम!"

"प्रत्युषा, हम कुछ काम से पटना जा रहे हैं। वहाँ के बारे में कुछ जानकारी चाहिए। आप में से कोई पटना से हैं क्या?"

"मैम, मैं पटना से ही हूँ। इन फैक्ट, आज से चार दिन की छुट्टी पर घर ही जा रही हूँ। पूछिए?"

हमारे सवाल अभी दिमाग़ में बे बाग़ परिन्दों की तरह उड़ रहे थे। अभी तक सवालों को बटोरकर उन्हें ठीक-ठीक शब्दों में पिरो नहीं पायी थी। "नहीं, अभी तो टेक-ऑफ होने वाला है न?"

यह और बात है कि जितनी बार भी हम यह शब्द 'टेक-ऑफ' कहते या सुनते हैं, बड़े असमंजस में पड़ जाते हैं—प्लेन उड़ने वाला है तो 'टेक-ऑन' हुआ न? कहीं ग़लती से कोई इंजन ऑफ ही न कर दे। बहरहाल, हमने बात पूरी करते हुए कहा, "यह अभी राँची में रुकेगा न चालीस मिनट? तब तुम्हारे पास पाँच मिनट होंगे?"

"बिल्कुल मैम। मैं ख़ुद ही आ जाऊँगी।" फिर वह बड़ी फुर्ती से मेरी सीट के पीछे चली गयी जहाँ एयर होस्टेसों का एक अड्डा-सा था।

राँची में उतरे पन्द्रह मिनट बीतने के पश्चात प्रत्युषा आयी और बोली, "येस मैम। अब बताइये।"

"तुम कितने साल की हो? बुरा मत मानना लेकिन मेरा अगला सवाल इसी से जुड़ा है।"

युवावस्था में अपनी सही उम्र बताने में जो मज़ा है उसी के चटखारे लेते हुए प्रत्युषा बोली, "इक्कीस साल। क्यों पूछा आपने?"

"अच्छा तो तुम वोट दोगी इस साल? पहली बार?"

"नो मैम। दूसरी बार! 2014 में भी तो मोदी जी को मैंने जिताया था।"

हम दोनों मुस्कुरा रहे थे और वह शायद समझ गयी थी कि मेरी रुचि पटना की महिलाओं की वोटिंग में थी, न कि वहाँ की मशहूर साड़ी की दुकान में।

"तुम्हारी माँ? वो भी पटना में ही हैं न? उन्हें भी लेकर जाओगी न, वोट करने?"

"माँ का वोटर कार्ड तो बालीगंज का है। कलकत्ता का। मेरे पिताजी जायेंगे मेरे साथ।"

"अच्छा बस, एक बात और बता दो जल्दी से!" हमने उसकी आवाज़ की जल्दबाजी भाँप ली थी। विमान कुछ ही देर में एक और उड़ान भरने को तैयार था। "वोट किस हिसाब से दोगी? यानी पापा से कोई बात हुई है इस बारे में? वे तो बिहार में रहते हैं। तुम तो उड़ती रहती हो। उन्हें ज़मीनी हक़ीक़त बेहतर मालूम होगी।" हमने उसे उकसाने की कोशिश की थी। क्या पता वह यह स्वीकार कर ले कि वह उसी को वोट देगी जो उसके पिता की पसन्द है। हम अपने पक्के विश्वासों को दिमाग़ के अपने उस हिस्से के सामने साबित करना चाहते थे, जो हिस्सा किसी भी पूर्वाग्रही विचारों को मानने को कतई राजी नहीं है लेकिन हम शुक्रमन्द हैं कि हमारे दिमाग़ में एक ऐसा हिस्सा मौजूद है जो हमें चीज़ों को आसानी से स्वीकारने

नहीं देता। असहूलियत तो पैदा करता ही है, बल्कि हमें कभी भी पत्थर की लकीर पर चलने नहीं देता। इसके बारे में और बहुत कुछ हमें बिहार के महिला तबके ने सिखाया। आगे इस बात पर कई बार लौटना होगा।

फिलहाल, राँची में खड़े एक विमान में एक महिला, एक युवती के उत्तर की प्रतीक्षा कर रही थी–

"मैम, मैं साल भर में कई बार घर जाती हूँ। मैगज़िन्स और टीवी न्यूज़ भी देखती हूँ। बिहार में जो चलता है, उससे अनजान नहीं हूँ। मेरे पिताजी युवावस्था से आर. एस. एस. से जुड़े हैं। हमने देखा है उन लोगों का अनुशासन। पर नीतीश जी ने बिहार को कई हाथों से सँभाला है। ख़ासतौर से भारत में प्रगति का पथ मुश्किल है। लेकिन उन्होंने कोशिश की है। मेरा वोट तो उनको ही मिलेगा। पापा भी अपनी वफादारी क्यों छोड़ें? उन्हें अपना मतदान स्वतन्त्र रूप से करना चाहिए। हम दोनों ही इसमें काफ़ी क्लियर हैं!" प्रत्युषा से कुछ और बातें भी हुईं। उसने हमारे बारे में कुछ पूछा। हमारी साड़ी की प्रशंसा की और नये यात्रियों का स्वागत करने बातचीत यहीं समाप्त करके वह एक बार फिर लोगों की अमिट प्यास बुझाने चली गयी। हमने उसके बारे में काफ़ी सोचा। कल्पना करने की चेष्टा की कि वह किस प्रकार के सामाजिक-आर्थिक परिवेश से ताल्लुक रखती होगी। उसके पिताजी हमारी कल्पना में ढीली खाकी, छोटी पतलून और टोपी पहने खड़े थे। उनका हाथ सामने की ओर खिंचा था। मानो वे शपथ ले रहे हों कि वे अपनी पुत्री को एक स्वतन्त्र व्यक्तित्व वाली मुस्कुराती हुई लड़की बनायेंगे। तभी हमें प्रत्युषा की माँ का ख़याल आया और अपने मन में बिहार की उस युवती (तथा सम्भवतः ज़्यादातर युवा वर्ग) के आत्मविश्वास पर जो गौरव की लहर उठ रही थी, वह कहीं न कहीं थम-सी गयी। अपने इस प्रशंसा में सराबोर उल्लास को हमने यह कहकर टाल दिया, "पर ये तो आधी बंगालन है।" इसके बावजूद हम बार-बार अपने ज़ेहन में प्रत्युषा की बातों की गूँज सुनते रहे। पटना हवाई अड्डे से होटल तक भी यही सब ताना-बाना चलता रहता यदि हमारी गाड़ी के ड्राइवर बातूनी न होते–

"मैडम, सबसे पहले होटल?"

"नहीं, एक्जिबिशन रोड ले चलिये। पहले प्रशान्त के ऑफ़िस चला जाये।"

"आप तो बिहार की नहीं हैं, मैडम! कुछ काम से आयी हैं?"

"हम बिहार के हैं।" हमने उसे बरगलाने की चेष्टा की।

"अच्छा? बाहर की पली-बढ़ी होंगी न, बात करती हैं तो पता भी नहीं न चलता है! बिहार में कहाँ से हैं मैडम?"

प्रत्युषा को अपने दिमाग़ के पिछले खाने में धकेलते हुए हमने सोचा कि चलो, फिलहाल इन महाशय से ही कुछ बातचीत की जाये। अपनी इस यात्रा से हम पुरुष वर्ग से भी कुछ हद तक सहयोग की कामना किये बैठे थे। फिर ये मिस्टर तो बात किये बिना मान ही नहीं रहे थे।

"आपका नाम क्या है?"

"ज्ञान पाण्डे। आप पाण्डे जी कहियेगा मैडम, माइण्ड नहीं कीजिएगा, हमें बतियाए बिना रहा नहीं जाता है। अब आप जब तक इस दफ़्तर में रहिएगा, तब तक मुलाकात होती रहेगी। सबसे पूछिएगा तो सब लेडीज लोग बतायेंगी आपको, हम ऐसे ही हैं। ऑफ़िस में सब जानते हैं हमें।"

पाण्डे जी प्रशान्त किशोर की टीम का एक पुर्जा थे।

दफ़्तर में हम कुछ लोगों से मिले और फिर हमने निर्णय लिया कि मीडिया की टीम में शायद हम कुछ योगदान दे पायें। दरअसल हमने प्रशान्त जी से केवल ये कहा था कि हम बिना किसी वेतन के, उनकी कार्यशाला का एक हिस्सा बनकर चुनाव को नज़दीक से अनुभव करना चाहते हैं। उन्होंने हमें एक होटल में एक साफ़-सुथरा कमरा और एक ड्राइवर सहित गाड़ी मुहैया करायी थी और यह निर्णय हम पर ही छोड़ दिया था कि हम किस विभाग में सहयोग देंगे। किसी भी चुनाव में मीडिया एक बेहद मज़बूत इकाई होता है। हम जैसे ही उन सात युवतियों से मिले, जो मीडिया विभाग को सँभाले हुए थीं, उन्होंने हमसे एक आवाज़ में पूछा, "कैन यू राइट इन हिन्दी?"

बात एक ऐसी भाषा की हो रही थी जो हम रोज़मर्रा में तोड़मरोड़ कर बोलते थे, कहानियों की किताबों में पढ़ा करते थे और जिस भाषा को औपचारिक रूप से पढ़ना हमने छठी कक्षा में छोड़ दिया था। तब संस्कृत एक ऐसे विकल्प के रूप में सामने आयी जिसमें .ज्यादा नम्बर लाना मुमकिन था। हिन्दी वह भाषा थी जिसमें माँ फटकारा करती थीं और कुक खाना बनाती थी।

"बिल्कुल। हम हिन्दी में अच्छा-ख़ासा लिख लेते हैं।" यह पूरी तरह झूठ नहीं था, हालाँकि इसे सिद्ध करने के लिए हमारे पास कोई ठोस सबूत भी नहीं था।

"ग्रेट! वेन कैन यू स्टार्ट?"

यहाँ से बायें लीजिए

हम इन सभी बातों को ठीक-ठीक समझ नहीं पा रहे थे। बात बिहार चुनाव में सी.एम. के महागठबन्धन के लिए गठित संचार के बारे में हो रही थी। इन्हें हिन्दी नहीं आती। हमें हिन्दी भी आती है और शर्म भी। ख़ैर हमने यह कहकर बात सँभाल ली कि हम अभी कुछ दिन ज़मीनी-स्तर पर काम करना चाहते हैं यानी दफ़्तर में बैठकर गूगल ट्रान्सलेटर की ओर तकते रहने और हर 30 मिनट में गम्भीर भावों को चेहरे पर लाकर सिगरेट का धुआँ उड़ाने में हमारी रुचि हरगिज़ नहीं थी। फिर भी, हमें यह कहते देर नहीं लगी कि दौरों पर जाने के पश्चात जो भी अतिरिक्त समय हमें मिलेगा, उसमें हम हिन्दी भाषा में लिखने का अभ्यास करेंगे। यह प्रस्ताव इन्हें भाया नहीं। 'कान्स्ट्रेशन' व 'फोकस' के अभाव का अन्देशा था। हमने एक-दो बार अपनी एकाग्रता की दुहाई दी लेकिन कोई ख़ास फ़ायदा नहीं हुआ।

अकसर देखा गया है कि महिला प्रकोष्ठ एक सुव्यवस्थित वार्तालाप न होकर निहायत ही मज़ेदार जमावड़ा हो जाता है। बुनियादी रूप में यह एक तरह की सभा होती है, जिसे किसी पार्टी का उम्मीदवार या उसका सहायक दल इस उम्मीद में बुलाता है कि उनका चुनाव प्रचार केवल चुनाव प्रचार न रहे, बल्कि उसमें सामाजिक उत्थान के लिए सक्रिय गतिविधि हो। आप में से कुछ लोग शायद हमारे इस सन्देहवाद पर उँगली उठाएँगे। यह कहना ठीक बात नहीं है कि चुनाव प्रचार के दौरान आयोजित ऐसी सभाएँ सामाजिक मुद्दों के समाधान ढूँढ़ना तो दूर की बात, इन मुद्दों पर चर्चा तक नहीं करती हैं। यदि आप भी ऐसा सोचते हैं तो आप जैसे सज्जनों से हमारा सिर्फ़ यह एक अदना सा सवाल है–

क्यों ये प्रकोष्ठ सभाएँ केवल चुनावों के ठीक पहले ही बुलाई जाती हैं? क्या बाकी के पाँच सालों तक हमारा समाज राजनीतिक पार्टियों से अपने झंझट बाँटना नहीं चाहता?

ख़ैर, पटना कमिश्नरी के एक महत्त्वपूर्ण अंग दानापुर में आईपैक के कुछ युवा कर्मचारियों के साथ महिला प्रकोष्ठ भेजा गया था। राजद के उम्मीदवार के लिए आईपैक ने राजद की महिला कार्यकर्ताओं के सहयोग से यह सभा आयोजित की

थी। हमें आसोपुर जाना था और जब दो बजे की सभा में पहुँचने के लिए हम पटना के दफ़्तर से चले तो हमने सोचा कि हमारी शुरुआत एक मज़ेदार शुरुआत होगी। गाड़ी में ड्राइवर की बगल वाली सीट पर सिद्धार्थ नाम का एक नौजवान था जिसकी ड्यूटी थी कि वह गाड़ी की पिछली सीट पर बैठी लड़की और हमारी सुरक्षा कर सके। यह स्पष्ट नहीं था कि हम लोगों की किससे रक्षा करने की ज़रूरत पड़ सकती थी। सिद्धार्थ हैदराबाद से था, हमारे बाजू में बैठी लड़की वही वकील थी जिसके बारे में हमने पहले बताया है। हम लोग बेहद उत्सुक स्वभाव के थे, लेकिन इन्हीं सब तथ्यों के बीच में कहीं सुरक्षा की भी ज़रूरत थी।

देर हो जाने का मतलब यह नहीं था कि हम पार्टी में कार्यरत मीना जी के बिना कहीं जा सकते थे! हमने बिजली के एक खम्भे के पास से मीना जी को 'पिक अप' कर लिया। मीना जी पटना से ही थीं और हमारे द्वारा 'पिक अप' कर लेने के बावजूद उन्हें किसी किस्म की सुरक्षा की कोई आवश्यकता नहीं थी। कुछ दूर जाते ही मीना जी अपने फ़ोन पर किसी से बेहतरीन हिन्दी में बतियाने लगीं। हम उनसे कई बातें पूछना-सुनना चाहते थे। फिलहाल चुपचाप हम और यह वकील लड़की (तूलिका सिंह) एक-दूसरे को देख रहे थे। तूलिका किसी अनकही बात को सोचकर हँसने लगी। इससे पहले कि हम इसकी वजह पूछ पाते, मीना जी फ़ोन होल्ड करके बोलीं, "यहाँ से बायें ले लीजिए, पुल के बीच से।" इतना कहकर वे दुबारा फ़ोन पर लग गयीं। ड्राइवर ने भाँप लिया कि यह निर्देश उसी के लिए था। तूलिका बोली, "अब ये कहीं और ले जा रही हैं। गाँव में लेडीज कब तक इन्तज़ार करेंगी। आप जैसी लेडीज कब तक इन्तज़ार करेंगी? आप स्पार्क्स शूज पहन आये थे।" हमें इसमें कुछ भी हास्यास्पद नहीं लगा। तूलिका भी कोई बहुत हँसोड़ किस्म की लड़की नहीं थी। हमने कहा, "तो? अजीब लग रहा है क्या?" शायद अजीब तो था। "नहीं। अच्छा है। मैंने पहली बार देखा है।" मीना जी ने गाड़ी वहीं रुकवाई जहाँ फ़ोन पर उनका वार्तालाप बन्द हुआ। फिर उन्होंने मुस्कुराते हुए हमारी तरफ़ देखा और बोली, "रीता पासवान जी को भी ले लेते हैं। ये भी बहुत एक्टिव हैं क्षेत्र में।" लगभग पन्द्रह मिनट सड़क के किनारे इन्तज़ार करने के बाद रीता जी आयीं।

एक बात तो माननी होगी, बिहार में यूँ समझ लीजिए कि ऐसी ग्रामीण महिलाओं की किल्लत नहीं जो कई तरह के अभावों में रहते हुए भी सामाजिक गतिविधियों के लिए पर्याप्त समय व दृढ़ता चुरा ही लेती हैं। रीता जी पर पहली नज़र डालते ही हमारा हृदय भावनाओं से भर उठा। गाड़ी में जगह की शायद कुछ कमी होगी लेकिन हम चारों महिलाओं के दिलो दिमाग़ में एक छिपा हुआ खाली कोना ज़रूर था जिसमें हम सब आसानी से एक-दूसरे के लिए जगह बना सकते थे। रीता जी ने आगे-पीछे होकर जगह बनाने की हमारी तकनीक को देखते ही कहा, "अरे, आप सबको भी

तकलीफ़ दे दी।" हम सब ने एक-एक कर अपनी तरफ़ से उन्हें समझाया कि हम बिल्कुल आराम से हैं और रीता जी के आ जाने से हमारी यह सभा और भी मज़ेदार रहेगी। गाड़ी में बैठते ही रीता जी ने अपनी उन्मुक्त हँसी से सबका दिल जीत लिया था। आमतौर पर चुप रहने वाला सिद्धार्थ भी पीछे मुड़-मुड़कर रीता जी की बातों पर टिप्पणी करने से खुद को रोक नहीं पा रहा था—"हमारी बहू बड़ी ग़ुस्सैल है। आठवाँ महीना चल रहा है न, तो हम भी कहते हैं ठीक है, भाई कर लो मनमानी। ऐसे में ज़्यादा काम की उम्मीद करना तो बेकार है। चुनाव में सुबह से शाम तक भीड़ उमड़ी रहती है। हमारे हसबैण्ड भी पार्टी में काफ़ी सक्रिय हैं। दिन भर चाय, नाश्ता, मिठाई। हमने कहा तुम कुछ न करना। बस अपना ख़याल रखो। अभी बस दो दर्जन बरतन धो कर आ रहे हैं। उस बेचारी से तो बैठा भी नहीं जाता। हमने कहा कि सब्ज़ी बनाकर रखना बस, आटा भी हम सान लेंगे और रोटी भी हम ही बना लेंगे। वापस पहुँचकर। अपने कमरे में ही थी वो, हम तो भाग आये बिना कुछ ज़्यादा बोले। वरना आने ही नहीं देती हमें।" उन्होंने ज़ोर से ठहाका लगाते हुए बार-बार अपने भाग आने का वर्णन किया। ड्राइवर साहब भी हँसी न रोक पाये।

लगभग एक घण्टे बाद हम आसोपुर पहुँचे। ज़मीन के बढ़ते दामों पर चर्चा ज़ोर पकड़ चुकी थी और हम सब इस नतीजे पर पहुँचे थे कि यहाँ ड्राइवर साहब के परिवार की एक कट्ठा ज़मीन थी। कुल मिलाकर वे हम सबसे ज़्यादा समृद्ध हैं। कई ऊँची इमारतों की नींव डली थी यहाँ, पानी भरा हुआ था। रास्ता कुछ ख़राब था। रीता जी बोलीं, "ई सब टूटल-टाटल रोड है। पैदल ही चलते हैं।" इस समय हम गाँव में प्रवेश कर चुके थे। घड़ी में साढ़े पाँच बजे थे और कुछ ही देर में हम सबने खुद को एक साधारण घर की छत पर पाया। तीन-चार महिलाएँ बेमन से हमारे बैठने के लिए कुर्सियों का बन्दोबस्त करने लगीं। सिद्धार्थ ने उनका साथ दिया और हम छत से आस-पास के इलाके का मुआयना करने लगे। गलियाँ पतली थीं। रोड अब पूरी तरह ग़ायब थी और कच्चा रास्ता बहुत गर्व से गन्दगी को अपने ऊपर संजोये था। जहाँ तक हमारी नज़रें पहुँचती थीं, यदि वहाँ तक सफ़ाई कर्मचारी भी पहुँच गये होते तो शायद हमें निराशा से अपनी नज़रें न फेरनी पड़तीं।

हमने पलटकर देखा तो तूलिका हमारे पीछे खड़ी थी। दायें हाथ से उसने अपना स्मार्ट फ़ोन कान पर कसा हुआ था और पूरी एकाग्रता से दूसरी ओर की बातें सुन रही थी। बायें हाथ में उसने कुछ रंग-बिरंगे चमकीले काग़ज़ पकड़ रखे थे। हमें देखकर उसने कुछ सेकेंड के लिए फ़ोन को नीचे किया, पैम्फलेट हमारी ओर बढ़ाते हुए हलकी आवाज़ में बोली, 'सात निश्चय' और फिर से फ़ोन को कान से सटा

लिया। ये शाम के अँधेरे से कुछ पहले के क्षण थे जब हमने नीतीश जी के 'सात निश्चय' पढ़े। निश्चय प्रभावशाली थे परन्तु नये नहीं थे। ये निश्चय या इन जैसे निश्चय कई सालों से कई राज्यों में कई सरकारें करती आ रही थीं। जनता के द्वारा राज्य के मुख्यमन्त्री बनने के पिछले दो मौक़ों में नीतीश जी इनमें से अधिकांश निश्चय की ओर अग्रसर थे। हमें यह काग़ज़ का रंगीन पुर्जा इसलिए थमाया गया ताकि इस पर लिखे ज्ञान की सहायता से हम सभा के दौरान उठने वाले सवालों का जवाब दे सकें।

आसोपुर की खुली छत

आहिस्ता-आहिस्ता उस खुली छत पर, उगते हुए तारों के नीचे बूढ़ी-जवान औरतों का जमावड़ा होने लगा। कुछ नौजवान युवक और दो-एक खिलखिलाती युवतियाँ भी आ गयीं। ये साफ़ था कि यहाँ कतार से रखी पाँच कुर्सियाँ काफ़ी न होंगी। सबने बहुत सहजता से सीमेण्ट के कच्चे फ़र्श पर बैठना शुरू कर दिया। तूलिका अब भी छत के एक कोने में फ़ोन पर लगी थी। सिद्धार्थ थोड़ा खोया-खोया-सा एक कुर्सी पर बैठा था। हम और मीना जी दो कुर्सियाँ घेरे थे। मीना जी कुछ बात कर रही थीं। उन्हें अपने किसी रिश्तेदार की बेटी को दिल्ली भेजना था सो मेरा फ़ोन नम्बर और घर का पता पूछ रही थीं। हम, टीचरों वाले अन्दाज़ में उन्हें कॉलेज की पढ़ाई के बारे में कुछ ज्ञान दे रहे थे। एक कुर्सी पर रीता जी थीं, एक कुर्सी खाली थी। हमारी बात तब ख़त्म हुई जब रीता जी उछलकर हमारे पैरों के पास की ज़मीन पर आ बैठी। दरअसल अभी तक हम कुछ ज़्यादा ही लापरवाही से बातों में मसरूफ़ थे। उन्हें देखा और नज़र घुमाई तो पाया कि लगभग तीस महिलाएँ, कुछ युवक-युवतियाँ और कई बच्चे फ़र्श पर विराजमान थे। हम भी बिना कुछ सोचे रीता की बगल में बैठ गये। वे बोलीं, "अरे, मैडम, आप कहाँ? नहीं-नहीं। कुर्सी तो है ही। ऊपर ही बैठिए।" सब महिलाएँ मानो एकचित्त होकर मुस्कुरा रही थीं। मीना जी हम पर कुछ नाराज़ थीं...ऐसा हमारा मानना है, क्योंकि उन्होंने हमें ऐसे देखा मानो हमने कोई सत्ता की कुर्सी छोड़ दी हो। उन्हें देखकर हमें अपनी माँ की याद आ गयी। दिल्ली में वोटर रही हमारी माँ के चेहरे पर भी ठीक यही भाव थे जब केजरीवाल जी ने इस्तीफ़ा दिया था। जैसे उन्होंने ही हमें वह कुर्सी दी थी और हम नासमझी में उससे उतर गये...उसका निरादर किया!

बहरहाल, अब सिद्धार्थ भी नीचे बैठ गया था और रीता जी ज़ोर-ज़ोर से सभी महिलाओं से बातें करने लगीं—"जान रही हैं कि हम सब क्यों आये हैं? किसको जिताना है इस बार? नीतीश को न?" सीधे-सीधे राजद प्रत्याशी के लिए वोट माँगने में वे कुछ सकुचा रही थीं। पहला वार उन्होंने हमारे ब्रह्मास्त्र से ही किया। कुछ लोग हँस रहे थे। कुछ ने कहा था कि नीतीश को ही वोट देंगे। कुछ बच्चे अपने

हाथ-पैरों पर नीतीश जी का स्टीकर चिपका रहे थे। साफ़ पता चल रहा था कि यदि कोई शिकायत है भी तो यहाँ की अधिकतर महिलाएँ हमें बताने से शरमा रही थीं। हमने पूछा कि नीतीश जी ने क्या-क्या किया है। पहली ही साँस में सबने कहा कि सड़क बना दी गयी हैं, लड़कियों को साइकिल भी दी गयी है। और यह कहकर वे सब लगभग चुप हो गयीं। अब शायद हमें कुछ कहना चाहिए था। "गाँव में 'लाइन' आती है?" हमने अधूरे अँधेरे में डूबी उस बस्ती की ओर इल्ज़ाम लगाती हुई नज़रें घुमाईं। सोचा कि शायद अब कुछ हो जाये...वही जिसका हमें इन्तज़ार था। "लाइन तो बीस-बीस घण्टा रहता है। कोई दिक्कत नहीं है," घर की मालकिन ने सफ़ाई दी। "अच्छा। और आप सबके पास राशन कार्ड या वोट..." हमने याद करने का बहाना किया ताकि वे ही बोल दें। "बी.पी.एल. कार्ड," एक कम आयु की महिला ने कहा जिसने गोद में एक दुधमुँहा बच्चा पकड़ रखा था। "हाँ...बी.पी.एल. कार्ड ग़रीब घरों का तो बना ही होगा, न?" हम इस घर की मालकिन से दूर देखने लगे। खुसुर-फुसुर होने लगी लेकिन हम अब भी निराश थे। अब सीढ़ियों पर पाँच-छः लोगों की चप्पलों की आवाज़ हुई। सब महिलाएँ थीं और ईश्वर की कृपा से सबसे आगे वाली महिला बहुत आक्रामक और जोशीली थी। शायद हमारा इन्तज़ार अब ख़त्म हो चुका था। "हम न जाइब वोट देबे खाती। सब हमरा बुडबक समझेला। वोट माँगे आइहें अ फिर ग़ायब हो जइहें। न देब वोट। आईल बाड़ी मैडम जी!! हुँह!"

"मज़ा आ गया।" हमने धीरे से सिद्धार्थ से कहा। उसकी आँखों में जो डर था वो और भी गहरा हो गया। यह महिला लगभग पैंतीस से चालीस वर्ष की थी। रंग साँवला, काया मोटापे से कुछ इंच पहले का भारीपन झेल रही थी, आवाज़ बुलन्द थी और आँखों में क्षतिग्रस्त होने की अनमिट चमक थी। हम अभी भी नीचे ही बैठे थे। कई मिनटों तक अलग-अलग विस्तारों में उन्होंने अपनी बात समझाई परन्तु संशय यही था कि हर बार चुनाव दर चुनाव उन्होंने बड़ी आशाओं से विभिन्न पार्टियों के उम्मीदवारों को वोट दिया था। जीत के बाद पारम्परिक तौर पर, ये सभी चुने गये एम.एल.ए. अपने आशावादी वोटों को पीठ दिखा गये थे। सुनने में बहुत घिसी-पिटी और बोरिंग दास्तान थी। भला चुना हुआ नेता भी कहीं आता है जनता की व्यथा सुनने? हमारे देश में नेताओं का लौटकर न आना उतना ही स्वाभाविक है, जितना कि क्रिकेट और बॉलीवुड के लिए प्रेम। स्त्री-पुरुष, अमीर-ग़रीब, हिन्दू-मुसलमान, काले-गोरे, नाथ-अनाथ, सभी एक-सी शिद्दत से नेता बनते ही बदल जाते हैं एवं क्रिकेट व बॉलीवुड में अपने अधूरे जीवन को पूरा करने में लगे रहते हैं। करीब पाँच मिनट बाद यह भद्र महिला कुछ शान्त हुई। गाँव की कई महिलाओं ने इन्हें बरबस शान्त करवाया। सम्भवतः उनकी झल्लाहट भी कुछ मन्द हो गयी थी। हम इसी क्षण का इन्तज़ार कर रहे थे। अब हम उनके सामने खड़े थे। दूसरी महिलाएँ

भी खड़ी होने के बारे में संजीदगी से विचार कर रही थीं। रीता जी, मीना जी और सिद्धार्थ खड़े थे और तूलिका भी फ़ोन पर काम निबटाकर हमारे बगल में मुँह खोले खड़ी थी...यही हमारे मुँह खोलने की भी घड़ी थी।

"आप बिल्कुल सही बात बोली हैं। इन सब नेता लोगन में कोई अन्तर नी खे। सब एक्के जईसन बा। वोट देए बाद वोटर के बुझाईबे न करला कि केकर दुआरी ठोंकी।" भोजपुरी में बात करना उतना ज़रूरी नहीं था जितना ज़रूरी था उन्हें ये तसल्ली देना कि उनकी समस्या केवल अकेली उनकी नहीं है। कितने दुःख की बात है न? जहाँ प्रगतिशील शहरी परिवेश की महिलाओं को यह सोच कर अच्छा लगता है कि वे लाखों में एक हैं, उनके जैसा कोई और नहीं सोचता; वहीं ग्रामीण भारत की किसी भी महिला से बात कीजिएगा तो यही पाइएगा कि वे अपने मन को ये सोचकर मज़बूत कर लेती हैं कि उनके जैसी हज़ारों हैं। शहरों में, शायद समाज से दूर हटने को 'स्मार्ट' समझा जाता है। गाँव में तो आज भी एक औसत महिला समाज का हिस्सा भर होने की गुत्थमगुत्थी में लगी है। कौन सही है, कौन ग़लत? जीवित तो दोनों ही हैं, बस जिजीविषा को व्यक्त करने के तरीके भिन्न हैं।

हमें यह बात, जो हमारे ही मुँह निकली थी, बुरी लगी। कुछ सुधार करने व अपनी बात को स्पष्ट करने की नीयत से हमने कहा, "लेकिन आप कुछ अलग हैं। रऊआ सबसे मजबूत बानी। कोई तो आवाज़ उठाये। कितने साल हो गये आज़ाद हुए, कब तक यूँ ही चलेगा? सच कह रही हैं आप, हर बार यही होता है। तब क्या करते हैं आप लोग? शिकायत करते हैं?"

अब औरतों की खुसुर-फुसुर कुछ बुलन्द हो चली थी। "कोई कुछ नहीं करता।"

"हम का करब? कोन्हो का सुनेला?"

यह साहसी महिला अब फिर से बोली, "सिकायत? के से करब सिकायत? खाए खाती त बाना, हम चलब सिकायत करे? अ के जाई हमनी के साथ? एईजा कोनहो केकरो नी खे।" इस बार इनकी आवाज़ में एक ऐसा अजीब-सा जोश था जैसे हताशा और इनक़लाब के ठीक बीच में होता है। आँखों में जोशीली चमक थी जिसे देखकर कोई भी यह कह सकता था कि वे टूट कर रोने वाली हैं।

इनकी आवाज़ की मारक बेबसी ने हमें यह यक़ीन दिला दिया कि यहाँ पर आम जनता से चुनाव का बहुत गहरा सम्बन्ध था। गहरा सम्बन्ध है। छोटे शहरों और गाँवों की कई लिहाज़ से मासूम एवं कई लिहाज़ से बुद्धिमान जनता चुनाव और राजनीति से सीधे तौर पर जुड़ी है। शहरों, या यूँ कहें कि बड़े विशालकाय शहरों में बसने वाले लोग फेसबुक और ट्विटर पर ही अपने सामाजिक दायित्व के

बोझ को हलका कर लेते हैं। रोज़मर्रा के जीवन में छिपे हुए राजनीतिक शोषण से वे अनजान रहते हैं। उनके लिए ज़्यादा बड़े सवाल मौसम के बदलाव, जानवरों के ख़िलाफ़ दुर्व्यवहार, शुक्रवार को नाचने-पीने के प्रोग्राम बनाना व तन्दुरुस्ती के लिए 'ऑर्गेनिक' खाद्य पदार्थों का सेवन करना...यही सब हैं। हमारे इस वाक्य से यह कतई नहीं समझा जाये कि हमें ये सब समस्याएँ अनावश्यक या निरर्थक प्रतीत होती हैं। परन्तु ये तो आप भी मानेंगे कि ग़रीबी रेखा के नीचे होने को सिद्ध करने के लिए जिस कार्ड की ज़रूरत होती है, वह यदि न बन पाये तो तथाकथित ग़रीब न तो अपने बेजार होने पर गर्व कर पायेगा और न ही एक वक़्त का भोजन जुटा पायेगा। कुछ लोग तो शायद ये भी सोचते होंगे कि 'कितनी शर्म की बात होती है बी.पी.एल. कार्ड का धारक होना!' क्या ये लोग कभी उस संघर्ष को समझ पायेंगे जो गाँव के ऐसे सैकड़ों लोग इस कार्ड को पाने के लिए प्रतिदिन करते हैं? फिर कार्ड बनने के बाद मिलने वाला भत्ता व कम दरों पर मिलने वाला अनाज किस क्वालिटी का होता है, इसकी तो हम बात भी नहीं कर रहे हैं। क्या फायदा?

फिलहाल मारा-मारी केवल कार्ड बनवाने की है। बीती कुछ सदियों में समाज में एक ख़तरनाक अमानवीयता विकसित हुई है। चार्ली चैपलिन से लेकर मेले के मदारी के बन्दर तक सब की भूख एक हास्यप्रद वाक़या बन कर रह गयी है। ऊँचे

आसोपुर की छत पर चुनावी परिचर्चा के दौरान

ग्रामीण भारत की कोई भी महिला अपने मन को ये सोचकर मज़बूत कर लेती है कि उनके जैसी हज़ारों हैं।

वर्ग के सदैव पेट भरे हुए लोगों को भूख का आभास एक तुच्छ भाव लगता है, हास्यपूर्ण लगता है। देश में बहु-स्तरीय भुखमरी है। खाना कम है। खाना महँगा है। बहुत जगह पर खाना ज़हरीला है। लोग घास खाकर भी जी रहे हैं। किस हद तक ये भूख राजनीति से जुड़ी है, यह आप स्वयं तय कीजिए। हम आगे की कहानी कहते हैं।

हम कुछ कहते, इससे पहले पास खड़ी एक महिला ने एक खोखले मुँह की प्रौढ़ विधवा को हमारी ओर कर दिया : "देखिए मैडम। ये हमारे गाँव की बेटी है। बीस साल से विधवा है। इसका विधवा भत्ता नहीं मिलता। दस-बीस रुपये मिल जाते हैं कभी-कभी। दफ़्तर में पूरी रकम पर अँगूठा लगवा लेते हैं, और कह देते हैं कि इस बार ऊपर से ही पैसा कम आया। ऊपर से हर बार पैसा कम ही आता है क्या? मुखिया किसी की नहीं सुनता।"

"और सब की सब क्यों नहीं जातीं साथ में? एकजुट होकर के जाइए। जीना हराम कर दीजिए सबका। जवाब माँगिए।" हमने आवेश में शायद उन्हीं के ख़िलाफ़ बोल दिया जिनके प्रचार के लिए हमें भेजा गया था। लेकिन हमने शुरू ही से ठान ली थी कि हम केवल दो बातों का प्रचार करने जा रहे थे–1. सबको वोट देने के लिए प्रेरित करना और 2. चुनाव के बाद अपने प्रत्याशी से शालीनता से शिकायत करना।

दोनों ही हमारे अधिकार हैं। नहीं, दोनों ही हमारे कर्तव्य हैं। यदि कोई हमारे लिए कुछ करना भी चाहे तो वह कैसे करेगा अगर हम उसे यह बतायें ही नहीं कि हमें क्या चाहिए? बच्चे को बिना रोए माँ भी दूध नहीं पिलाती...या शायद माँ पिला भी देती है; लेकिन चुने गये एम.एल.ए. से हम वैसी अपेक्षा तो नहीं कर सकते न जो हम एक माँ से करते हैं? हम सवाल ही नहीं पूछेंगे तो जवाब क्या खाक मिलेगा! ख़ैर, आसोपुर गाँव की अधिकांश महिलाएँ एकसाथ बोलीं कि उनके गाँव में एकता की ख़ासी कमी थी। उनकी स्वीकृति से लग रहा था कि इस अनेकता के ज़िम्मेदार गाँव के पुरुष थे। लेकिन हमारे बहुत उकसाने पर भी किसी ने अपने पति, ससुर या बेटों पर सीधा-सीधा दोष नहीं डाला। इससे ऐसा लगा, हालाँकि हम पक्के तौर पर यह नहीं कह सकते कि फूट केवल पुरुषों में न होकर महिलाओं के बीच भी घर कर चुकी थी।

आपसी दुश्मनी का साधारण मामला नहीं था। गाँव में पड़ोसी की पड़ोसी से लड़ाई भी नहीं थी। यानी एक-दूसरे से दुआ-सलाम तो थी लेकिन एक-दूसरे के लिए खड़ा होने को कोई तैयार नहीं था। ये बात हमने और भी कई बड़े-छोटे शहरों में देखी है। मोटा-मोटी एक सामाजिक शिष्टाचार सभी जगह देखने को मिलेगा। लेकिन यदि बात किसी एक की ख़ातिर अधिकांश के समक्ष खड़े होने की हो तो अमूमन भाई

भी भाई के काम नहीं आता। कुछ हद तक बिहार में यह समस्या ज़्यादा गहरी है क्योंकि जनता यह मान बैठी है कि अधिकारी वर्ग उनका माई-बाप है और राजनेता गुण्डे। ये दोनों ही वर्ग आज इसके तो कल उसके साथी होंगे। अतः अगर वे आज हमारे साथी नहीं हैं तो उनसे बेवजह पंगा न लिया जाये। शिकायत करना, आवाज़ उठाना भौतिक रूप से वायदा-ख़िलाफ़ी माना जाता है। इसी बकवास विचारधारा को बदलने की आस में हमने यह कहा कि उन्हें कानूनी स्तर पर मिल-जुल कर जवाब माँगने का अधिकार है। वहाँ जमा औरतों ने ये माना कि यह उनका अधिकार है और यह भी कि गये बीस साल में हालात बहुत बेहतर हुए थे।

रोमांस का कत्ल

तथाकथित निचली जाति के इस गाँव में ज़्यादातर 'यादव' जाति के परिवार थे। हमारे सामने खड़ी विधवा और जोशीली महिला दोनों ही यादव थीं। उनमें से एक कहने लगी, "अरे बहुते किये हैं लालूजी हम सबकी ख़ातिर। हमें ज़बान दी है उन्होंने। लोग उनको बुरा-भला बोलता है। कोई फरक नहीं पड़ता है, मैडम! उनके आने से पहले क्या होता था? हम लोगों को किस-किसने दबाया है, पूछिए। आज हमारी बेटी शाम को 9 बजे भी आराम से पढ़के आती है। लालू जी के आने से पहले हम दिन-दहाड़े लुटते थे। लोग बोलता है, शहरी लोग बोलता है, अख़बार में लोग बोलता है, सब बोलता है। कोई हमसे पूछता नहीं है न जी। पूछिएगा तो ही ना जानिएगा।" अब जाकर ये महिला शान्ति से बात कर पा रही थी। जोश अभी भी था। परन्तु बात अब उतनी पैनी नहीं थी। उसकी चुभन कुछ कम हो गयी थी, शायद इसलिए कि कोई उनकी बात सुन रहा था। फिर क्या था? एक के बाद एक सभी ने लालूजी व नीतीश जी के बारे में कुछ प्रशंसनीय शब्द कहे। हम मन ही मन ये समझने की कोशिश कर रहे थे कि मामला था क्या। ये सब अपने निजी स्तर पर दफ़्तरी बाबुओं से बमके हुए थे। सरकार से कहीं न कहीं ख़ुश थे। अपने हालात से बेजार थे लेकिन एक बड़े स्तर पर राज्य में विकास की आशा रखे हुए थे।

इस सभा में जो परस्पर विरोध सामने आ रहा था, हमें पसन्द आया। बात जब बहुत सीधी व एकतरफ़ा होती है तो कम्प्यूटरी लगने लगती है। ये सब महिलाएँ अपने जीवन में सुधार चाहती थीं। ये जानती थीं कि सुधार एक धीमी गतिविधि है। ये सिस्टम की प्रशंसा और आलोचना दोनों कर रही थीं। लेकिन इनका निश्चय अडिग था—वोट देना है, किसे देना है, क्यों देना है। यदि ये एक बेहतरीन राजनीतिक समीक्षा नहीं है तो फिर क्या है? दुख सिर्फ़ इसका था कि इतनी निष्ठा के होने पर भी ये महिलाएँ वोट डालने तक अपना कर्तव्य बना बैठी थीं। सरकार बन जाने के पश्चात अपने जीवन में सरकारी योगदान की परियोजनाओं की सुचारु तामील हो, ऐसा करने में इन्हें अपना कोई कर्तव्य नहीं दिखता। बढ़िया सरकारी परियोजनाएँ बनेंगी, लेकिन उन पर अमल करने के लिए ये एक मसीहा की राह देख रही हैं।

काश कोई मसीहा आ ही जाये। काश ये सब मिलकर मसीहा के विचार तक को नष्ट कर दे। और बन जाये अपना ही सहायक। उस शाम हम वहाँ तीन घण्टे रुके। तूलिका ने फ़ोन पर बात करके, राजद के प्रत्याशी को भी हमारे सामने इस प्रकोष्ठ में बुला लिया था। सवालों और सुझावों की बौछारों के बीच महिलाएँ प्रत्याशी से बोलने का मौक़ा चुरा चुकी थीं। प्रत्याशी और उनके आदमी चुपचाप बैठे रह गये। लेकिन वे कह भी क्या सकते थे? जब तक सुना गया तब तक सुने और उसके बाद हाथ जोड़कर वोट माँगा। वे जाते-जाते भी महिलाओं के जोश से कुछ हारे हुए लग रहे थे। ख़ैर, वे चुनाव में भी जीत तो नहीं ही सके लेकिन उस दिन आसोपुर की महिलाओं ने हमारे सामने ये प्रण लिया कि वे काम न होने की स्थिति में कानून के दायरे में रहते हुए शिकायत अवश्य करेंगी।

हम सब छत से उतरे ही थे कि एक वृद्ध महिला अपने बीस वर्षीय पुत्र को लेकर आ गयी। उन्होंने बताया कि वे ऊँची जाति की क्षत्रिय हैं परन्तु उनका परिवार बहुत ग़रीब है। ऊँची जाति की होने की वजह से कोई उनका बी.पी.एल. कार्ड नहीं बनाता। उनका बेटा भी ख़ूब झल्लाया हुआ था। हमने समझाने की अपनी नाकाम कोशिश शुरू ही की थी कि तूलिका ने उनका नाम व पता अपनी डायरी में उतार लिया। उसने उन्हें अपना फ़ोन नम्बर दिया और ये बताया कि उसकी जान-पहचान का कोई अधिकारी है जो इसमें उनकी मदद कर सकता है। इतना सुनने की देरी थी कि तूलिका की डायरी में नाम लिखवाने वालों की भीड़ जमा हो गयी। उसने तसल्ली से सब कुछ लिखा। बीच में दो-तीन बार उसका फ़ोन भी बजा लेकिन उसने फ़ोन को ताक पे रखकर पहले गाँव वालों के नाम-पते लिखे। चुनाव परिणाम के लगभग एक महीने बाद तूलिका ने हमें फ़ोन करके बताया कि आसोपुर में कई लोगों के कार्ड बनवाये गये हैं। हमने उसके प्रति आभार प्रकट किया। परन्तु क्या ये दुख की बात नहीं कि मामूली काम कराने के लिए भी किसी जान-पहचान की ज़रूरत है? भाई-भतीजावाद अब अंकल-आंटीवाद तक पहुँच गया है। दूर का ही सही, लेकिन सरकारी ढाँचे में कोई न कोई 'कॉन्टैक्ट' होना अनिवार्य हो गया है।

बाहर निकलकर दो महिलाओं ने हमसे बात की।

पहली बोली, "एइजा जगह के बहुत कमी रहे! रऊआ समझनी ह के न?" कहकर वो सकुचाई सी हँसी बिखेरने लगी। बगल में खड़ी उसकी गोतनी ने भी अपने पल्लू का कोना मुँह में दबा लिया। साड़ी का वही पल्लू जो एक ओर उसे एक डरी-छिपी बहू होने का अहसास दिला रहा था, मुँह में दबकर उसे एक अल्हड़ शरारती युवती में तब्दील कर रहा था। हम समझ गये कि किस ओर इशारा किया जा रहा है। दरअसल गाँव की महिलाओं में एक खुलापन होता है जो केवल और महिलाओं के सामने आने पर ही अपने परचम पर पहुँच जाता है। यानी चाहे गाँव

भाई-भतीजावाद अब अंकल-आंटीवाद तक पहुँच गया है। सरकारी ढाँचे में कोई न कोई 'कॉन्टैक्ट' होना अनिवार्य हो गया है।

का धार्मिक मेला हो या किसी के शादी-ब्याह का कोई रीति-रिवाज, जिस जमावड़े में केवल महिलाएँ होती हैं, वहाँ ख़ूब हँसी-ठिठोली, मस्ती-मज़ाक़ होता है। शहर में रहने वाली 'मैम-टाइप' लेडीज अगर वो सब सुन लें तो कानों को हाथ लगा लेंगी! ससुराल का मज़ाक़ बनाने से लेकर परिवार के पुरुषों पर टिप्पणी करने तक; सम्भोग करने की तीव्र इच्छा से लेकर उसके अभाव तक; ऐसा कुछ नहीं जिस पर बात करने में उन्हें शर्म आये। यहाँ इकट्ठे होते ही महिलाएँ सब मुखौटे उतार फेंकती हैं। और क्यों न हो? गाँव के घरों में एकजुट होने का एक अजब एहसास होता है। गाँव में सामाजिक और व्यक्तिगत की परिभाषा अलग ही होती है। सब घर अपने ही होते हैं यदि वे अपनी जात के हों। दूसरी जात वालों के घर पराये होते हैं लेकिन वहाँ कौन रहता है और क्या करता है, ये सभी को मालूम होता है। वक़्त आने पर किसी भी जात के व्यक्ति से हक़ से मदद माँगी जाती है और उसे मदद करनी भी पड़ती है। यदि वो मदद करने में नाकाम रहे तो इसे अपनी जात वालों के सामने उसकी जात वालों की कमी बताया जाता है। इसका मतलब यह हरगिज़ नहीं होता कि आगे उससे कभी मदद नहीं माँगी जायेगी। इसका मकसद केवल थोड़ी सहानुभूति जमा करना होता है। फिर बातचीत करने के लिए भी तो लगातार कुछ-न-कुछ मसाला चाहिए।

बहरहाल, वे दोनों महिलाएँ हमसे कुछ सुनना चाहती थीं। उनके खेमे में घुसने के लिए हमें भी चवनिया मुस्कान मारनी पड़ी, "काहे खाती जगह नी खे?"

दोनों की हँसी ने हमें यक़ीन दिला दिया कि अब वे हमें सहेली के रूप में स्वीकार कर चुकी थीं।

"ऊपर से अब तो लाइनो बा...," उसने शिकायत की।

"काहे?" बिजली आ जाने से कैसी तकलीफ हो सकती है?

"ढिबरी के अलगे मजा रहे!"

रौशनी ने रोमांस का क़त्ल कर दिया था। मामला संगीन था और हम उन दोनों को खिलखिलाते देखते ही रह गये...

वास्तविकता का सामना

ज़ाहिर-सी बात है कि चुनाव प्रचार के दौरान हमें लम्बे समय तक गाड़ी में सफ़र करना पड़ता था। जहाँ एक ओर सुविधा थी कि अच्छी सड़कों के कारण चार-चक्के के वाहन भी गाँवों में आसानी से प्रवेश कर जाते थे, वहीं दूसरी ओर एक महिला होना भारी भी पड़ रहा था। निजी शौचालयों की किल्लत से जूझते गाँवों में हम ये उम्मीद तो नहीं कर सकते थे कि सड़कों के किनारे जनता के लिए ये सुविधा उपलब्ध होगी। जब भी गाड़ी कहीं रुकती तो ड्राइवर और अन्य कोई भी पुरुष बेहद अनौपचारिकता से किसी दीवार या पेड़ की ओट में हलके हो लेते थे और वापस लौटकर एक दया भरी दृष्टि से हमें देखते थे। पहले दिन तो हम भी संकोच में मरते रहे। लेकिन दूसरे दिन से हमें समझ आ गया कि, 'दिल का हाल सुने दिलवाला'। हम जैसी दिलवाली गाँव की महिलाएँ थीं। दानापुर के गाँव में हमने एक महिला से पूछा, "यहाँ शौचालय है?"

"आपको जाना है?"

''जी, अगर हो तो...''

''होता कुछ नहीं है। बनाना पड़ता है।''

इतना कहकर उसने अपने साथ एक और युवती को लिया और हमारे पास आकर धीरे से बोली,

''चलिए।''

हमारे आगे चलते हुए दो बार वह महिला हमारी ओर मुड़ी और हाथ से यूँ इशारा किया मानो उस बदबूदार गली में हमारा स्वागत कर रही हो। हम भी मन पक्का करके आगे बढ़ते गये। "यहाँ ठीक है। हम दोनों बाहर ही हैं। आप घबराइयेगा नहीं। ठीक है न? यहाँ महकता है लेकिन वैसे ये जगह सबसे साफ़ है।" किसी और विकल्प के न होने के कारण हमें उस महक को नज़रअन्दाज़ करना पड़ा। बाहर से आवाज़ें आ रही थीं, ''अरे कहाँ चलीं? मैडम गयी हैं अन्दर। थोड़ा इन्तज़ार करना होगा।'' हमें सेना के उस जवान की तरह महसूस हो रहा था जिसके साथी उसे 'कवरिंग फायर' दे रहे हों। बाहर आकर हमें नज़दीक़ के ग़ुसलखाने पर ले जाया गया।

मुद्दे किताबों से पता तो चल सकते हैं लेकिन उन्हें समझने के लिए वास्तविकता का सामना करना ही पड़ता है।

बहुत कोशिश करने पर भी हम अपनी नाक से उस दुर्गन्ध को नहीं निकाल सके। यहाँ बसने वाले प्रत्येक व्यक्ति, महिला या पुरुष के दिमाग़ तक में वो महक घर कर गयी होगी। शारीरिक अस्वस्थता के अलावा वो महक क्या दिमाग़ी विकारों का रूप नहीं लेती होगी? क्या वो दुर्गन्ध भारत माता की पराजय की बू नहीं है? जो शासन इन 69 वर्षों में हमें उस दुर्गन्ध से भी दूर नहीं ले जा सका। वह शासन भी क्या शासन कहलाने योग्य है? बात राजनीतिक पार्टियों की नहीं है। यहाँ आकर हमें लगा कि हमारे देश की प्रशासनिक सेवाओं ने जनता को धोखा दिया है। केवल नेताओं की ही जवाबदेही क्यों हो? यदि प्रशासन चाहे तो साफ़-सफ़ाई जैसी भौतिक आवश्यकताओं के लिए अपने मन्त्री पर दबाव डाल सकता है। हमें तो यहाँ तक पता चला कि अमूमन प्रशासनिक अफ़सर इन गाँवों की वास्तविक स्थिति नेताओं तक पहुँचने ही नहीं देते। यदि मन्त्री कोई नयी योजना चलाता है तो आख़िरकार ज़्यादा काम किसे करना पड़ेगा? प्रशासनिक ढाँचे को ही। इसलिए कहीं न कहीं प्रशासन अपने जीवन को आसान करते हुए जनता के जीवन से खेलता रहता है। कभी किसी ने सोचा है कि काग़ज़ पर जबरदस्त दिखने वाली योजनाएँ ज़मीन तक क्यों नहीं उतर पातीं? क्योंकि बीच की कड़ी कमज़ोर ही नहीं, कामचोर है।

"इस हाल में कैसे रहते हैं आप लोग? मुझे बहुत दुःख हो रहा है, अजीब-सा लग रहा है...आत्मग्लानि हो रही है।" हम रोज़मर्रा की ज़िन्दगी में जिन चीज़ों का महत्त्व नहीं समझते, वे चीज़ें यहाँ भौतिकता के उजाले में कितनी कीमती लग रही थीं। बड़े शहरों के घरों में आदमी चाहे दो ही क्यों न हों, शौचालय तीन-चार ज़रूर होते हैं। और यहाँ आठ-दस लोगों का परिवार भी एक बदबूदार गली पर निर्भर रहता था। "आप लोग कैसे काम चलाते हैं!" हमारी बात सवाल नहीं, बल्कि एक विस्मयबोधक विचार थी। हम एक मनुष्य से ज़्यादा एक स्त्री के रूप में हैरान थे कि उस महिला को हमारी बात एक सवाल ही लगी और उसने जवाब देकर हमें और अधिक शर्मिन्दा कर दिया। "कैसे? यहाँ-वहाँ, कहीं भी। आप हाल देख नहीं रही हैं? लोग सब बढ़ता जा रहा है, जगह छोटी पड़ जाती है। कहाँ जायें। ऊपर से ये" उसने आस-पास बन रही ऊँची इमारतों की ओर इशारा किया।

यह गाँव पटना शहर से कुछेक घण्टे की दूरी पर था। हमें बताया गया कि यहाँ ज़मीन के दाम आसमान छू रहे हैं। बिल्डर बहुमंज़िला इमारतें बना रहे हैं। गाँव की मौत हो रही है लेकिन हमें यूँ लगा कि अपनी ज़मीन की अच्छी कीमत पाकर गाँव के लोग सन्तुष्ट होंगे। लेकिन इन्होंने तो अपनी हालत के लिए इन इमारतों को ही दोषी ठहरा दिया। हमने सवाल किया, "इसमें इन बिल्डिंगों की क्या ग़लती

है?” शाम का वक़्त था और गाँव में काफ़ी अँधेरा था। उस महिला ने हमें कुछ नहीं कहा, बस अपने सर पर रखा पल्लू सँभाला और हमें हाथ से इशारा किया। हमने उसका पीछा किया और उसके साथ ही चल पड़े। गन्दगी बहुत थी। अँधेरे में पाँव कहाँ पड़ रहे थे पता ही नहीं चल रहा था। कुछ देर में हम एक ख़ाली जगह पर पहुँच गये। ये ज़मीन के उन अभागे टुकड़ों में से था जहाँ आकर वो महिला चलते-चलते रुकी और बोली, “अब देखिए ऊपर।” उसने इशारे से हमारा ध्यान उन इमारतों की ओर खींचा। हमने गोल घूम कर चारों ओर देखा तो बात समझ में आ गयी। ये विशालकाय इमारतें बनाने वाले मज़दूर न चाहते हुए भी हमारी ओर देख रहे थे। अँधेरे ने मानो एक अजीब किस्म का प्रकाश ओढ़ लिया था। सब साफ़-साफ़ दिख रहा था। इससे पहले कि हम कुछ कह पाते, उसने फिर शिकायत की, “देखा? हम अनपढ़ हैं मैडम जी, लेकिन हम भी जानते हैं कि कच्ची ज़मीन में शौच करना बेहतर होता है। क्योंकि साफ़-सफ़ाई में आसानी होती है। पहले हम भी ऐसे ही किसी ख़ाली मैदान में जाते थे, लेकिन अब हर तरफ़ से आँखें हमें घूरती रहती हैं। हमारा क्या है, थोड़ा गलिया के यहाँ चले आते हैं। लेकिन अपनी बिटिया को कहाँ भेजें? कुछ लड़कियाँ तो इस गाँव के लड़कों से शादी नहीं करना चाहतीं, क्योंकि यहाँ शौचालय नहीं हैं। हमारे ज़माने में कहाँ इतनी अकल होती थी? हमारे नहियर में ये हाल नहीं था।”

मुद्दे किताबों से पता तो चल सकते हैं लेकिन उन्हें समझने के लिए वास्तविकता का सामना करना ही पड़ता है। ऊँची इमारतों के बनने से रोज़गार, ग्रामीण उत्थान, वातावरण में प्रदूषण इत्यादि पर क्या असर पड़ता है, ये आपको किसी भी किताब में मिल जायेगा। लेकिन इससे गाँव की महिलाओं की शौच व्यवस्था किस कदर प्रभावित होती है, ये आपको वहाँ जाकर ही समझ में आयेगा।

पूरे बिहार की आवाज़

वापसी में हमने पहले रीता जी, फिर मीना जी को उनके अपने-अपने घर छोड़ा। साढ़े नौ बज रहे थे पर रीता जी निश्चिन्त थीं कि उनकी बहू दाल सब्ज़ी बनाकर बैठी होगी। मीना जी इन सब साधारण बातों पर टिप्पणी करने के सख़्त ख़िलाफ़ थीं जिस कारण हमें पता ही नहीं चला कि वे रात के खाने के लिए क्या करेंगी।

तूलिका, सिद्धार्थ व हम आईपैक के ऑफ़िस पहुँचे और मैस में दाल के साथ-साथ परवल की भुजिया खाये। जब हमने आईपैक का नमक खा ही लिया तो सोचा कि अपनी ईमानदारी को सिद्ध करने के लिए हमें मीडिया टीम से पूछ लेना चाहिए—अगर उन्हें हमसे कोई काम हो तो। हैरान मत होइए जनाब! आईपैक का दफ़्तर सुबह तीन-चार बजे तक कॉर्पोरेट अन्दाज़ में रात को चुनौती देता हुआ चलता रहता। हम मैस के ऊपर वाले तल पर गये, जहाँ मीडिया की टीम बैठा करती थी। सब लोग एक ही कम्प्यूटर को ताक रहे थे। पूछने पर पता लगा कि एक इण्टरव्यू तुरन्त प्रेस में छपने के लिए जाना है। सब उसी में व्यस्त थे। हम जैसे ही होटल वापस जाने के लिए मुड़े कि उनमें से एक ने आवाज़ दी, "प्रतिष्ठा, अपना ई-मेल बताना।" हमने बता दिया। "हम कुछ जानकारी भेज रहे हैं, आज हुई नीतीश की रैली के बारे में है, उसको कम्पाइल करके एक आर्टिकल बना दो, प्लीज कैन यू डू इट राइट अवे?" दस बज रहे थे और हमें ये कहने की कभी आदत नहीं रही कि हम थके हुए हैं। "ओके भेज दो।" हमने सोचा कि होटल जाकर कमरे में बैठकर ये काम कर दिया जायेगा। भेज दिया। "यहीं बैठ जाओ..." "कमरे पर जाकर कर देते हैं। दस मिनट की बात है।" हम आज तक नहीं समझ पाये कि उनको हमारी शक्ल से कुछ प्रेरणा मिलने वाली थी या उन्हें शक था कि होटल में जाकर ये काम हम किसी और से करा लेंगे। बहरहाल हमें ठण्डे शिष्टाचार रहित शब्दों में कहा गया कि हमें इस काम को करने की कोई ज़रूरत नहीं थी। आवश्यकता के अभाव का हमें भी आभास था लेकिन हम तो सहायता...हम होटल चले आये और हमें उसी रात इस बात का आभास हुआ कि हम ज़मीनी स्तर पर कैम्पेनिंग करना चाहते थे। आप किसी की तब तक सहायता नहीं कर सकते, जब तक उस व्यक्ति की सहायता

दाता शर्तों पर आप खरे नहीं उतरते। और फिर तूलिका का साथ हम पसन्द करने लगे थे। "कल सुबह उसकी टीम की इन्चार्ज से बात की जायेगी।"

पटना कमिश्नरी के ऑपरेशन्स की बागडोर एक महिला के हाथ में थी। यह जानकर अच्छा लगा। इनका नाम कुछ भी रख सकते हैं लेकिन चूँकि उनकी टीम में प्रवेश करने के बाद भी हम दो दिन तक उनकी सूरत तक नहीं देख सके थे, इसलिए हम इन्हें मिस इंडिया कहकर सम्बोधित करना चाहेंगे। ये एक कर्मठ एवं सख़्त किस्म की महिला प्रतीत होती थीं। इनके हर व्हाट्सऐप मैसेज से इनके साथ काम करने वाले हर लड़के-लड़की के जीवन में एक भूकम्प-सा आ जाता था। इस व्हाट्सऐप ग्रुप में हम भी थे। ख़ैर, दोनों ही दिन दफ़्तर से ग़ायब रहकर भी मिस इंडिया ने अपने काम की कमान थाम रखी थी। हम लोग कुछ और कार्यक्रम आयोजित करने में व्यस्त रहे।

जब तीसरे दिन मिस इंडिया से मुलाकात हुई तब वे एक मीटिंग में व्यस्त थीं। इस मीटिंग में उनकी पूरी टीम शामिल थी। हमें भी आने को कहा गया था। जब हम पहुँचे तो मिस इंडिया साहिबा एक युवक को कुछ इस कदर फटकार रही थीं, कि हमें उस पर बेवजह तरस आने लगा। दरअसल, उस लड़के का ड्राइविंग लाइसेंस ज़ब्त कर लिया गया था क्योंकि उसे चुनावी कामकाज के बीच अपने वाहन के लिए 'प्रदूषण नियन्त्रित' प्रमाण-पत्र लाने का समय नहीं मिला था। मिस इंडिया की ज़िद थी कि वह आरा जाकर चीज़ों को नियन्त्रित करे। इन जनाब से ये भी उम्मीद की जा रही थी कि वे अपनी ही मोटरसाइकिल पर बिना ड्राइविंग लाइसेंस के यह काम निडरता व बेवक़ूफी के सन्तुलित भाव से करे। लड़का नाफरमानी करने पर अड़ा था। मिस इंडिया सुनने को राजी ही नहीं थी। सच पूछिए तो एक तरफ़ हम काफ़ी प्रसन्न थे। एक कम उम्र की महिला ने मुट्ठीभर नौजवानों की नाक में दम कर रखा था। मिस इंडिया का कहर कुछ ऐसा था कि यह युवक चूँ तक नहीं कर पा रहा था। दस मिनट की तबीयत खुश्क कर देने वाली डाँट खाने के बाद महाशय ने हामी भर दी। सोचा होगा, "एक और चालान सही। मिस इंडिया से कौन जूझे।" हम अभी तलक ये सुनिश्चित नहीं कर पा रहे थे कि हमारी संवेदना किसके हित में थी। इसी दौरान मिस इंडिया ने हमें सबसे मिलवाया। हमारा स्वागत और प्रशंसा बेहद विधिवत तरीके से की। फिर तूलिका और हमसे कार्यक्रम के बारे में विस्तृत जानकारी ली गयी। हमें कुछ मालिकाना हक जताते हुए तूलिका का मार्गदर्शन करने को कहा गया। हमने साफ़ किया कि चूँकि तूलिका हमसे कुछ दिन पहले से इस कम्पनी में काम कर रही है, हम उसके साथ काम कर लेंगे। मार्गदर्शन शायद तूलिका ही कर दे...या सम्भवतः मार्गदर्शन गाँवों की महिलाएँ ही कर दें।

हमने सभा में ये बताना भी ज़रूरी समझा कि हम वहाँ आईपैक के कर्मचारी

हैं। हमने शुरू में ही वेतन लेने से इनकार कर दिया था, हम ये सब अपने ख़र्च और अपनी शर्तों पर करना चाहते थे। बिहार की महिलाओं की नब्ज़ पढ़ना चाहते थे क्योंकि हमें ये आभास हुआ था कि बाहरी समाज में उन्हें लेकर बहुत ग़लतफ़हमी थी। बिहार की बहू होने के नाते, अपने ससुराली राज्य को नज़दीक से टटोलने की हमारी छोटी-सी इच्छा थी। मिस इंडिया ये सुनकर कुछ चकित हो गयी और बोली, “हमें ये नहीं पता था। अच्छा किया जो आपने बता दिया। तब तो आपका सहयोग और भी कीमती हो जाता है। आप ही क्यों नहीं महिला कैम्पेनिंग की कमान सँभाल लेती हैं? तूलिका को आपके साथ काम करके खुशी होगी।” तूलिका हमारी तरफ़ देखकर उत्साह से मुस्कुरा रही थी लेकिन यूँ उसकी कुर्सी पर हमें बिठा देने का यह प्रयत्न कुछ अटपटा लगा। हमने बात आयी-गयी कर दी और फिलहाल सिर्फ़ आने वाली सभाओं का प्रबन्ध करने की सोची। मीना जी हमारे साथ अधिकांश प्रकोष्ठ पर जाने वाली थीं लेकिन किसी कारणवश दो दिन तक कुछ ख़ास काम न हो पाया। हम धीरे-धीरे यह महसूस कर रहे थे कि राज्य हो या कम्पनी, किसी भी बड़े ढाँचे को सक्रिय रखना किसी टेढ़ी खीर से कम नहीं है।

इस बीच एक कॉन्फ्रेंस के लिए हमें वाराणसी जाना था। हमने पहले ही अपने तीन दिन के अवकाश की बात बता दी थी। ट्रेन पकड़ने से एक शाम पहले हम अपने एक पत्रकार मित्र से पटना में मिले। ये हिन्दी व अंग्रेज़ी के एक जाने-माने पत्रकार हैं और इन्होंने हमारे ‘पागलपन’ की समय-समय पर प्रशंसा की है। इन्होंने हमें अपने कुछ और मित्रों से मिलवाया। एक प्रसिद्ध महिला पत्रकार से भेंट कराई। ये बिहार में पली-बढ़ी और एक बड़े राजनेता के परिवार से थीं। इन्होंने हमारे प्रयास को सराहा एवं हमें अपने कुछ टीवी कार्यक्रमों के बारे में बताया। इन्होंने बिहार के ज़िले-ज़िले में जाकर महिलाओं से उनके राजनीतिक विचारों पर चर्चा की थी। इनसे मिलकर हमें बहुत साहस मिला। इनके कार्यक्रम देखकर और बिहार के पिछड़े इलाकों में भी महिलाओं की संवेदनशीलता देखकर हमें बहुत प्रेरणा मिली। हर रोज़ जब शाम को हम फ़ोन पर अपने पतिदेव से बतियाते थे तो लगभग रोज़ ही उन्हें ये कहते थे कि हमें बिहार की बहू होने पर गर्व है।

प्राकृतिक सुन्दरता, धार्मिक विविधता, व्यक्तिगत प्रतिभा एवं बुद्धिमत्ता, पाक शैली की विशिष्टता, अनुपम साहित्य : क्या नहीं है यहाँ? लेकिन दुर्भाग्यवश बिहार कुछ और चीज़ों के लिए ही विख्यात है! चाहे कुछ फ़िल्मों के कारण हो या कुछ अभागे क़िस्सों के कारण, क्योंकि जनता बिहार में विहार करने वालों के लिए एक तिरस्कृत स्टीरियोटाइप बनाये बैठी है? हमें याद है कुछ महीनों पहले हम दोनों कश्मीर गये

थे। वहाँ की ख़ूबसूरत वादियों के बीच समतल सड़कें गाड़ी के तैरने का एहसास करा रही थीं। हमने देखा कि सब मज़दूर बिहार के थे। हमारे ड्राइवर ने बताया कि जब कड़ाके की सर्दी पड़ती है और यहाँ के छोटे गाँव ख़ाली हो जाते हैं, तब बिहारी मज़दूर सत्तू खाकर सड़क बनाते रहते हैं। ऐसे मज़दूरों पर गर्व करने वाले बहुत कम लोग होंगे। लेकिन हमें गर्व है उन मज़दूरों पर जो विषम परिस्थितियों में भी अपने कर्म से मुँह नहीं मोड़ते। हमारे देश में हर तरह के प्राणी मिलते हैं। हर प्राणी की अपनी एक चाल, अपना एक रंग है। जब तक हम दूसरे प्राणियों को अपनी चाल, अपने रंग पर उतरने को मजबूर करते रहेंगे तब तक हम देश को मजबूर और दरारों को मज़बूत करते रहेंगे।

'अनेकता में एकता' पर ये प्रवचन हमने शायद इसलिए दिया क्योंकि हम आपके सामने केवल बिहार की महिलाओं की बात नहीं रख रहे हैं। हम पूरे बिहार की आवाज़ पर आपका ध्यान आकर्षित कर रहे हैं। बिहार के विषय में हर बात अब साधारण बात से कहीं आगे बढ़ चुकी है। यदि किसी की बोली से टपकते भोजपुरी या मगधी रस से हम उसकी मनोवृत्ति को जानने का दावा करें तो ये हमारी ही कमी होगी, उनकी ज़बान की नहीं!

'पटना' कहाँ है? मॉल में!!

अगले दिन सुबह मिस इंडिया का ग्रुप पर मैसेज आया। हम और कुछ लड़कियाँ पटना के एक प्रसिद्ध मॉल में जाकर आने-जाने वालों से चुनाव के विषय में बात करें और लोगों को बिहार में बहार लाने के लिए प्रेरित करें। हमें कोई ख़ास परेशानी नहीं थी। हम सचमुच जानना चाहते थे कि पटना के मॉल किस प्रकार के ख़रीददार को आकर्षित करते हैं। साथ में यदि चुनाव पर भी बातचीत हो जाये तो क्या बुराई है? परन्तु तूलिका ने इसमें टाँग अड़ा दी। उसने कहा कि इस तरह की गतिविधि के लिए हमें मॉल की मैनेजमेंट की इज़ाजत लेनी होगी। हमें मिलकर उसने कुछ और ही दास्तान सुनाई। बात ये थी कि उसे डर था कि उसके परिवार या परिचित का कोई व्यक्ति यदि उसे मॉल में ये सब करते देख लेगा, तो बात उसकी माँ तक

पी एंड एम मॉल (कुर्जी रोड, पाटलिपुत्र) प्रवेश कक्ष की दीवार

पहुँच जायेगी। हम एक दिन पहले ही तूलिका की माँ से मिले थे। तूलिका जानती थी कि इसके आगे अब हमें समझाने की कोई आवश्यकता नहीं थीं। उसकी माँ ने तो हमारे ऊपर भी सवालिया निशान लगा दिया था। हमारे पतिदेव ने हमें यह आज्ञा क्यों दी कि हम अकेले ही चुनावी गहमागहमी के बीच फालतू रिसर्च करने चल दिये? हमने जवाब देने की चेष्टा भी नहीं की। कुछ लोगों को देखकर एक यक़ीन हो जाता है–ये न मानेंगे। तूलिका की माँ इस तरह के लोगों की सभा में संचालक होने का गुण रखती थीं। ख़ैर, आधे दिन की जद्दोज़हद और तूलिका के मुँह से निकली कई प्रार्थनाओं के बाद मिस इंडिया का मैसेज आ ही गया, 'नॉट, पॉसिबल...मिशन कैन्सल।'

तूलिका ने राहत की गहरी साँस ली और हम केवल इतना ही कह सके, "आज कहीं चला जाये...तुम्हें परमिशन लेने दीघा जाना है न? हम भी चलते हैं। क्या पता किसी से कोई बात हो ही जाये?"

हम दीघा नहीं जा पाये, क्योंकि जिस परमिशन के लिए वहाँ जाना था वह फिलहाल नहीं चाहिए थी।

इसी दौरान हमारी मुलाकात एक बड़े टी.वी. न्यूज़ चैनल की सुप्रसिद्ध महिला पत्रकार मारया शकील से हुई। कहाँ और किस वजह से मिलना हुआ ये महत्त्वपूर्ण नहीं है। बताने लायक तो ये है कि हमारी बातचीत किस विषय पर हुई। ये एक जाने-माने राजनेता की सुपुत्री हैं और एक पत्रकार के रूप में स्वयं अपनी पहचान बना चुकी हैं। बिहार की होने के कारण इन्हें भी चुनावों में काफ़ी रुचि थी। इसके साथ ही, ये महिलाओं पर कई कार्यक्रम आयोजित करती रही हैं इसलिए इनसे भेंट होना हमारा सौभाग्य था "बिहार की महिलाओं को कभी भी देश के किसी महानगर की महिलाओं से मत तोलना, असामान्यताएँ मिलेंगी। जब भी हमने कोई कार्यक्रम किया तो यही पाया है कि वे अच्छे से जानती हैं कि वे क्या चाहती हैं। और ये भी कि वहाँ तक पहुँचने के लिए उन्हें किसे वोट देना होगा। झिझक नाम की तो चीज़ ही नहीं है। आत्म-विश्वास इतना कि उनसे हमें भी बहुत कुछ सीखने को मिलता है!" सुनकर अच्छा लगा कि हमारी आशंका सच निकली!

इन्होंने हमें अपने कुछ कार्यक्रमों का वेब लिंक भेजा जिसे हमने बहुत रुचि से देखा और सराहा। आज भी कभी-कभार उनसे भेंट होती है तो अच्छा लगता है। शहर में रहने वाली एक प्रभावशाली एवं प्रसिद्ध महिला जो गाँवों की अपनी प्रतिरूप से सीखती भी है और उसकी प्रशंसा भी करती है! बिहार अपना कमाल दिखा रहा था, गरदा उड़ा रहा था!

इधर, तूलिका के साथ हम गाँधी मैदान के नज़दीक एक मार्केट में चले गये। तूलिका ने दफ़्तर की एक और लड़की ऐश्वर्या को भी साथ ले लिया था। बालीगंज,

कलकत्ता की यह प्रतिभाशाली युवती भी अब हमारे साथ महिला कैम्पेन में हाथ बँटाने लगी थी। यदि आप कभी पटना जायें तो पायेंगे कि इस इलाके में खान-पान की कई दुकानें मौजूद हैं। सभी लगभग एक ही तरह के संगीत तथा विभिन्न तरह के प्रतीत होने वाले लगभग एक ही जैसा भोजन पेश करते हैं। हम तीनों को एक बड़ा कैफ़े चेन का विशालकाय बोर्ड घूर-घूर कर देख रहा था। हममें से कोई भी उस लाल-सफ़ेद बोर्ड की आँखों में आँखें नहीं डालना चाहते थे। "बढ़िया कोल्ड कॉफ़ी पीनी है?" ऐश्वर्या ने अचानक पूछा। हालाँकि हमने राहत की साँस ली क्योंकि साफ़ ज़ाहिर था कि हम इस कैफ़े में नहीं ले जाये जा रहे थे, लेकिन उसकी आवाज़ से लगा जैसे वो हमारे जवाब की प्रतीक्षा में हरगिज़ नहीं थी। उसने दूसरी ओर चलना शुरू कर दिया और हम दोनों भी उसके पीछे हो लीं।

एक बड़ी बिल्डिंग के दूसरे तल पर 'सोल कैफ़े' नामक एक प्यारा सा रेस्तराँ है। बड़ी-बड़ी काँच की खिड़कियाँ पटना शहर का नज़ारा दिखाती हैं। यहाँ पहुँचते ही एक खुलेपन का एहसास हुआ। काउण्टर पर कैफ़े में बिकने वाली सभी सामान्य वस्तुएँ थीं तथा काउण्टर के पीछे मुस्कुराते हुए तीन चेहरे थे। अजीब ये था कि इनमें से दो चेहरे युवतियों के थे जो टोपी लगाकर हमारा ऑर्डर लेने के लिए तैयार

सोल कैफ़े : बाहर का नज़ारा

थीं। "तीन कोल्ड कॉफ़ी!" हमने कहा। "अरे मैडम आप फिर से?" उसकी आवाज़ के उत्साह ने हमें उलझन में डाल दिया। तभी, हमारे साथ खड़ी ऐश्वर्या ने इस युवती के स्वर की बराबरी करते हुए बहुत ही उत्साहित होकर जवाब दिया, "अरे आपकी कॉफ़ी इतनी बढ़िया है न कि शायद अब रोज़ आना होगा। आंटी कहाँ हैं?"

"आ रही होंगी। यहीं नीचे तक गयी हैं।"

"अच्छा। ये दोनों मेरी दोस्त हैं तूलिका और प्रतिष्ठा। अच्छी-सी कॉफ़ी बना दो फटाफट।" उसकी मुस्कुराहट मानो आईने की तरह उसके चेहरे पर दिख रही थी। हम इस प्रकार की जान-पहचान को देखकर काफ़ी अच्छा महसूस कर रहे थे। शायद ये सब में होता हो या शायद सिर्फ़ महिलाओं में कि परिचित वातावरण एक मुक्ति, एक सुरक्षित स्वतन्त्रता की अनुभूति कराता है। अनुरोध है कि इस पहचान को कोई रिश्तेदारी या पुरानी दोस्ती न समझा जाये। ये वो जाना-पहचानापन है जो एक प्रकार की ऊर्जा या कहें कि कुछ विश्वसनीय भावों के रूप में प्रत्यक्ष होता है। इसे समझाना थोड़ा मुश्किल होगा। लेकिन उस समय 'सोल कैफ़े' में हमारी अन्तरात्मा अन्तरंगता से ओत-प्रोत हो उठी थी। इसी कारण हम ये कहना भी भूल गये कि हम कॉफ़ी बिना शक्कर के पीना पसन्द करते हैं। दस-बारह टेबलों में से दो या तीन ही भरी थीं। बाकी सब ख़ाली थीं मानो वे हमारा ही इन्तज़ार कर रही थीं। हम तीनों ने एक अनकहा फ़ैसला लिया—हम अपनी कॉफ़ी काउण्टर पर खड़े होकर ही पियेंगी। कॉफ़ी इतनी मीठी थी कि पूछिए मत। ऐश्वर्या व तूलिका गर्मी से परेशान थीं और उन्होंने कुछ ही देर में कॉफ़ी के गिलास खाली कर दिये। काउण्टर वाली दोनों युवतियों को हम अपनी बातों में लगा चुके थे। "यहाँ बहुत लोग आते होंगे? बहुत प्यारा रेस्तराँ है आपका। लेकिन हमने पटना में बहुत ज़्यादा महिलाओं को इस तरह काम करते हुए नहीं देखा।"

"हम तो कई महीनों से हैं यहाँ।"

"आप दोनों अंग्रेज़ी भी अच्छी-ख़ासी बोल लेती हैं। पटना से ही हैं?"

एक लड़की पटना से थी और दूसरी सिवान ज़िले से। पहली का नाम सीमा था, दूसरी का ऊज़्मा। दोनों ने एक ही प्रकार की हरी-लाल वर्दी पहनी थी। दोनों लगभग एक ही उम्र की थीं इसलिए दोनों में फ़र्क़ करना कठिन था। हम सोचने लगे कि वोट डालने के पीछे इनकी अलग-अलग मान्यताएँ, अपेक्षाएँ एवं समस्याओं के समाधान की आशाएँ होंगी। पूछने से हम चूके नहीं, वे मुस्कुराने लगीं। शायद उन दोनों ने एक-दूसरे से इस बारे में खुलकर कभी बात नहीं की थी। दोनों की मुस्कान में एक झिझक थी, मानो वे अपनी मित्रता की कसौटियों को चुनौती नहीं देना चाहती हों। दुःख की बात है कि हमारे देश में विचारों में विरोध होने से गहरी से गहरी मित्रता भी डगमगा जाती है। हालाँकि हमारे देश में मतभेद होना बहुत स्वाभाविक है। विविधताओं को शक्ति न मानकर बोझ समझने वाली हमारी

मानसिकता मतभेद के लिए कोई जगह ही नहीं छोड़ती। इस दुर्भाग्यपूर्ण स्थिति से कैसे निबटा जाये! ये भारी-भरकम प्रश्न हमारे विचारों को घेरे हुए थे, तभी ऐश्वर्या बोली, ''सीमा, यार बता दो। कुछ भी कहोगी तो भी हम कॉफ़ी पीने यहीं आयेंगे। और ऊज्मा तो मुझे एकदम मासूम लग रही है। ये क्या बोलेगी? कुछ कहे तो आंटी से शिकायत कर देना।''

सही समय पर हास्य का प्रयोग एक ऐसा हथियार है जिसे कुछ लोग बड़ी ही सहजता से प्रयोग कर लेते हैं। दोनों लड़कियाँ हँस रही थीं, ऐश्वर्या भी, यहाँ तक कि उनका सहकर्मी लड़का भी कन्धे उचका-उचकाकर हँस रहा था। ऊज्मा पहले बोली, "मैडम, हमारे पूरे परिवार के सभी लोग वोट देने ज़रूर जाते हैं। मैंने भी दो बार दिया है। हमारे यहाँ शिक्षा की परेशानी है। कुछ सालों पहले रोड तक नहीं थी। अब रोड तो है लेकिन स्कूलों का बुरा हाल है। सूरज से बिजली तो आती है लेकिन हमारे घर में नहीं आती। इस बार हम लोग तीर पर मोहर लगाएँगे। पिछली बार के परिणाम से हम ख़ुश नहीं हैं।"

"ओह! अच्छा," हमने खड़े-खड़े अपना लैपटॉप खोल लिया और ऊज्मा की बातों को झटपट लिखने लगे।

"सीमा?" हमने लैपटॉप से नज़र भी नहीं उठाई और सीमा ने बोलना शुरू किया, "मोदी जी ही बहुत कुछ कर सकते हैं। हमारी तो पूरी उम्मीद उनपर ही बँधी है। ऐसे शानदार व्यक्तित्व वाला प्रधानमन्त्री ही हमें इन सब परेशानियों से मुक्ति दिला सकता है। कहाँ-कहाँ तक उन्होंने अपना परचम लहरा दिया है। देश-विदेश सब जगह उन्हीं की जय-जयकार है।" सीमा की बात में दम था। तभी पीछे खड़े पुरुष सहकर्मी ने एक समोसा प्लेट में रखते हुए तंज कसी, "हाँ! प्रधानमन्त्री ही आयेंगे स्कूल में पढ़ाने!"

सीमा ने झुँझलाहट से उसकी ओर देखा। और इस बार हास्य का प्रयोग करना मेरे जिम्मे आया, "इतनी अच्छी कॉफ़ी बनायेगी तो पी.एम., सी.एम. सब आयेंगे।" कोई नहीं हँसा, लेकिन माहौल कुछ हलका ज़रूर हो गया। हम तीनों इस प्यारे से कैफ़े के 'सोल' यानी आत्मा में उथल-पुथल के कई सैलाब ला चुकी थीं। अब पतली गली से निकल जाने में ही भलाई थी। जाते-जाते, पैसे भी तो देने थे। भुगतान का एक अलग काउण्टर था जिसके पीछे एक साठ वर्षीय सरल महिला सुरुचिपूर्ण ढंग से बही-खाते सँभाल रही थीं। उन्हें देखकर एक अलौकिक स्थिरता एवं शान्ति की अनुभूति होती थी। उन्होंने कैलकुलेटर मशीन पर कुछ बटन दबाये और बिल हमारी ओर खिसका दिया। ऐश्वर्या ने बिना कुछ कहे हम तीनों का बिल भर दिया।

"मैडम, बहुत अच्छी कॉफ़ी थी।" हमने झूठ बोला।

"ओह थैंक्स! आप लोग? शायद आप लोगों को पहले भी कहीं देखा है।" उन्होंने ऐश्वर्या की ओर इशारा किया। फिर कुछ शुरुआती सवालों-जवाबों का आदान-प्रदान हुआ। हम असली मुद्दे की बात छेड़ते, इससे पहले ही उन्होंने कहा, "आइये, बैठकर आराम से बात करते हैं। सीमा, कुछ पेस्ट्री भिजवा दो।" हम सब काउण्टर की बायीं ओर एक छोटे से पारदर्शी केबिन में जा बैठीं। ये उनका दफ़्तर था। बैठते ही उन्होंने अपना विजिटिंग कार्ड एक-एक करके हम तीनों को इस तरह बाँट दिया मानो हम दूसरी-तीसरी कक्षा की बालिकाएँ हों और वे हमारी अध्यापिका। उनका बैठने-उठने का लहजा कुछ ऐसा था कि हमें लगा कि इनसे बेफिज़ूल के सवाल करना ठीक नहीं होगा। हम उनके बोलने का इन्तज़ार करने लगे। इन्तज़ार बहुत छोटा था। "मैं सन्ध्या सिन्हा हूँ। हमारा ये रेस्तराँ यहाँ काफ़ी प्रसिद्ध है। आप जैसे जवान लोग जो जीवन में बहुत कुछ दिलचस्प कर रहे हैं, उनसे मिलकर हमें तसल्ली मिलती है।" इससे पहले कि हम अपना मुँह खोलते, वे फिर से बोलीं, "हाँ कार्ड अलग-अलग हैं। मैं बहुत अलग-अलग प्रकार की राजनीतिक एवं सामाजिक गतिविधियों में भी सक्रिय हूँ।"

उन्होंने बताया कि वे मुंगेर के मशहूर राय बहादुर की बेटी हैं। जिस घर में रोल्स रायस गाड़ी तथा लोहे के जाल पर सोने का पानी हो, उससे बाहर आकर एक कैफ़े तक का सफ़र बेशक दिलचस्प रहा होगा। परिवार शुरू ही से राजनीति व अफ़सरशाही के विभिन्न पगों को छूता रहा था इसलिए उन्हें अपनी राजनीतिक समझ पर कोई सन्देह नहीं था। 'विमेन्स पोलिटिकल फोरम' नामक इनकी एक संस्था है जो महिलाओं को राजनीति में उतारने के लिए निरन्तर प्रयास करती है। 33 प्रतिशत आरक्षण के बावजूद महिलाएँ, अपने परिवार के पुरुषों के हाथों की कठपुतली मात्र हैं। इन्होंने बताया कि इस संस्था का संकल्प है कि ज़्यादा से ज़्यादा पढ़ी-लिखी एवं आत्मनिर्भर महिलाएँ चुनावों की उम्मीदवार बनें। पिछले कुछ पंचायती चुनावों में इनकी संस्था, महिला प्रत्याशी मैदान में उतारती रही है और हर बार पराजय का सामना करते हुए भी, इनमें निराशा के कोई लक्षण नहीं थे। इनका उत्साह इनकी पहल को एक दिन अवश्य ही सार्थक बनायेगा। ये और भी एक संस्था चलाती हैं जिसका नाम 'गृहस्थी' है। यह संस्था आर्थिक रूप से निचले वर्ग की महिलाओं को विभिन्न तरह के प्रशिक्षण देती है ताकि वे अपने परिवार को आर्थिक संबल प्रदान कर सकें। सन्ध्या जी से भेंट करके एक बार फिर से ये बात सिद्ध हुई कि यदि मनुष्य साफ़ मन से समाज के लिए कुछ करना चाहे तो कई रास्ते अपने-आप खुल जाते हैं। उन्होंने हमें उस समय के बारे में बताया जब उनके पति पटना के 'मौर्य' होटल में जेनरल मैनेजर थे और राजीव गाँधी पटना के दौरे पर आये थे। सन्ध्या जी ने स्व. राजीव जी को भोजन करवाया था। बकौल सन्ध्या जी, "कहा ये जाता था

कि राजीव जी सिर्फ़ अपने घर का ही खाना खाते हैं। तो हमने कहा, देखते हैं।"

कुछ वर्षों तक इनके पति श्री शत्रुघ्न सिन्हा के ओ.एस.डी. भी रहे। नीतीश जी के विचारों से इत्तेफ़ाक रखने वाली यह महिला, मोदी जी की नीतियों से भी ख़ासी प्रभावित हैं। राजनीतिक रूप से जागरूक व विचारशील सन्ध्या जी किसी पार्टी-विशेष के गुण गाने वालों में से नहीं हैं। ज़ाहिर है कि उनका आकलन कई कारकों से प्रभावित है लेकिन वे स्वयं मानती हैं कि इन सभी कारकों में सबसे ज़्यादा व्यापक है उनका एक महिला होना। वे महिलाओं की उम्मीदों, तकलीफ़ों और संघर्षों से अवगत हैं। और इसीलिए शायद हम सब एक-डेढ़ घण्टा बातचीत करते रहे। यहाँ सारी बातों का ब्योरा देना अनावश्यक है। लेकिन ये अत्यावश्यक है कि हम इनके विचारों का उतनी ही गम्भीरता से मन्थन करें जितनी गम्भीरता से हमने गाँव की महिलाओं के मत को स्वीकारा है। दोनों ही अपना-अपना सत्य कहती हैं और दोनों ही सत्य अनिवार्य हैं। लेकिन नीयत के आधार पर देखा जाये तो दोनों ही बराबरी के अधिकारी हैं।

कैफ़े के अपने केबिन में सन्ध्या सिन्हा

सन्ध्या सिन्हा द्वारा संचालित 'गृहस्थी'

पटना से वाराणसी

ख़ैर, हमें अगले दिन सुबह साढ़े पाँच बजे की गाड़ी से बनारस के लिए निकलना पड़ा। जहाँ एक ओर महादेव एवं प्रधानमन्त्री के प्रेम में डूबी इस शहर की धरती हमें बुला रही थी, वहीं प्राचीन पाटलिपुत्र को हम अब तक समझ नहीं पाये थे। किसी भी राजधानी की तरह, पटना अपनी सामाजिक एवं आर्थिक विविधता से सराबोर तो था ही, चुनाव के कारण इन दिनों एक व्याकुलता का शिकार भी था। सोचने को बहुत कुछ था। हम शायद प्रशान्त किशोर की टीम के लिए सही माहौल नहीं बना पा रहे थे। इसका सीधा-सीधा असर ये हुआ कि हमने पटना शहर के अपने कुछ पुराने मित्रों से अपनी इस विडम्बना पर विचार-विमर्श किया। इनमें से कुछ लेखक थे, कुछ अध्यापक एवं कुछ पत्रकार वर्ग के थे। ये एक बड़ा सौभाग्य था कि इनमें से कोई भी राजनेता नहीं था। दरअसल चुनावी माहौल में ज़्यादातर राजनेता जाने-अनजाने में श्रोताओं को बहकाने का अप्रिय काम आसानी से कर गुज़रते हैं। और हम पहले ही कुछ कनफुजिआये हुए थे। हमारे सभी मित्रों, शुभचिन्तकों ने यही सलाह दी कि जल्द से जल्द हमें आईपैक से किनारा कर लेना चाहिए। उस दिन ट्रेन में हमारे साथ एक युवा विवाहित दम्पति बैठे थे। एक सठिआये हुए पचपन वर्षीय सज्जन भी थे जो घड़ी-घड़ी अपने सामान की जाँच कर रहे थे। जिस किसी ने, अनजाने में भी, स्वयं अपना सामान सीट के नीचे रखते हुए इन सज्जन के सूटकेस को छू लिया था, वे इनकी 'हिट लिस्ट' में चढ़ गये थे। रास्ते भर इन अंकल ने इन सभी गुस्ताख़ों को किसी न किसी बहाने आड़े हाथों लिया था। हम अपनी गहरी सोच में डूबे होने के कारण इनके कहर से बचे रहे।

नवविवाहित युवक ने लापरवाही से दो बार अंकल का बैग सरकाया था। ये नहीं जानते थे कि ये क्या कर बैठे हैं। "ये कोई बात हुआ?? हम बढ़िया से सामान जमाए हैं, और आप हिलाए जा रहे हैं। रंगदारी है क्या? आदमी सोच रहा है कि आराम से बैठे, कुछ न कहे लेकिन आप तो मान ही नहीं रहे हैं। अब हम बोलेंगे तो कहिएगा कि 'अंकल, रीलैक्स करीये'। ये बढ़िया सीख लिए हैं आप लोग!!" अंकल की बात यहाँ पर बिल्कुल ख़त्म नहीं हुई। भावार्थ करने की अपनी आदत

से मजबूर होकर हम आपको इससे अधिक नहीं बता सकते। बस यूँ समझ लीजिए कि ये अंकल इस नौजवान को उसके आत्मविश्वास की अन्तिम और सबसे कमज़ोर सीढ़ी पर ले आये थे। लड़का पानी-पानी हो गया था और उसकी पढ़ी-लिखी अर्द्धांगिनी ने उसपर तरस खाते हुए कहा, "अरे जाने दीजिए, अंकल। सामान तो आदमी रखबे करेगा न?"

बात आयी-गयी हो जाती तो अच्छा था, लेकिन वो बात तो बस हो गयी थी, इस वादे के साथ कि वो किसी भयानक रूप में जल्दी ही लौट कर आयेगी।

हमने अपने विचारों को परे किया और इनकी बातों में रुचि लेने लगे। हमने दोनों पक्षों की ओर मुस्कुराकर नज़र डाली। अंकल काफ़ी ग़ुस्से में थे और ज़मीन की ओर ताकते हुए कुछ बड़बड़ा रहे थे। हम इतनी हिम्मत भी न जुटा पाये कि अंकल से कुछ कह भी सकें। हमने उस युगल जोड़े की तरफ़ देखा। लड़की हमें ही देख रही थी। उससे नज़र मिली तो वो भी मुस्कुरा दी। उसका पति खिड़की से बाहर झाँक रहा था। मानो हताशा छिपाने की कोशिश कर रहा हो। हमने अपने बैग से बिस्कुट का एक पैकेट निकाला और लड़की की ओर बढ़ा दिया। उसने बेझिझक एक बिस्कुट निकाला और 'थैंक्स' कहते हुए अपने बेजार पतिदेव की ओर मुस्कुराते हुए पेश कर दिया। मेरी तरफ़ गर्दन हिलाकर मना कर दिया और एक अर्द्धमुस्कान चमकाई। अंकल ने बिस्कुट एवं हमारी मुस्कुराहट को इस लायक भी नहीं समझा कि वे हमारी ओर नज़र भी उठायें, लेकिन उन्होंने हमारे आगे हाथ जोड़ दिये। उनकी ये प्रतिक्रिया हमें किंचित अतिरंजित मालूम हुई लेकिन हम बिना कुछ बोले ही रह गये। उस लड़के की तरह, घण्टों खिड़की से बाहर तकते रहने की विवशता हम झेल नहीं पाते इसलिए हमने स्वयं को ही 'अपनी इज़्ज़त अपने हाथ' का सुझाव दे दिया। कुछ देर शान्ति रही और फिर वह युवती बोल उठी, "आप कहाँ जा रही हैं?"

"काशी।" हमें नहीं मालूम कि हमने बनारस या वाराणसी क्यों नहीं कहा।

"अकेले काशी? पूजा में और कोई नहीं जा रहा परिबार से?" लड़की के पूछते ही उसके पति ने उसे डाँटती हुई नज़रों से देखा था। दूध का जला था और हम छाछ भी थे तो इसी सावधानी से व्यवहार करना उसे उचित लगा होगा।

"नहीं नहीं। कोई पूजा नहीं है। बी.एच.यू. में एक कॉन्फ्रेंस है।" हमने झट से सफ़ाई दी।

"आप कहाँ जा रहे हैं, अंकल?" हमने बहादुरी की एक नयी मिसाल पेश करते हुए पूछा।

अंकल भी हमारी निडरता से कुछ हैरान थे।

''हमें मुगलसराय जाना है। बहन के पति रेलवे में इंजीनियर हैं। हमें वहाँ कुछ काम है।"

हमारी जांबाजी का ये आलम था कि हम तपाक से पूछ बैठे कि उन्हें क्या काम है। अंकल ने हमारे प्रश्न की लाज रखते हुए विनम्रता से कहा, "कुछ काम है।"

लड़का अब किसी हिन्दी अख़बार का एक पन्ना पढ़ रहा था। नीतीश जी की फ़ोटो पर तेल के डिब्बे का चाँद के जैसा आधा पीला निशान था। एकाएक वह बोला, ''पता नहीं क्या हो गया है नीतीशवा को! इनकी हार निश्चित है।''

''आपको ऐसा लगता है?'' हमने पूछा।

''जी। आपको नहीं लगता? आप बिहार से नहीं हैं, शायद। हम तो मुकरमा से वोटर हैं। हम ज़मीनी हक़ीक़त जानते हैं। लालू ले डूबेगा नीतीशवा को!''

''बिहार के बाहर का आदमी क्या जाने ये सब। बिल्कुल ठीक बात पकड़े हैं आप...!'' अंकल के उत्साहपूर्ण वचन सुनकर लड़का कुछ प्रसन्न दिख रहा था। उसकी पत्नी भी पति की सूझबूझ पर इतरा रही थी। हमें बातों में रस आने लगा था तो हमने चिंगारी को थोड़ी और हवा दी–

''लेकिन अकेले ही कौन जीतने वाले थे नीतीश कुमार?''

''क्या कह रही हैं, मैडम? बच्चा-बच्चा जानता है कि नीतीश ही जीतने वाले थे यदि सही पार्टी का हाथ थामते! काम बहुत किया है नीतीश जी ने। हम तो देखे हैं। ईमानदार व्यक्ति हैं। बिहार का नक़्शा ही बदल दिया। बाकी अब कोई नहीं देगा उन्हें वोट। पहले तो मोदी जी के सामने खड़े हैं, छोटी बात है क्या? और खड़े किसके साथ हैं? कांग्रेस व राजद दोनों ही से जनता असन्तुष्ट है। ख़ैर, आप तो ये सब अंग्रेज़ी अख़बार और मैगज़ीन में पढ़ती ही होंगी। आपको क्या पता?'' हम सोच रहे थे कि क्या हमें ये बात उजागर कर देनी चाहिए कि हम भी बिहार के वोटर हैं। तभी सामने बैठी युवती ने अपने पति से नज़र फेरकर कहा, ''पर मोदियो भी तो बाहरे का है न? मैडम को नहीं पता तो मोदियो को भी तो नहीं मालूम। बिहार का हाल तो बिहारी ही जानता है। क्यों जी, ठीक बोले न हम?'' उसके पतिदेव ने कुछ नहीं कहा। अमूमन सहजता बे-जवाब कर ही देती है। अंकल भी ख़ामोश रहे। और अब अगली आवाज़ चाय बेचने वाले की थी।

चाय की चुस्कियों के बीच अंकल ने फिर बात छेड़ी, ''हमने अपनी पचपन साल की उम्र में, ऐसा भारी बहुमत किसी को नहीं मिला। लेकिन ये भी है कि हम लोग मोदी जी से ज़्यादा ही उम्मीद करते हैं। एक आदमी क्या-क्या करेगा? वही देश भी चलाये, विदेश भी सँभाले, बिहार भी जीत ले, दिल्ली पर भी नज़र रखे?'' लड़के ने भी अंकल की हाँ में हाँ मिलायी। हमने भी माना कि प्रधानमन्त्री, फिर

चाहे महिला हो या पुरुष, को कई सारी कश्तियों में एक साथ सवार होना पड़ता है। पार्टी की बागडोर किसी और पर छोड़कर देश को सँभालना पड़ता है। लेकिन ये बात सिर्फ़ मोदी जी पर ही नहीं, बल्कि हमारे देश के प्रत्येक प्रधानमन्त्री पर लागू होती है। कुर्सी आपको सँभाल भी ले, लेकिन क्या आप सँभाल पाइएगा कुर्सी को?''

बनारस में कोई ख़ास फ़र्क़ नज़र नहीं आ रहा था और हमारे हिसाब से यह एक अच्छी बात है। विकास कई बार अपने साथ कुछ ऐसे बदलाव लाता है जो सामाजिक स्तर पर गाँवों और छोटे शहरों की नींव को कमज़ोर कर देता है। गंगा जी में कुछ वैसी ही लहरें थीं जो युगों की गिनती से परे थीं–

दो दिन हम बनारस में रहे और हमारा मन हमें बिहार की ओर खींचता रहा। यहाँ पहुँचने से एक शाम पहले अपने एक पत्रकार मित्र की बदौलत, हम बिहार प्रदेश कांग्रेस कमिटी के अध्यक्ष श्री अशोक चौधरी से मिले थे। यदि पाठक ये सोचेंगे कि हमने अपना राजनीतिक निर्णय कांग्रेस के पक्ष में ले लिया है तो ये सरासर ग़लत होगा। हमने दोनों, या यूँ कहें कि दोनों ही महागठबन्धनों की पार्टियों से मिलने की सोची थी। सब लोग चुनाव में व्यस्त थे और ये स्वाभाविक भी था। यूँ भी हम कोई पत्रकार, समाज सेवक या उद्योगपति तो थे नहीं। एक साधारण शोधकर्ता पर ही बेकार समय ख़र्च करने वाले लोगों की संख्या बहुत कम होती है।

गंगा तीरे : बनारस के घाट पर बाबा

अशोक जी ने 'सदाकत आश्रम' में स्थित कांग्रेस के दफ़्तर में हमें मिलने के लिए बुलाया। उनके कक्ष में दाख़िल होते हुए हमें कुछ झिझक हुई, क्योंकि कमरा भरा हुआ था। अशोक जी एक बड़ी टेबल के सामने लगी कुर्सी पर विराजमान थे और उनके सामने दो क़तारों में कुर्सियों पर हर उम्र के पुरुष बैठे हुए थे। युवा, प्रौढ़, वृद्ध। महिला कोई नहीं थी। हमारे वहाँ पहुँचते ही अशोक जी ने नमस्कार किया और वहाँ बैठे सभी लोगों से हमारा परिचय करवाया। सब लोग एक प्रश्नवाचक सन्नाटे से घिर गये। हमें लगा कि शायद अब हमें कुछ कहना होगा। हमने अपने निष्पक्ष शोध के बारे में सबको बताया। सभी ने खोखली प्रशंसा से हमारी बातों का स्वागत किया। वे शायद मन ही मन हमें बेवक़ूफी का खिताब भी दे चुके थे। लेकिन चौधरी जी ने कुछ जोश के साथ कहा कि वे इस प्रकार के शोध का सम्मान करते हैं। अगर वे सिर्फ़ सभ्यता के चलते ऐसा कह रहे थे, तो वे सच में बेहद सभ्य एवं भद्र पुरुष हैं। हालाँकि हमें उनकी बात में कुछ सच्चाई भी नज़र आयी। उन्होंने हमें बताया कि कांग्रेस, लगभग सभी दूसरी पार्टियों की तरह, महिला वोटरों की ओर ख़ास ध्यान दे रही थी। हमनें उन्हें विश्वास दिलाया कि हम भी इस महिला वोट बैंक को ही समझने आये थे। शायद उन्हें वोट देने के लिए भी प्रेरित कर सकें।

अशोक जी ने हमारे तटस्थ दृष्टिकोण को सराहा और हमें ये प्रस्ताव दिया कि हम दो दिन बाद बक्सर में होने वाली एक बड़ी रैली में सम्मिलित हो सकते हैं और वहाँ कुछ दिन रहकर क्षेत्र की महिलाओं से बातचीत भी कर सकते हैं। वे इतने अधिक उदार थे कि हमारे रहने-खाने का भी बन्दोबस्त करने को तैयार थे। अब हम थोड़ी मानसिक उथल-पुथल में पड़ गये। प्रस्ताव बहुत आकर्षक था लेकिन हम किसी एक पार्टी से अपने शोध को नहीं जोड़ना चाहते थे। उन्हें अपनी बनारस की कॉन्फ्रेंस का हवाला देकर हमने कुछ समय माँग लिया, क्योंकि हम उन्हें सोच कर जवाब देना चाहते थे। जैसाकि सब जानते हैं कि सोच ज़्यादातर दूसरी औरतों को ही सलाह देते वक़्त काम करती है। जब अपनी बारी आती है तो सोच, अपनी सहेली बुद्धि के साथ विचरण करने किसी अज्ञात दिशा में निकल जाती है।

ट्रेन का पूरा सफ़र अंकल की मधुर वाणी एवं हमारी बुद्धि के आकस्मिक (परन्तु अस्थायी) हरण से जूझने में ही निकल गया। बनारस का सफ़र कॉन्फ्रेंस और समोसों के बीच ख़त्म होने को था और हम अब भी निर्णय से कोसों दूर थे। दरअसल आईपैक में हमें कहा गया था कि बनारस से लौटकर हम पटना कमिश्नरी की महिलाओं के लिए निर्धारित कैम्पेन को सँभालेंगे। यह एक बड़ी ज़िम्मेदारी थी और हमें बहुत भा रही थी।

बक्सर-1

अगली दोपहर हमारी पटना वापसी की ट्रेन थी जो देर-सवेर हमें पहुँचा ही देती। पटना से उसी दिन बक्सर पहुँचना असम्भव था। हमने लगभग तय कर लिया था कि हम वापस जाकर पटना की महिलाओं को अपने विचारों से बोर करेंगे। ट्रेन का वक़्त पर आना हमें किसी अलौकिक संकेत से कम नहीं लगा। क्या ईश्वर चाहते हैं कि हम समय पर पटना पहुँचकर बक्सर के लिए रवाना हो जायें। उस दिन रेल के टिकट चेकर को हमने दिल से दुआएँ दी थीं। दरअसल हमारी टिकट का निरीक्षण करते हुए उसने बेवजह ही कहा, ''एक-डेढ़ घण्टे में बक्सर पहुँच ही जायेंगे। आज ट्रेन ज़्यादा देरी से नहीं चल रही है!'' कुछ लौकिक जैसे ये रेल, शायद अलौकिक, जैसे टी.टी. की अनावश्यक टिप्पणी, अब हमें बक्सर पहुँचाने वाली थी।

तेज़ दुपहारिया में बक्सर स्टेशन

हमने झटपट अशोक चौधरी जी के दफ़्तर में फ़ोन करके कुछ लोगों के नम्बर लिए। 'बक्सर स्टेशन पर हमें लेने कोई पहुँच जायेगा।' समय बहुत था और अब हम काफ़ी निश्चिन्त हो चुके थे। हमने रेलवे की चिकनी श्वेत चादर तानी और कुछ देर आँखें बन्द करके आने वाले दिनों के बारे में सोचने लगे। कुछ शोर से जब आँख खुली तो पाया कि गाड़ी किसी स्टेशन पर रुकी हुई थी। दस ही मिनट में कितनी गहरी नींद आ गयी! हम सोच ही रहे थे कि खिड़की के बाहर खड़े पीले बोर्ड पर लिखा स्टेशन का नाम हमारी नज़र के सामने आया—'बक्सर'। हमारे अन्दर ऐसी फुर्ती उस दिन से पहले कभी नहीं दिखी जैसी उस वक़्त थी। हमने अपना सामान समेटा और बिना कुछ सोचे डब्बे से बाहर कूद पड़े। ट्रेन गजगामिनी की चाल से बक्सर स्टेशन से दूर होने लगी।

हम अपने फ़ोन, लैपटॉप, बैग व पर्स को कण्ठ से लगाते हुए स्टेशन से बाहर निकलने लगे। एक कोने में कुछ महिलाएँ फ़र्श पर इतमीनान से बैठी थीं। हमें एहसास हुआ कि इतने सारे सामान को गले में लपेटने से काम नहीं चलेगा, और ख़ुद को भरोसा दिलाया कि सही समय पर हम स्टेशन पहुँच गये हैं। पटना की ओर लौटने वाली ट्रेन जा चुकी थी। हम अपनी तरह से चुनाव का अध्ययन करने के लिए आज़ाद थे। हमने उन महिलाओं की ओर एक बार फिर देखा। वे मूँगफली नहीं 'चिनिया बदाम' खा रही थीं। और ख़ामोशी के साथ हमें ही शंकित दृष्टि से देख रही थीं।

हमने वहीं खड़े होकर सब सामान बैग में डाला और चौधरी जी द्वारा दिये गये नम्बर पर फ़ोन किया। 'मैडम, आप पहुँच गयीं? बहुत माफ़ी चाहते हैं। हम अभी पहुँचते हैं दस मिनट में। हमें लगा कि आप पहुँचने से दस मिनट पहले बता देंगी। बस चल रहे हैं, मैडम।' आवाज़ में जो बोली थी, बहुत साफ़ व शुद्ध थी। मनोज उपाध्याय जी को हमने विश्वास दिलाया कि वे आराम से आयें, हम प्रतीक्षा करेंगे। हमने ट्रेन का पूरा क़िस्सा बताना उचित नहीं समझा। बातचीत के पहले ही अवसर पर हम अपनी लापरवाही का कोई प्रमाण उन्हें नहीं देना चाहते थे। ख़ैर, मनोज जी ने आकर अनेक बार क्षमा याचना की। उन्होंने देर से आने पर खेद भी जताया। वे हमें सबसे पहले उस होटल में पहुँचा देना चाहते थे जहाँ हमारे रहने का बन्दोबस्त किया गया था। हमने किसी महिला कार्यकर्ता से मिलने की इच्छा व्यक्त की। 'आपको दोपहर में भोजन के बाद ले चलेंगे। अभी तो आप थक गयी होंगी।' हमने सीधे होटल न जाने की ज़िद-सी कर ली तो मनोज जी ने हमें उस मैदान का दौरा कराया, जहाँ कुछ दिन बाद कांग्रेस अध्यक्षा श्रीमती सोनिया गाँधी की रैली होने वाली थी। स्थानीय पुलिस एवं कांग्रेस के छोटे-बड़े नेता आये हुए थे। रैली में दो दिन ही शेष थे और एस.पी.जी. के मापदण्ड बहुत ही सख़्त थे। इन सबके बीच भी हमें जिस-जिससे मिलवाया गया, सभी ने आदरपूर्वक हमसे भेंट करने के

बाद हमें जल्दी ही मैदान से खिसक लेने का संकेत दिया। हमारी उपस्थिति मात्र से उनके कार्य में विघ्न पैदा हो रहा था।

हम मनोज जी की दिशा व दशा को लेकर परेशान थे और ये देख रहे थे कि सरकारी अधिकारी, पार्टी कार्यकर्ता, पुलिस एवं व्यवस्था कमिटी में कुल मिलाकर शून्य महिलाएँ थीं। लेकिन जहाँ मज़दूर बल्लियाँ व तम्बू गाड़ रहे थे, महिलाओं की संख्या लगभग 30-40 प्रतिशत थी। यह देखकर तसल्ली मिली कि महिलाएँ शारीरिक तौर पर भी पुरुषों जैसी ही बलशाली हैं। हम उठकर मज़दूरों की ओर चले गये। हमें देखकर पहले तो वे लोग कुछ झेंपे और फिर आपस में खुसफुसाने लगे। "काम कैइसन चलता? सब ठीक बा, नू?" हमने हिन्दी की जगह भोजपुरी से शुरुआत की। "काम बहुत बा, बाकी टाईम नईखे।" एक प्रौढ़ पुरुष ने झल्लाकर कहा। कुछ देर बात होती रही, जब औरतें भी आगे आने लगीं तो एक जवान मज़दूर ने हँसकर कहा, "रऊआ इन लोगन से भी बतीआई ऐईझा औरतो काम करेले, मदद करेले।" मुस्कुराती हुई इन महिलाओं ने हमें बताया कि वे आस-पास के गाँवों से आयी थीं। उन्होंने कुछ हमारी पूछी और काफ़ी कुछ अपनी कही।

एक 40-50 वर्षीय महिला ख़ासतौर पर रुचि ले रही थी। नाम तो उसका मुन्नी था लेकिन बहुत समझदार थी। हमारे चुनावी सवालात वो इतनी सरलता से सँभालती रही कि हम दंग रह गये। "बात ई बा, सर के अब हमनी के सब साफ़-साफ़ दिखेला। अँखवा पे कोनहो पट्टी नइ खे! मजूरी करे के पड़ेला। सरकार पइसा बाँधे है न, सर?" उसे शायद हमारे चेहरे से मालूम हो गया कि हमें समझ नहीं आ रहा था इसलिए वो भोजपुरी छोड़कर हिन्दी में बात करने लगी। "महात्मा गाँधी के योजना बा नू? ओकरा में हमनी के बंधल पइसा मिलेला। कम पइसा नहीं न दे सकता है? तो हमारा फायदा न हुआ?" हमने उसकी हाँ में हाँ मिलाई और मुफ़्त साइकिल एवं स्कूल वर्दी के बारे में उसकी राय जाननी चाही। "इस्कूल में न हम लोगन का लईका जायला न लईकी जायले...केकरो के कोनो डर नइ खे। इस्कूल बा गाँव 'पड़' बाकी उहाँ जाएला न। लेकिन बच्चा बुचिया सब खेले जाएला। कोई रोक-टोक नईखे। केकरा के कोनो डर नईखे।" ऊँची जाति में जनमी ये मज़दूर महिला ऐसे इलाके में रहती थी जहाँ यादव समूह का पलड़ा भारी था। लेकिन इसके हिसाब से अब नीची जाति को कोई भय नहीं था। हमने पूछा कि जब महागठबन्धन राजद भी जदयू के साथ ही था, तो क्या उसे फिर से डरने की ज़रूरत नहीं थी? क्या यादव समाज फिर से दबंगई पर नहीं उतर सकता था? "दबंग तो हमो बानी! ए बात नईखे बाकी अब माहौल ठीक हो गईल बा। ओतना 'खड़ाब'

नईखे। इस्थिति मे बहुत 'सुधाड़' बा।'' हमने कुछ और देर उनसे बात की। लगभग सभी महिलाएँ इन विचारों से सहमत थीं और हम थे कि समझ नहीं पा रहे थे कि इस पर प्रसन्न होना चाहिए या चिन्तित।

हमारी दुविधा दूर करने मनोज जी आ पहुँचे और सभी मज़दूरों को हमारा परिचय दिया। अब हम वापस मैदान के उस छोर पर आ गये थे जहाँ सभी प्रबन्धक-निरीक्षक बैठे थे। हमारा परिचय एन.एस.यू.आई. के एक युवक से कराया गया। इनका नाम द्विवेदी था। जी हाँ, हमें कहा गया कि यही उनका नाम है और हमने इस बात का स्वागत ही किया। शेक्सपीयर कहते रह गये कि नाम में कुछ नहीं रखा, पर हमीं शायद समझ नहीं सके। परन्तु द्विवेदी ये बात समझ गये थे। ख़ैर, इनकी ड्यूटी हमारे साथ लगा दी गयी। महिला कार्यकर्ताओं से द्विवेदी ही मिलवाएँगे। क़द में छोटे व शरीर से दुबले-पतले द्विवेदी के चेहरे की दाढ़ी व खूँटीनुमा बदन पर टँगा ढीला कुर्ता ही इस बात का संकेत दे रहा था कि वे छात्र राजनीति से जुड़े थे। संस्कृत भाषा में पीएच.डी. के छात्र द्विवेदी से मिलकर लगा कि देश का युवा जोश में होश खाने वाला बिल्कुल नहीं है। होटल तक का सफ़र हमने जिस गाड़ी में तय किया, उसकी अगली सीट पर ड्राइवर साहब के बगल में द्विवेदी बैठा था। हम पीछे बैठे थे और वहाँ माहौल के बारे में अनेक प्रश्न कर रहे थे। द्विवेदी जी लगभग 45 डिग्री का कोण बनाकर टेढ़े होकर बैठे थे। उसने एक बार भी पूरा पीछे की ओर घूमकर जवाब नहीं दिया। जहाँ एक ओर पाश्चात्य सभ्यता के अनुसार, उसका हमारी ओर न मुड़ना तमीज की कमी दर्शाता है, वहीं दूसरी ओर भारतीय सभ्यता के अनुरूप वह एक कुशल वक्ता और शालीन सभ्य युवक के रूप में सामने आया। हमने कोई शिकायत नहीं की और उसके जवाब अपने लैपटॉप पर टाइप करते चले गये। द्विवेदी बोले, ''हमारे उम्मीदवार बहुत नेक हैं। यदि कोई उनके बारे में कुछ भी ऐसा-वैसा कहे, तो आप यकीन मत कीजिएगा। वैसे तो आप आज शाम को उनसे मिल ही लीजिएगा। मुन्ना भइया (अपने प्रत्याशी) प्रदेश के लिए बहुत काम किये हैं स्थानीय स्तर पर। उन्होंने ग़रीबों को खाना, विवाह व्यवस्था सब करवाया है। और भाभी भी बहुत सहज हैं। वे भी उनका साथ दे रही हैं। आप विभोर जी से तो मिल ही ली होंगी।'' हम द्विवेदी के कहे अन्तिम शब्द टकाटक टाइप कर रहे थे। सर उठाकर हम कहने ही वाले थे कि हम विभोर जी से अभी तक नहीं मिले हैं, तभी द्विवेदी बोले, ''आ गया, आपका होटल। आप कमरा-वमरा देख लीजिए और कुछ खा लीजिए। हम चलते हैं महिलाओं से भेंट करने।''

होटल का नाम 'आकर्षक हेरिटेज' था जो कि एक बड़े मॉल के पीछे स्थित था। सच मानिए तो हमें इस होटल से, या यूँ कहें कि बक्सर शहर से, इतनी भव्यता की उम्मीद नहीं थी। मनोज जी तब तक होटल पहुँच चुके थे और हमारे

रहने के लिए इस होटल में दो कमरों का एक 'सुईट' बुक कराया था जिसके एक कमरे में हमने आने वाले कुछ दिनों में अनेक महिलाओं-युवाओं से भेंट की। बड़े शहरों में रहने वाले हम जैसे लोग ये सोच भी नहीं सकते कि बिहार के किसी कोने में हमें ऐसी व्यवस्था मिलेगी। हमें अपनी छोटी सोच पर शर्म आ रही थी। हम तो ये सोच कर आये थे कि यहाँ किसी टूटल-टाटल गेस्ट हाउस की अँधेरी कोठरी से बेहतर कुछ नहीं मिल सकेगा। लेकिन यहाँ पर सम्मान एवं जगह दोनों ही उम्मीद से ज़्यादा मिले। ख़ैर, जल्दी से कुछ खाकर हम और द्विवेदी फिर से बक्सर शहर

होटल आकर्षक हेरिटेज की उद्घाटन-पट्टिका

की सड़कों पर निकल पड़े।

सब तरफ़ चुनाव प्रचार की हलचल देखने को मिली। आसमान छूते पोस्टर हों या सड़क की धूल छानते पैम्फलेट, जहाँ तक नज़र जाती थी उम्मीदवारों एवं उनके चुनाव चिह्नों की टेढ़ी-मेढ़ी या कटी-फटी तस्वीरें दिख ही जाती थीं। हमारी गाड़ी अब बक्सर के सिविल लाइन्स इलाके के नज़दीक एक सँकरी सड़क पर रुकी हुई थी। सामने दूसरे उम्मीदवार की गाड़ी थी। दोनों ही चुनावी माहौल के मुताबिक बड़ी थीं। कुछ देर तक दोनों ही ड्राइवरों ने गाड़ियाँ आगे-पीछे कीं। जब इतनी जगह बन गयी कि गाड़ियाँ आराम से निकल सकें, तभी दोनों पार्टी के नेताओं को महसूस हुआ कि माँगने का इससे अच्छा मौक़ा नहीं मिलेगा। जैसे ही उन्होंने नारे लगाने शुरू किये, हमने उन्हें नज़रअन्दाज़ कर दिया। कुछ मिनटों का शोरगुल था। फिर

वे अपने रास्ते और हम अपने।

चुनावों में पुरुष वर्ग को प्रचार करने, शोर मचाने, एवं घर से बेवजह बाहर रहने का लाइसेंस सा मिल जाता है। ख़ासतौर पर छोटे शहरों में जहाँ लगभग हर व्यक्ति किसी न किसी प्रत्याशी का दूर का रिश्तेदार निकल ही आता है। सच ये भी है कि चुनाव प्रचार के दिनों में 'सभ्य' महिलाओं से ये उम्मीद की जाती है कि वे आपातकाल के अलावा घर से बाहर न निकलें, किसी प्रत्याशी या पार्टी में अत्यधिक रुचि न दिखाएँ एवं यदि घर-काम के चलते वोट डालने न जा पायें तो यह बात उनके पक्ष में ही समझी जायेगी। बिहार घूमते हुए हमने पाया कि महिलाओं से ऐसी आशाएँ बड़े शहरों में ही रखी जाती हैं। आश्चर्य की बात ये है कि छोटे शहरों एवं गाँवों की महिलाओं से इस प्रकार की कोई भी उम्मीद नहीं रखी जाती। ये देखकर अच्छा लगता है कि यहाँ की महिलाएँ न केवल मुद्दों के बारे में जानती हैं, बल्कि इन मसलों पर बात करने से और इन्हें प्रत्याशियों के समक्ष रखने से ज़रा भी नहीं घबराती हैं। चुनाव के दौरान छोटे शहरों की महिलाओं की दो क़ाबिल-ए-तारीफ़ उपलब्धियाँ हैं : दिलेरी से अपने हक़ को माँगना और कई दफे पुरुष वर्ग को रोकना। पुरुष अकसर बनावटी यारी-दोस्ती से प्रेरित होकर मतदान करते हैं। गौरतलब ये भी है कि समूचे राष्ट्र को इस लिहाज़ से एकाकी नहीं माना जा सकता। देश है ही इतना विशाल, इतना बहु-स्तरीय कि हर हिस्सा दूसरे हिस्से से एक होकर भी भिन्न है। सबको एक कसौटी से तोलना केवल भूल न होकर पाप है। फिलहाल हम सिर्फ़ बिहार की बात कर रहे हैं। उन ज़िलों की बात कर रहे हैं जहाँ जाने का सौभाग्य हमें प्राप्त हुआ। इनमें कुछ छोटे-बड़े शहर एवं कई गाँव शामिल हैं जहाँ की महिलाओं ने अपनी बातों से हमें अचम्भित कर दिया।

बक्सर-2

हम एक छोटी गली के अन्तिम छोर पर खड़े थे। वहाँ से गाड़ी आगे नहीं जा सकती थी। द्विवेदी ने खेद जताते हुए पूछा, "आप, मैडम, कुछ दूर पैदल चल लीजिएगा?" हमने कुछ कहना ठीक नहीं समझा और इशारे से उन्हें आगे बढ़ने को कहा। दोपहर का वक़्त था और चारों तरफ़ घरों में माँओं और बच्चों की मीठी नींद की शान्ति थी। सभी नींद के आगोश में डूबे हुए थे। हम दो गलियाँ पार करके तीसरी में दायें मुड़े। लोहे का एक छोटा सा फाटक हमारी मंज़िल थी। द्विवेदी बेझिझक फाटक खोलकर आँगन में प्रवेश कर गये। एक 5-6 वर्ष का बालक वहाँ बैठा कुछ पढ़ रहा था। वीडियो गेम नहीं खेल रहा था, कुछ पढ़ रहा था। द्विवेदी के आगमन से वह दौड़कर घर के भीतर घुस गया। द्विवेदी ने बाहर ही खड़े रहकर दो बार पुकारा, 'साधना दीदी!' एक तीस-पैंतीस वर्षीय महिला बाहर आयी। पहली चीज़ जो हमने उनमें देखी, वो थी उनकी आँखों की उत्सुकता। "अरे, आ गये आप लोग? प्रतिष्ठा जी? आइए आइए न!" उन्होंने बड़े स्नेह से हमारा हाथ थामा और अपने घर के अन्दर ले गयीं। घर साधारण एवं साफ़-सुथरा था। हम सोफ़े पर बैठे ही थे कि जो बच्चा बाहर खेल रहा था वो एक प्लेट पर पानी से भरा एक गिलास ले आया। हमने पानी पीते हुए पूछा, "बाहर क्या पढ़ रहे थे मिस्टर?"

वह कुछ शरमाकर बोला, "गणित!"

"गणित पढ़ते भी हैं?" वो मुस्कुराता रहा। हमारी इस व्यर्थ की वार्तालाप को साधना जी ने झट से काट दिया।

"आप आयी हैं, हमें बहुत अच्छा लग रहा है वरना यहाँ कौन आता है?" हमें नहीं पता था कि एक आम शोधकर्ता को देखकर किसी को इतनी प्रसन्नता भी हो सकती थी। लेकिन उनकी अगली कुछ बातों से ये साफ़ हो गया कि वे हमें कांग्रेस की कोई इकाई समझ बैठी थीं। हमने भी उन्हें समझाना ठीक नहीं समझा। सोचा देखूँ क्या चलता है भीतर ही भीतर। पहले तो उन्होंने कांग्रेस के प्रत्याशी की तारीफ़ के पुल बाँधे। वे कितने महान व प्रभावशाली थे तथा कितने विनम्र एवं भद्र। यहाँ पहुँचने से पहले थोड़ी बहुत जानकारी हमने भी बटोरी थी। प्रत्याशी प्रभावशाली तो

थे लेकिन किसी ने उनकी विनम्रता के गुणगान इण्टरनेट पर नहीं गाये थे। काफ़ी देर बातचीत हुई। साधना जी अपनी पार्टी एवं उसके प्रत्याशी से ख़ासी प्रसन्न थीं। "यहाँ की महिलाओं से आप लोग ही मिलती होंगी न? कहने का तात्पर्य है कि महिला वोटरों से आपकी बातचीत...?"

"अब देखिए न, ऐसे टाइम पर चुनाव है। त्योहार, पूजा सर पर है। जो एक-आध महिला साथ आ सकती है, आ जाती है। हम अपने इलाके में दिल लगाकर प्रचार कर चुके हैं।" हमारा ख़याल रह-रह कर उस 'आधी' महिला की ओर जा रहा था। 'एक-आध' महिला और साधना जी चली आ रही हैं—बक्सर की सँकरी गलियों में प्रचार करते हुए। इस बेफिज़ूल के ख़याल से हम तब मुक्त हुए जब अचानक द्विवेदी बोला, ''मैडम, हम चलते हैं; रैली की तैयारी में हाथ बँटाना है। आपको ड्राइवर जी होटल पहुँचा देंगे। बाकी आप लोग बात करिए।''

द्विवेदी के जाते ही, मानो साधना जी ने अपना चैनल बदलकर 'ज़ूम' कर दिया।

''क्या खाक जायेंगे प्रचार करने? कोई इन्तज़ाम नहीं है। एक गाड़ी भी हम लोगों को नहीं दे रखी। अपना पैसा ख़र्च करके भला कोई क्यों जायेगा? संगठन महिला कार्यकर्ता को सिर्फ़ सम्मान देता है, वो भी काफ़ी कम मात्रा में। लेकिन सिर्फ़ सम्मान से कैसे काम चलेगा प्रतिष्ठा जी? आप ही बताइए। हम तो फिर भी अपना किराया भाड़ा ख़र्च कर देते हैं। बाकी सब थोड़ी न करेंगी?'' साधना जी पानी की तेज़ धार की तरह काफ़ी देर तक बहती रहतीं। हम जल्दी-जल्दी उनकी बातें लैपटॉप में टाइप कर रहे थे। वे एक कुशल वकील थीं और तर्क-वितर्क में ऐसी निपुण कि अपने साथ ही बहस करने लगीं। उनके व्यक्तित्व का एक भाग पार्टी एवं उम्मीदवार से नाखुश था तथा दूसरा ऊपरी भाग इनसे एकदम सन्तुष्ट था। करीब एक घण्टे के वक्तव्य के बाद हमें निम्नलिखित बातें मालूम हुईं :

1. बक्सर की महिलाएँ भाजपा की अनुयायी थीं और साधना जी स्वयं अपनी कांग्रेस निष्ठा को डोलने से नहीं रोक पाती थीं।
2. कांग्रेस के प्रत्याशी एक जाने-माने बलवान व्यक्ति थे। इसका जो भी अर्थ आपको अच्छा लगे, आप समझ लें।
3. प्रत्याशी की बेटी एवं धर्मपत्नी को ख़ासतौर से बुलवाया गया था ताकि वे महिलाओं में विश्वास पैदा कर सकें।
4. अन्ततः बक्सर में लेडीज ब्यूटी पार्लरों की संख्या पिछले वर्षों के मुक़ाबले काफ़ी बढ़ गयी थी और साधना जी के अनुसार ये कोई बहुत अच्छी बात नहीं थी।

बाकी सारी बातें तो हमें समझ आ गयी थीं। हम जानते थे कि आने वाले कुछ दिनों में महिला वोटरों से प्रत्यक्ष तौर पर मिलना पड़ेगा। चाहे ये काम हमें अकेले ही

हम बिहार के हर गाँव में ये ग़ौर कर रहे थे कि फ़िल्मी अभिनेत्रियों के नाम व चेहरे वाले कई छोटे-बड़े ब्यूटी पार्लर यहाँ-वहाँ खुले थे।

क्यों न करना पड़े। इसलिए हम साधना जी के द्वारा कही गयी पहली तीनों बातों से बिल्कुल भी दुखी नहीं थे। लेकिन आख़िर में कही गयी बात काफ़ी रोचक थी।

दरअसल हम बिहार के हर गाँव में ये ग़ौर कर रहे थे कि फ़िल्मी अभिनेत्रियों के नाम व चेहरे वाले कई छोटे-बड़े ब्यूटी पार्लर यहाँ-वहाँ खुले थे। साधना जी की बात ने हमारा ध्यान इस ओर फिर से खींच दिया था। बात सौन्दर्य से कुछ गहरी थी। ऐसा क्या था कि बिहारी महिलाएँ ज़्यादा सैर-सपाटा करने लगी थीं? क्या अचानक सरकार या समाज के द्वारा कोई ऐसा क़दम उठाया गया था कि महिलाएँ दिखावटी सौन्दर्य को निखारने पर मजबूर हो गयी थीं? ऐसा कुछ नहीं है, न था! महिलाओं में स्वयं ही कुछ ऐसा बदलाव देखने को मिलता है, जो उन्हें यह स्वतन्त्रता देता है कि वे खुद पर समय एवं कुछ धनराशि ख़र्च कर सकें। इसका सीधा सम्बन्ध पतियों की बढ़ती आय से हो सकता है या खुद महिलाओं के कमाने से भी। लेकिन हमें लगा कि ये सिर्फ़ एक और जरिया था जिससे महिलाओं की बढ़ती हुई सामाजिक सक्रियता का अन्दाज़ा लगाया जा सकता है। सम्भव है कि बाक़ी के राज्यों में भी ब्यूटी पार्लरों की संख्या बढ़ गयी हो। लेकिन बिहार जैसे राज्य में ये बढ़त कहीं ज़्यादा विचारणीय है। ये देश का वो राज्य है जहाँ किसी की सम्पत्ति का आकलन इस बात से नहीं होता कि वो व्यक्ति कितना ख़र्च करता है, बल्कि इस बात से होता है कि वो कितना बचा लेता है। राज्य में आज भी इस बात पर काफ़ी ध्यान दिया जाता है कि बचत ज़्यादा हो सके। फिर ऐसा क्यों है कि एक फिज़ूल कारोबार (जिससे पुरुषों का सीमित रूप से ही फ़ायदा हो सकता है) इतना फल-फूल रहा है। लेकिन यह बदलाव सीधे-सीधे सामाजिक, राजनीतिक एवं आर्थिक न होकर, मनोवैज्ञानिक है। महिलाओं को शायद ये आभास हो गया था कि इसी बहाने अन्य महिलाओं के साथ बातचीत करने को कुछ वक़्त मिलेगा। यानी पारिवारिक परिवेश से बाहर की महिलाओं से कुछ बोलचाल हो सकेगी।

उसी शाम हम ब्यूटी पार्लर की तलाश में बक्सर की गलियों में निकल पड़े। एक-सवा किलोमीटर के रास्ते में कुल 3 पार्लर थे। हम शादा लेडीज ब्यूटी पार्लर में दाखिल हो गये। हालाँकि जगह की कुछ कमी थी लेकिन तीन महिला कर्मचारियों की उपस्थिति से साफ़ था कि दुकान ठीक-ठाक चल रही थी। हमसे पूछा गया कि हमें क्या करवाना है। हमने कहा, "सिर्फ़ बात करनी है, आप लोगों से। कुछ फ़ोटो खींच लें?" न जाने क्यों उन्होंने मना कर दिया। फ़ोटो खींचने का काम आत्मविश्वास से, बिना पूछे ही करना ठीक होता है। यहाँ आपने पूछा नहीं कि यकायक मना कर दिया जायेगा। फ़ोटो के बारे में एक और तथ्य सामने आया है

कि यदि आप सेल्फ़ी ले रहे हैं तो ओबामा भी आपके पीछे खड़े होकर मुस्कुरा देंगे, लेकिन अपना चेहरा रहित फ़ोटो खींचने की ग़लती ख़तरे से खाली नहीं। ख़ैर, बात तो हमें करनी ही थी। लड़की का नाम पूछा तो उसने झट से बता दिया, लेकिन ये चेतावनी भी दी कि हम उसका नाम किसी भी लेख में न लिखें। इतना अजीब सा, वहम-सा डर क्यों घर कर रहा है समाज में? क्या स्वतन्त्रता और निडरता एक ही सिक्के के दो पहलू नहीं हैं?

पूजा लेडीज ब्यूटी पार्लर, बक्सर

हमारे पूछने पर उसने बताया कि हफ़्ते भर में लगभग 25-30 महिलाएँ यहाँ आती थीं। उन सबकी माँगें अलग-अलग होती थीं। लेकिन सेवाओं का आनन्द लेते समय आपस में काफ़ी बातचीत होती थी। कभी सास की बड़ाई, कभी नया खाना बनाने की विधि पर चर्चा और कई बार राजनीति पर भी बहस। उसने हमें बताया कि वो वोट नहीं डालती। मतदान का कोई महत्त्व उसे नहीं समझ आता था और हमारे लाख समझाने पर भी उसने बात नहीं मानी। बाकी की दोनों महिलाओं ने बताया कि वे वोट ज़रूर देने जाती हैं। उन्होंने ये भी बताया कि वे दोनों ही 'छोटी' जात की हैं और वर्तमान सरकार के काम से सन्तुष्ट भी। हमने महिलाओं के बारे में और भी बहुत-सी बातें कीं।

जो महिला उम्र में सबसे बड़ी थी, वो बोली, "बहुत फ़र्क़ आ गया है पहले और अब में। पैसा बहुत हो गया है। पहले दो रुपये भी ख़र्च नहीं करते थे।

फ़ोटो के बारे में एक और तथ्य सामने आया है कि यदि आप सेल्फ़ी ले रहे हैं तो ओबामा भी आपके पीछे खड़े होकर मुस्कुरा देंगे।

अब बीस भी करते हैं। सोचने का तरीका ही बदल गया है। काफ़ी चीज़ें एकदम 'बेसिक' (भौतिक) हो गयी हैं। ब्यूटी पार्लर, किट्टी पार्टी आम बात हो गयी है। घर से निकलना किसे अच्छा नहीं लगता। जो नौकरी-चाकरी नहीं करता, उसका भी तो मन करता है न कि किसी से कुछ विचार-विमर्श किया जाये।" मतलब महिलाओं में कुछ ऐसी चीज़ों ने घर कर लिया था जिसके चलते वे घरेलू परिवेश के बाहर भी ख़ुद को समझना चाहती थीं। शायद ये एक प्रयास है, आत्म की खोज करने का। महिलाएँ इस बात को भली-भाँति जानती हैं कि परिवार के लिए वे क्या कर सकती हैं और क्या कर रही हैं, जिससे वह सन्तुष्ट भी हैं। लेकिन इस बात से अनजान हैं कि वे सामाजिक स्तर पर किस प्रकार की चर्चा एवं काम कर सकती हैं। किसी भी प्रकार के 'सोशल प्लेटफ़ॉर्म' जैसे कि ब्यूटी पार्लर, कॉफ़ी शॉप में वे ख़ुद को देखना चाहती हैं, अपनी राय व्यक्त करना चाहती हैं। क्योंकि बात छोटे शहरों की हो रही है, इसलिए यहाँ 'सोशल प्लेटफ़ॉर्म' का अर्थ फेसबुक, ट्विटर इत्यादि न होकर ऐसे मंचों से है जहाँ आमने-सामने बैठकर विचारों का आदान-प्रदान हो सकता है। ये बदलाव बाहरी न होकर अन्दरूनी हैं। यह एक प्रकार के क्रमिक विकास का संकेत है। स्वयं को सार्थक करने का एक प्रशंसनीय प्रयास है।

साधना जी से बातें करके काफ़ी कुछ समझ में आया और हमने उनसे प्रार्थना की कि वे अपने साथ प्रचार करने वाली कुछ महिलाओं को लेकर शाम की चाय के लिए हमारे कमरे पर पधारें। इस बात से वे इतनी खुश हुईं कि हमें हमारी गाड़ी तक छोड़ने आयीं। हमने गाड़ी में ही निर्णय लिया कि महिलाओं के साथ ही, हमें कुछ युवाओं से भी मिलना चाहिए। हमने तभी से द्विवेदी को फ़ोन करके अपनी इच्छा ज़ाहिर कर दी। उसने कहा कि थोड़ा कठिन होगा लेकिन वह पूरी कोशिश करेगा।

शाम को ठीक छः बजे साधना जी अपने साथ दो महिलाओं को लेकर आयीं। एक पचास वर्षीय बलिष्ठ (प्रभावशाली) और आत्मनिर्भर महिला थीं जिनके पति का इस प्रत्याशी से कोई दूर का सम्बन्ध था। दूसरी महिला काफ़ी कमज़ोर थी। उम्र में कम थी, पर एक अनकहे डर की चपेट में दिखती थी।

"अरे साधना जी, आप तो सच में एक-आध महिला ही लायी हैं।" हमने दुबली-पतली स्त्री को देखकर चुटकी ली।

"सब व्यस्त हैं न? पूजा करनी है। शाम की दिया-बाती दिखानी है। ये ही आ पायी हैं।"

"आप इन्हें ही ले आयीं ये भी क्या कम है? बहुत धन्यवाद। बेवजह मज़ाक़ करने की आदत है मुझे।" हमने अपने बचाव में कहा।

कम उम्र की एक युवती मुसलमान थी जिसके पति का निधन हो चुका था। एक बेटा था जो दसवीं की परीक्षा की तैयारी कर रहा था। उसने ऐसा कहा तो नहीं लेकिन साफ़ था कि वो अपने और अपने बेटे के भविष्य को लेकर काफ़ी चिन्तित थी। ये तीनों एक-दो बार बक्सर शहर का दौरा करने गयी थीं। अपने प्रत्याशी के लिए वोट भी माँगे थे, लेकिन हैरानी की बात थी कि ये युवती जानती ही नहीं थी कि चुनाव किन मुद्दों पर लड़ा जा रहा था। साधना जी ने चाय पीते हुए भी उसे तसल्ली देते हुए कहा कि नीतीश जी की सरकार बनी तो उसके बेरोज़गार बेटे को बेरोज़गारी भत्ता ज़रूर मिलेगा। इससे वो विभिन्न परीक्षाओं के लिए फॉर्म भर सकेगा और पेपर देने का ख़र्च उठा पायेगा। उसकी आँखों में ये साफ़ दिख रहा था कि उसे अपना पेट पालने की चिन्ता खाये जा रही थी। अल्पसंख्यक वर्ग कुछ ख़ास तरह के संघर्षों से जूझता है। लेकिन ये तो एक अल्पसंख्यक विधवा थी जिसका इकलौता बेटा अभी इस क़ाबिल भी नहीं था कि वो नौकरी के लिए आवेदन भी भर सके। उसके संघर्षों के बारे में सोचकर हमारा मन भी सिहर गया। हमारी बातों ने अब चुनावी रंग ले लिया था और साधना जी ने बैठे रहकर कुछ घिसी-पिटी भाषणबाजी शुरू कर दी, "बदलाव आया है, आयेगा, आना चाहिए, आके रहेगा।" इत्यादि-इत्यादि। हम बिना कुछ कहे, सुनते रहे। हम कुछ हैरानी और प्रशंसा से उनकी ओर देख रहे थे। बलिष्ठ महिला शायद ये सब पहले भी सुन चुकी थीं इसलिए उन्हें इसमें कोई ख़ास दिलचस्पी नहीं थी। दसवीं में पढ़ रहे लड़के की माँ भाषण के वेग से कुछ घबराई हुई लग रही थी। बातों के बीच में चाय और बिस्कुट भी चल रहे थे और हम ये सोच रहे थे कि क्या इस प्रकार की भाषणबाजी से कोई भी महिला प्रभावित हो सकती है?

हमारे विचार में महिलाओं को किसी बात के लिए राजी करना थोड़ी टेढ़ी खीर होती है। कुछ महिलाओं को किसी एक उम्मीदवार के लिए वोट देने के लिए परिवार के लोग बाध्य ज़रूर कर सकते हैं। लेकिन उन्हें बात समझाकर उनकी रज़ामन्दी पाना कोई आसान काम नहीं है। ये ख़याल इसलिए आया क्योंकि फिलहाल बक्सर की एम.एल.ए. श्रीमती सुखदा पाण्डे थीं जो कि भाजपा की टिकट पर चुनाव जीती थीं। अब बात हो रही थी कांग्रेस के प्रत्याशी को जिताने की। तो क्यों भला ये महिलाएँ अपना वोट भाजपा से बदलकर उनके विरोधी दल को दें? हमारा सवाल सीधा था और सौभाग्य से साधना जी एण्ड पार्टी का जवाब भी।

"आप ये बताइए कि जब आप घर-घर जाकर महिलाओं को ये सब बदलाव वाली बातें कहती हैं, तो बदले में वे क्या बोलती हैं?"

"देखिए, बक्सर शहर में हम थोड़ा सोच-समझकर बोलते हैं, यहाँ हमारे साथ बहुत जनता नहीं है। लेकिन हम गाँवों में अपनी बात खुलकर रखते हैं। तो वे

साफ़ कहती हैं कि बिहार में नीतीश की सरकार रहे इसके लिए वे कांग्रेस को भी वोट देने को राजी हैं। दरअसल सुखदा जी ने यहाँ कुछ ख़ास विकास किया नहीं है, इसलिए उनसे किसी को सहानुभूति नहीं है। लेकिन नीतीश जी से है। ये बात हमारे फ़ायदे की हो गयी। पहले भी दो बार सुखदा जी एम.एल.ए. रही हैं लेकिन कितनी बार जनता को बेवक़ूफ बनाइएगा?"

"तीन बार बेवक़ूफ बनाना भी तो आसान नहीं है..."

तभी दरवाज़े पर किसी ने दस्तक दी। द्विवेदी था। साथ में पंकज नामक एक युवक भी था। बाकी युवा टीम से ज़्यादा लोग आ नहीं पाये थे। पंकज भी साधना जी को जानते थे। सबने साथ बैठकर कुछ और देर बातचीत की। गाड़ियों की कमी पर साधना जी ने पंकज से शिकायत की तो हमें समझ आया कि पंकज की पकड़ साधना जी से ज़्यादा है। पंकज एकदम संजीदगी-रहित लहजे में बोला, "सब हो रहा है, साधना जी। प्रचार का काम बढ़िया चल रहा है। अब तो भइया ने भाभी और मिनी को भी बुलवा लिया है। अब तो आप सब साथ ही जाइएगा। अलग गाड़ी की क्या ज़रूरत है? सब लोग एक ही में जा सकती हैं। कल से आपका सब इन्तजाम पक्का है। प्रतिष्ठा जी भी चाहें तो आपके साथ जा सकती हैं।" साधना जी ने भाभी और पिंकी के आगमन पर उत्साह व्यक्त किया। द्विवेदी ने हमें सूचना दी कि कुछ देर में 'भाभी' हमसे मिलने आयेंगी। हमने कहा कि वे कष्ट न करें, हम ही उनसे मिलने चले जायेंगे। इतना कहना था कि हमारा फ़ोन बज उठा। "हम आपके भइया की वाइफ बोल रहे हैं, मैडम। हमें बहुत ख़ुशी है कि आप यहाँ आयी हैं। आप जैसे लोगों से हमारी हिम्मत बढ़ती है।" हमें फ़ोन पर ज़्यादा कुछ बोलना नहीं पड़ा। तय हो चुका था कि भाभी कुछ ही देर में पधारेंगी। इसलिए वहाँ मौज़ूद सभी ने हमें आराम करने को कहा। फिर मिलने का वादा किया और सबने विदा ली। हम अपने सूईट के भीतरी कक्ष में कुछ देर कम्प्यूटर पर ये सब बातें लिखते रहे और सोचने लगे कि आख़िर भाभी होंगी कैसी? आवाज़ से तो वे उम्रजदा एवं बातचीत में निपुण लग रही थीं। हम आज से पहले जितने भी राजनीतिक शख़्सियतों की पत्नियों से मिले थे, सब बेहद रोचक एवं अद्भुत थीं। भाभी से भी हमें यही उम्मीद थी। भाभी अपने साथ एक और महिला को लेकर आयी थीं। दिक़्क़त ये थी कि एक महिला उम्र में लगभग चालीस बरस की लग रही थी और दूसरी उससे दस-एक साल बड़ी। हमें पता नहीं था कि भाभी कौन हैं। कम उम्र की महिला ने हमें बताया कि सब हमारे आने से उत्साहित थे। उसकी आवाज़ फ़ोन वाली महिला जैसी नहीं थी। दूसरी महिला कुछ बोल ही नहीं रही थी। हम काफ़ी दुविधा में थे

लेकिन पूछना बहुत आवश्यक था। हमने बड़ी उम्र की महिला की ओर इशारा करते हुए पूछा, "ये...??"

"ये? ये आपके भइया की बहन हैं। हम इनके घर में ही तो रह रहे हैं यहाँ। आप भी चाहो तो वहीं रह सकती हैं। लेकिन यहाँ थोड़ी सुविधा ज़्यादा है। आप लोगों से मुलाकात भी कर सकती हैं।"

इतनी सीधी-सादी घरेलू एवं अपनेपन से परिपूर्ण ये महिला, प्रत्याशी की धर्म-पत्नी एवं बोल-चाल की भाषा में हमारी भाभी थीं। हम सोचने लगे कि प्रचार करते समय ये क्या कहती होंगी। "आपके भइया बहुत अच्छे व्यक्ति हैं। कोई कुछ ऊल-जलूल बके तो आप विश्वास नहीं करिएगा। इतने बच्चों की मुफ़्त में शादी करवाई है इन्होंने। इतने अनाज दान देते हैं। जो बन पड़ता है, सब करते हैं। ऐसा व्यक्ति और कहीं नहीं मिलेगा। लोग कुछ अपनी धारणा बना लेते हैं। आप मिल ली भइया से?" हम कहना चाहते थे कि समाज के कायदे से प्रायः बहन अपने भाई से पहले मिलती है और भाभी से बाद में। ग्रामीण परिवेश में अधिकतर इसका उलटा ही होता है लेकिन हमने सिर्फ़ मुस्कुराकर 'न' में सर हिला दिया। "अच्छा! वे गये हैं न राउण्ड पर। शाम को ज़रूर आयेंगे आपसे मिलने। देखिए न मिनी भी नहीं आ पायी आपसे मिलने। उसका बहुत मन था लेकिन तबीयत ही ठीक नहीं है। पेट में दर्द है। बाकी दामाद जी ने हमें फ़ोन करके बताया था, हम तो तभी से खाने पर आपका इन्तज़ार कर रहे थे। अगर यहाँ का खाना पसन्द न हो तो भिजवा देंगे। बाहर का कब तक खाइएगा?" हमने उन्हें खाने के लिए तकल्लुफ न करने को कहा और सोचने लगे कि हम इनके दामाद से कब मिले थे। याद आया कि रैली वाले मैदान में मनोज जी ने एक सभ्य दिखने वाले युवक से भेंट कराई थी और उसका नाम विभोर बताया था। फिलहाल, भाभी हमें मिनी की तबीयत की विस्तृत जानकारी दे रही थीं। हमने मिनी एवं विभोर का फ़ोन नम्बर भी ले लिया ताकि ज़रूरत पड़ने पर उनसे मिल सकें। बहरहाल, भाभी एवं उनकी ननद कुछ और देर बैठीं, विभोर और मनोज जी भी आ गये और बातें पारिवारिक-सी हो गयीं। जब वे जाने लगे तो हम भी उन्हें छोड़ने के बहाने नीचे तक आ गये।

बक्सर-3

होटल के अगले हिस्से में एक बड़ा मॉल था। एक मेगामार्ट या जिसमें जाना हमारे लिए अत्यावश्यक था। हम देखना चाहते थे कि किस प्रकार के लोग यहाँ से सामान खरीदते हैं। दुकान काफ़ी बड़ी थी और खाली भी। पूरी दुकान में कुल पन्द्रह लोग होंगे। और सात-आठ लोग स्टाफ के। ख़रीदारों में ज़्यादातर महिलाओं एवं युवक-युवतियों की जोड़ियाँ थीं। महिलाएँ खाद्य पदार्थों के स्टॉल पर थीं और अनावश्यक गम्भीरता से कुछ चर्चा कर रही थीं। हमने निकट जाकर सुनने की चेष्टा की। बात घरेलू थी और उसका महँगाई या चुनाव से दूर-दूर तक कोई वास्ता नहीं था। एक महिला अकेली थी और बिस्कुट के दो पैकेट के पैसों का भुगतान कर रही थी। कपड़ों के स्टॉल पर कुछ नवयुवक थे जो उन्हें देख रहे थे। एक लड़की एक गुलाबी कोट पहनकर देख रही थी और उसके साथ आयी दूसरी लड़की हँस रही थी। मेगामार्ट से हम खाली हाथ ही लौटे और कमरे में जाकर खाने का आर्डर दे दिया। चन्द मिनटों बाद मनोज जी, विभोर एवं पंकज फिर से आ गये। वे खेद प्रकट करने आये थे कि उनके लोकप्रिय प्रत्याशी उर्फ़ हमारे भइया संजय जी अभी-अभी राउण्ड से वापस लौटे थे इसलिए अभी मुलाकात नहीं कर पायेंगे। खाना आने तक वे बैठे रहे और खाना आते ही चले गये। जब हमने उन्हें भी खाने को कहा तो विभोर ने बीमार बीवी के साथ खाने पर बाहर जाने की बात कही। पंकज खा चुके थे और मनोज जी का उपवास था। मनोज जी ने ब्राह्मण होने की दुहाई देते हुए कहा कि वे कठिन व्रत करते हैं एवं नौ दिनों तक अन्न को हाथ भी नहीं लगाते। हमने उन्हें ये बताया कि हम नवरात्र के दौरान एक ही दिन उपवास करते हैं। तो वे काफ़ी प्रसन्न हो गये, मानो अन्ततः हम में भी कोई गुण उन्हें दिख ही गया हो।

खाना खाकर हमने कुछ देर लिखाई-पढ़ाई की। रात के दस बजने को आये थे कि हमारा फ़ोन बज उठा। मनोज जी थे। उन्होंने आदर सहित जानना चाहा कि क्या हम संजय जी से इस वक़्त बात करना चाहेंगे। हमने हामी भर दी। लाइन की दूसरी ओर से एक बहुत स्पष्ट आवाज़ में कोई आधी हिन्दी, आधी भोजपुरी में बोल रहा था। उन्होंने हमसे पूछा कि हमारे लिए क्या किया गया? सब इन्तज़ाम ठीक है

या नहीं। उन्होंने पूछा कि हम भी भाभी और मिनी के साथ ही उनकी बहन के घर थे। लेकिन हमने धन्यवाद कहकर इनकार कर दिया। "आप भी वहीं रह रहे हैं, न संजय जी? भाई हमारा एक ही है। क्योंकर रिश्तेदारी बढ़ाई जाये?"

"नहीं बहन जी। हम इस होटल के पीछे बने गेस्ट हाउस में हैं। सभी युवा कार्यकर्ता भी यहीं ठहरे हैं। हमें इनके साथ रहना है, न?"

"जी, बिल्कुल!"

हमने यह निर्णय लिया कि अगले दिन सुबह नौ बजे हम गेस्ट हाउस के आँगन में सबसे मिलने जायेंगे। मिनी भी वहीं आयेगी और फिर हम महिलाओं के साथ ही गाँव के दौरे पर निकल जायेंगे।

सुबह नौ बजे हमारे बाहर निकलते ही मनोज जी से मुलाकात हुई। वे हमें संजय जी के गेस्ट हाउस तक छोड़ने आये थे। होटल के पीछे एक दरवाज़ा था जिस पर हमारा ध्यान ही नहीं गया था। हम मनोज जी के साथ उस दरवाज़े से होते हुए गुज़रे जिसका नज़ारा कुछ ऐसा था : लॉन में कुछ कुर्सियाँ तितर-बितर थीं, एक चारपाई थी जिसका सहारा लिए धोती एवं बनियान में एक पुरुष ज़मीन पर बैठा था। एक पहलवान-सा व्यक्ति, इस पुरुष की बाँह को अपने कन्धे पर रखकर मालिश कर रहा था। लगभग सभी कुर्सियों पर लोग बैठे थे जिनमें हमने विभोर एवं पंकज का चेहरा पहचान लिया था। हमारे अलावा वहाँ एक और स्त्री थी—एक बीस-बाईस बरस की युवती जो हमें देखकर खड़ी हो गयी और मुस्कुराने लगी। हमारे पहुँचते ही मालिश करवाना छोड़कर उस पुरुष ने आँखों से कुछ ऐसा इशारा किया कि तीन-चार लोग अपनी कुर्सी छोड़ खड़े हो गये और लॉन में यहाँ-वहाँ टहलने लगे।

"प्रणाम मैडम जी! आइए, विराजिए!" यही संजय तिवारी जी थे लेकिन ये जानने के लिए कोई ख़ास समझदारी की आवश्यकता नहीं थी। "प्रणाम!" हम और भी कुछ कहना चाहते थे लेकिन कह नहीं पाये। मतलब सिर्फ़ इसलिए कि ये महाशय फ़िल्मी अन्दाज़ में मालिश का आनन्द ले रहे थे, इससे हम किसी भी नतीजे पर नहीं पहुँचना चाहते थे। "मिल लीं आप अपनी महिलाओं से? खुश हैं सब? साधना जी सब ठीक से सँभाले हुए हैं, न?" हमें साधना जी के काम पर पूरा भरोसा हो गया और हमने यह भी जानने की कोशिश की कि वे (संजय तिवारी) खुद भी महिला वोटरों से बातचीत करते हैं या नहीं। "हम काहे के लिए जायेंगे? महिलाएँ जाती हैं। अब आपकी भाभी और मिनी भी जायेगी। दिल्ली नहीं न है, मैडम जी! महिलाएँ हमसे मिलने में थोड़ी शर्म लिहाज़ करती हैं।"

"मतलब, केवल आप ही से मिलने से क्यों?" तर्क-वितर्क न करने की ठान के आये थे हम, फिर भी...

"अकेले हमसे नहीं। पुरुष वर्ग से। ये...मतलब हमारी उम्र के पुरुष वर्ग से।

बाकी ये बच्चे तो जाते ही हैं।'' उन्होंने पंकज की ओर इशारा किया।

''संजय जी, यहाँ बाहर दो पार्टी के प्रचार वाले रथ खड़े हैं। ये आपने बनवाये हैं?''

''कौन रथ जी? कौन चीज़ है?'' वे अनजान थे कि पटना में बैठी आईपैक की टीम ने उनके लिए दो रथ भिजवाये थे।

तभी विभोर बोल उठे, ''मैडम जी, उन्हें आये हुए कुछ दिन हो गये हैं लेकिन हमें अभी साफ़तौर पर पता नहीं है कि इनका करना क्या है। एक लड़के का नम्बर है हमारे पास, वो पटना से सँभाल रहा है। आपको दें उसका नम्बर?''

''हम क्या करेंगे? आपके पास फ़ोन नम्बर है तो आप जो ठीक समझिए और करिए। इससे हमारा क्या लेना-देना?'' हम कुछ झल्ला गये थे। ''ये क्या बात हुई भला? हम कोई आपका चुनाव थोड़े ही सँभालने आये हैं।''

''विभोर, तुम उसे हमें दे दो, हम देख लेंगे।'' मनोज जी ने सहजता से कहा।

''संजय जी, बक्सर में मुख्य मुद्दे क्या हैं?''

''मैडम जी, मुद्दे अलग नहीं हैं। अस्पताल चाहिए, रोज़गार चाहिए, किसान को आत्मविश्वास चाहिए।'' इस बार हमें संजय जी का जवाब अच्छा लग रहा था।

''चुनाव के बाद आइएगा तो देखिएगा। बक्सर में अच्छे बदलाव पायेंगी।'' मालिश ख़त्म हो चुकी थी और संजय तिवारी जी एक गम्भीर बात कर रहे थे।

मनोज हमारे चेहरे के भाव को देखकर मुस्कुरा रहे थे। और मिनी अब अपनी कुर्सी छोड़ हमारी कुर्सी के पीछे खड़ी थी। हमें कुछ राहत सी महसूस हो रही थी। क्या पता सच में बदलाव आये या शायद बदलाव न दिखे, लेकिन इस बार असल विकास हो? गुस्ताख़ दिल एक बार फिर आशाओं के ख़्वाब बुन रहा है। बाकी चाय-कॉफ़ी की औपचारिकता निभाकर हम गेस्ट हाउस से बाहर आ गये। मिनी भी हमारे साथ हो ली। उसने ज़िद की कि हम उसके साथ, उसकी बुआ के घर चलें जहाँ उसकी माँ भी थी।

...और फिर तय कार्यक्रम के अनुसार हम सभी गाँव के लिए चल देंगे।

बक्सर शहर के मेहमान

बुआ का घर यानी एक छोटा-सा साधारण फ़्लैट!

सीढ़ियाँ चढ़कर हम जैसे ही पहली मंज़िल पर पहुँचे तो भाभी का मुस्कुराता हुआ चेहरा सामने आ गया। घर की दीवारें गहरे हरे और नीले रंग की थीं इसलिए एक छाँव का अहसास हो रहा था। वे हमारा हाथ पकड़कर हमें भीतर के कक्ष में ले गयीं। पीछे-पीछे मिनी, उसकी बुआ एवं एक और महिला भी आ गयीं। कमरा अतिसाधारण था, बैठने की व्यवस्था फ़र्श पर बिछी चादर पर थी। हम सब बैठ गये। भाभी ने हमारा हाथ नहीं छोड़ा। बोलीं, ''ये मेरी गोतनी है। हम सब अब यही हैं कुछ दिन। मैडम जी, आपसे मिलकर बहुत साहस मिला है। कल से हम सब यही बात कर रहे हैं। पढ़े-लिखे लोग बाहर शहरों से आयें तो कितनी हिम्मत मिलती है!''

''भाभी ये ज़्यादा बेहतर होगा, यदि यहीं के लोग पढ़-लिख कर पूरे समाज को हिम्मत दें, उन्नति की ओर ले जायें।''

वे हमें देखती रहीं और 'हाँ' भरने के लिए सर हिलाने लगीं। बाकी की सब महिलाएँ भी सर हिलाने लगीं। उस कमरे में सहजता और विश्वास का एक ऐसा प्रकाश था जो शहरों में देखने को नहीं मिलता। क्या यही वे कड़ियाँ हैं जो गाँवों को उन्नति के पथ से जोड़ सकती हैं? अन्त तक हम इसका उत्तर नहीं ढूँढ़ सके लेकिन उस प्रकाश में आशा का एक अलौकिक बीज था। शायद हम भी व्यक्तिगत रूप से ये मनाने लगे थे कि इस महिला की सभी मनोकामनाएँ पूरी हो जायें। कुछ देर बाद मिनी हमारे सामने नाश्ते की एक ट्रे ले आयी। कुछ नमकीन थी और एक कटोरी में दो रसगुल्ले थे। हमारी 'भाभी' की ये अपेक्षा थी कि हम ट्रे का सारा माल चट कर जायें। उन्होंने बहुत दबाव डाला तो हमने एक रसगुल्ला और नमकीन के कुछ दाने खा लिए। ''हम लोगों को कब खाना होता है? साधना जी को भी फ़ोन कर देना चाहिए,'' हमने हाथ झाड़ते हुए कहा। ''कुछ खा कर चलेंगे!'' भाभी ने जवाब देते ही हमारे चेहरे पर आये आश्चर्य के भाव को पढ़ लिया, ''जी नहीं! मतलब हम लोग सब खाना खाकर ही चलेंगे। आप तो कुछ खाईं ही नहीं। हमें अच्छा नहीं लग रहा। अच्छा सुनिए, ये रसगुल्ला खा लीजिए। हमें यक़ीन है कि

आप खा लीजिएगा तो आपके भइया जीत जायेंगे।'' हम मना करते इससे पहले वे फिर बोल पड़ीं, ''आपको कसम है! 'न' मत करिए। खा भी लीजिए!'' उनकी ज़िद में बच्चों की सी हठ थी। हमने खा लिया। वे ख़ुश हो गयीं। हमने और बात न करके अपनी लाचार खीज जतानी चाही। झट से साधना जी को फ़ोन लगाया। उन्होंने पूजा-अर्चना का बहाना करके, न आ पाने के लिए माफ़ी माँगी। करीब एक घण्टा और हम उसी घर में रहे। वे लोग खाना वगैरह खाते रहे। मिनी ने हमसे ख़ूब देर तक बातें कीं—हमारी शिक्षा एवं परिवार के बारे में। ठीक जिस वक़्त हमारा सब्र कम होने लगा, तो भाभी कमरे में आ गयीं।

''मैडम जी, आज तो नहीं जा पायेंगी। दरअसल आपके भइया को कल की रैली की तैयारी करने के लिए यहीं रहना होगा।'' ''हम महिलाएँ ही क्यों न चलें?'' वे

रैली की तैयारी जारी है

कुछ बोली नहीं। बस मिनी की ओर देखने लगीं। हम निराश तो हुए ही पर इसमें हमें किसी एक की भूल नज़र नहीं आयी। प्रचार के अन्तिम कुछ दिनों में कार्यक्रम पल-पल बदलता है, ये हम भली-भाँति जानते हैं। हमने सबसे साभार विदा ली और वापस होटल पहुँच गये। फिर कुछ देर बाद खेद प्रकट करने के लिए मनोज जी का भी फ़ोन आया। हमने कम-से-कम रैली के मैदान में जाने की इच्छा व्यक्त की। वे स्वयं भी वहीं थे और तुरन्त ही हमें लेने आ गये।

मैदान में काम ज़ोरों पर था लेकिन पिछले दिन की तरह कोई आपस में बातचीत नहीं कर रहा था। दरअसल एस.पी.जी. के इन मापदण्डों पर खरा उतरना लोहे के चने चबाने जैसा था। भाषण देने के लिए एक स्टेज था और अनगिनत छोटे-बड़े नेताओं को सम्मान की तसल्ली देने के लिए एक दूसरा स्टेज था। मुख्य अतिथि के आने से पूर्व इस दूसरे स्टेज पर सभी माननीय नेताओं को बिठाया जायेगा एवं उन्हें एक-एक करके वरिष्ठता के अनुसार, भाषण देने के लिए आमन्त्रित किया जायेगा। आज शाम एस.पी.जी. के निरीक्षक को सन्तुष्ट करना होगा वरना कार्यक्रम रद्द भी हो सकता था। सब विचलित थे और कोई भी सुझाव देने से पहले कई बार सोच रहा था। ज़्यादातर सुझाव दबी ज़बान में दिये जा रहे थे। शब्द किसी व्यक्ति विशेष की ओर सम्बोधित नहीं थे, बल्कि हलके स्वर से हवा ही में कहे जा रहे थे। हम कुछ देर रुककर भाँप गये थे कि हमें अपना समय कहीं और बिताना चाहिए। होटल वापस जाते समय हमने और कुछ ब्यूटी पार्लर देखे, कुछ तस्वीरें भी खींचीं।

वापस होटल पहुँचने पर पता चला कि कोई स्थानीय पत्रकार आये हैं। एक उत्साही महिला और एक शालीन पुरुष हमारी प्रतीक्षा कर रहे थे। उन्हें हम अपने ही साथ कमरे पर ले आये। बाहर का कमरा बैठक में तब्दील हो चुका था। सोफ़े के इर्द-गिर्द कुर्सियाँ रखी थीं। चाय के ठुकराये गये कुछ प्याले पड़े थे और नाश्ते की कुछ सफा-चट्ट प्लेटें। पुरुष पत्रकार का नाम मिश्रा जी और महिला का प्रतिमा भारद्वाज था। बिना किसी तकल्लुफ के मिश्रा जी प्यालों को हटाकर एक ओर सरकाने लगे।

"आप रहने दीजिए, मिश्रा जी। हम अभी हटवा देते हैं।"

"कोई बात नहीं मैडम। आप मेहमान हैं हमारी।"

अनजाने में हम समूचे बक्सर शहर के मेहमान बन गये थे। कभी किसी पत्रकार को बेवजह इतना सम्मान देते नहीं देखा था। बिहार हमारी धारणाएँ बदलकर ही रहेगा!

प्रतिमा जी और मिश्रा जी ने कुछ ही देर में हमारा दिल जीत लिया। वे निष्पक्ष पत्रकारिता करते थे। तिवारी जी के बारे में भी उन्होंने विस्तार में बताया। उन्हें तिवारी जी के नेतृत्व से बड़ी उम्मीदें थीं।

"ऐसा लग रहा है जैसे प्रतिमा जी सीनियर हैं।" मिश्रा जी बेहद अपनत्व से आदरपूर्वक बातें कर रहे थे। जबकि प्रतिमा जी एकदम तेज़-तर्रार और सीधी बात

कहने वाली थीं। उनका आत्मविश्वास और स्थानीय राजनीतिक सूझबूझ ग़ज़ब की थी।

"अरे नहीं प्रतिष्ठाजी। बाहर निकलकर पुरुषों के समाज में जब एक स्त्री को अपनी बात कहनी होती है तो आवाज़ ऊँची करनी ही पड़ती है। फिर आदत ही पड़ जाती है। हालाँकि मिश्रा जी के सामने ज़ोर से बोलना बेकार है। ये तो इतने विनम्र हैं कि पूछिए मत।"

इस पहली मुलाकात के बाद अगले कुछ दिनों में उन दोनों से भेंट होती रही। प्रतिमा जी और मिश्रा जी ख़बरें तलाशते कहीं न कहीं मिल ही जाते।

शाम को द्विवेदी दर्जन भर युवा कार्यकर्ताओं को साथ ले आया। सच तो ये है कि हमने युवा कार्यकर्ताओं से भेंट करने की इच्छा ये सोच कर व्यक्त की थी कि उनमें से कुछ युवतियाँ भी होंगी। बीस से तीस वर्षीय युवाओं की इस टोली को देखकर हम कुछ निराश तो हुए लेकिन इस अवसर को जाया करना भी ठीक नहीं था। सो हमने बातचीत शुरू कर दी।

"लड़कियाँ!! मैडम जी, हमें भी घर पर माँ-पिताजी को दस बहाने करने पड़ते हैं। लड़कियों का राजनीति में बहुत सीमित दखल रहता है।" उसकी बात सुनकर हमें ज़रा भी अजीब नहीं लगा परन्तु पंकज कुछ भाँप गये।

"नहीं मैडम जी! ये मतलब नहीं है। यहाँ आप जैसे पढ़े-लिखे परिवारों की कमी है न।" बोलते ही उसे आभास हो गया कि अब भी वह बात को सँभालने में असमर्थ रहा है।

"यानी पढ़े-लिखे परिवारों की बेटियाँ तो..." हमने भी चैन की साँस ली जब उसने ये बात अधूरी ही छोड़ दी। 'बात निकलेगी तो बहुत दूर तक जायेगी...' कफील आजेर की ये नज़्म हम मन ही मन गुनगुना रहे थे। पंकज कुछ सकपकाकर हमारे मन की बात पढ़ने की कोशिश कर रहे थे।

"देखिए मैडम जी, हमारा वो मतलब नहीं था। आप तो समझती ही हैं न कि गाँव-कस्बों में लोगों की सोच किस तरह की होती है। यहाँ की लड़कियाँ तो आपे नहीं चाहती हैं राजनीति के पचड़े में पड़ना।"

"ऐसा किसी महिला ने आपसे कहा?"

"सीधे-सीधे तो नहीं, लेकिन समझ में आ ही जाता है।"

"पंकज जी हमारा ख़याल है कि गाँव-कस्बों के लोगों या ख़ासतौर पर महिलाओं की सोच कैसी होती है, ये आपसे कहीं बेहतर हम समझने लगे हैं।" अपनी बात की धार को कुछ कम करने के लिए हम मुस्कुरा दिये और इस संवाद का यहीं अन्त कर दिया।

लेकिन सोचा जाये तो पुरुष वर्ग महिलाओं को सदा ये यक़ीन दिलाता रहा है कि वे स्वयं ही सामाजिक एवं राजनीतिक अभिव्यक्ति से दूर रहना चाहती हैं। न कोई उनसे इस विषय में चर्चा करता है और न ही उन्हें स्वयं ही अपने विचारों को व्यक्त करने की आवश्यकता होती है।

हालाँकि उनके भीतर इन मुद्दों पर विचारों की भरमार होती है। थोड़ा भी कुरेदेंगे तो ऊपरी सतह के नीचे दबी हुई एक सुदृढ़ सोच पायेंगे। वो सोच हमारी आपकी सोच से भले ही मेल न खाये, वो एक सुपरिभाषित सोच होगी जिसके पीछे का व्यक्तिगत एवं सामाजिक कारण वे आपको तसल्लीबख्श रूप से समझा देंगी। ये कारण कभी छिछले नहीं होंगे। इन कारणों की सूची बताते समय, आप इन महिलाओं के चेहरे पर गम्भीरता का एक तेज़ पायेंगे जो सदा प्रेरणा देता रहता है।

फिलहाल ये युवा कांग्रेसी आपस में बातचीत कर रहे थे। हमारे करने के तरीके पूछ-बता रहे थे। सभी में एक जोश था जिसे शब्दों में बता पाना कठिन होगा। आप यही समझ लीजिए कि यूँ प्रतीत होता था मानो संजय जी को विजयी करवाना ही इनके जीवन का एकमात्र लक्ष्य था। काफ़ी देर तक यूँ ही विचारों का आदान-प्रदान होता रहा। हमने उन्हें विश्वास दिलाया कि यदि वे महिला वोटरों को अपने प्रचार का केन्द्र बनायें तो पायेंगे कि वे पुरुषों की अपेक्षा कहीं ज़्यादा प्रतिक्रियाशाली हैं।

...या तो सचमुच वे हमारी बातें समझ रहे थे या झूठी तसल्ली देने में उन्हें महारथ हासिल थी।

'तेज़-तर्रार और उत्साही पत्रकार' प्रतिमा भारद्वाज

सोनिया गाँधी की रैली

अगले दिन सोनिया गाँधी जी की रैली थी। तड़के ही होटल के प्रांगण में चहल-पहल शुरू हो गयी। हमें दस बजे तक तैयार रहने को कहा गया था। भाभी जी एवं मिनी से एक-दो बार फ़ोन पर बात हुई थी। वे हमें रैली स्थल पर ही मिलने वाली थीं। हम आज से पहले किसी चुनावी रैली में शामिल नहीं हुए थे। जब हम मैदान में पहुँचे तो पाया कि उसका पूरा हुलिया ही बदला हुआ था।

सिक्योरिटी काफ़ी सख़्त थी और पुलिसवालों का ताँता-सा लगा हुआ था। मुख्य अतिथि के आने का निर्धारित समय दोपहर के डेढ़ बजे का था लेकिन भीड़ साढ़े ग्यारह बजे ही से उमड़ रही थी। मनोज जी बहुत विनीत व्यक्ति हैं। उन्होंने हमें सादर एक मंच पर बिठला दिया। यह प्राथमिक मंच नहीं था। बराबर में स्थानीय नेताओं के लिए बनाया गया एक बड़ा मंच था। चन्द मिनटों में ही यह मंच बीसियों नेताओं के बोझ तले दबा जा रहा था।

सबने एक-एक करके हमसे पूछा कि आख़िर हम कौन हैं, कि महागठबन्धन की किस इकाई से हम जुड़े हैं, कि हम कब भाषण देने जायेंगे, किससे पहले एवं किसके बाद। ये सब सवाल हमें न जाने क्यों हास्यास्पद प्रतीत हो रहे थे। हमारे

मंच से रैली का नज़ारा

जवाबों से वे लोग सन्तुष्ट तो नहीं थे परन्तु वितर्क करने से कतरा रहे थे। हम कुछ हैरान थे कि ये सब अलग-अलग पार्टियों के लोग एक-दूसरे को भली-भाँति जानते थे। सभी हँस-बोल रहे थे। कुछ अवास्तविक-सा लग रहा था। हम हर ओर नज़रें घुमाकर देख रहे थे। कुछ लोगों ने तस्वीरें भी खींचीं। मंच पर हमारे अलावा कोई और महिला नहीं थी। बिहार की धरती महिला नेत्री ढूँढ़ रही थी। एक के बाद एक जब इन जुझारू नेताओं ने भाषण देना शुरू किया तो भीषण धूप के बावजूद जनता का भी मन लगा रहा। सभी नेता एक-दूसरे के वक्तव्य पर व्यंग्य कस रहे थे। एक-दूसरे को शीघ्र भाषण समाप्त करने को कह रहे थे। सभी जनता को उत्साहित करने की हर सम्भव कोशिश में जुटे थे। डेढ़ बज चुका था और नेताओं के भाषण ज़ोरों पर थे। स्टेज की तरह, हमारा सर भी काफ़ी भारी हो गया था। हम आस-पास बैठे महानुभावों से आज्ञा लेकर स्टेज से नीचे उतर आये। एक कोने में कुछ महिला कान्स्टेबल बैठी थीं, हम भी वहीं पहुँच गये। कुछ ही देर में हड़कम्प मच गया। हैलीकॉप्टर नज़र आने लगा था। धड़-धड़, गड़-गड़ की ज़ोरदार आवाज़ हुई। जब वो हैलीपैड के समीप पहुँचा, मैदान की टनों धूल-मिट्टी हवा में झूल गयी। हमने नाक, आँख, कान सब बन्द कर लिया था लेकिन ख़ुद को उस आकस्मिक बवंडर से बचा नहीं पाये। आने वाले कुछ दिनों तक तबीयत भी ख़राब रही, लेकिन ये सब तूफ़ानी मौक़े रोज़-रोज़ कहाँ नसीब होते हैं!

सोनिया जी के साथ अशोक चौधरी जी भी थे। स्टेज पर संजय जी का अविस्मरणीय भाषण चल रहा था और हम कुछ छोटे बच्चों से बात कर रहे थे। भोजपुरी भाषा बच्चों के मुँह से और भी मीठी होकर निकलती है। बच्चों के मुँह से और नहीं मालूम था कि यहाँ क्या हो रहा था पर वे जानते थे कि कोई "बड़का लोग बा।" हम माइक के संचारण केन्द्र के समीप बैठे थे और दूर से स्टेज को सँभाले हुए कांग्रेस की अध्यक्षा को देख रहे थे। हमने सोचा कि आजकल के जीवन में तकनीकीकरण के बिना कुछ भी करना सम्भव नहीं है।

तभी कहीं से विभोर आये और हमें अपने साथ आने को कहा। वे हमें मैदान के उस हिस्से में ले गये जो हैलीपैड के ठीक सामने था, जहाँ कुछ चुनिन्दा नेतागण एकत्रित थे। हमें विभोर ने बताया कि अतिथिगण भाषण के बाद यहाँ पर सबसे मिलने पधारेंगे। मनोज जी ने आग्रह किया था कि हम भी वहीं सबसे मिल लें। हम सब एक बड़ा-सा गोल घेरा बनाकर खड़े हो गये। भाषण, तालियों एवं नारों के बीच में अतिथिगण जनता से करीब से भेंट करने के उद्देश्य से मंच से नीचे उतर कर भीड़ के बीच जा पहुँचे। कुछ समय बाद वे सभी हमारे घेरे के एक-एक व्यक्ति से भेंट करने आते रहे। जब सोनिया जी हमारे समक्ष आयीं तो अशोक चौधरी जी ने हमारा परिचय दिया। हमारे शोध के बारे में भी बताया।

हालाँकि सोनिया गाँधी ने अपना भाषण छोटा ही रखा था, लेकिन उनसे पहले

मंच पर हमारे अलावा कोई और महिला नहीं थी। बिहार की धरती महिला नेत्री ढूँढ़ रही थी।

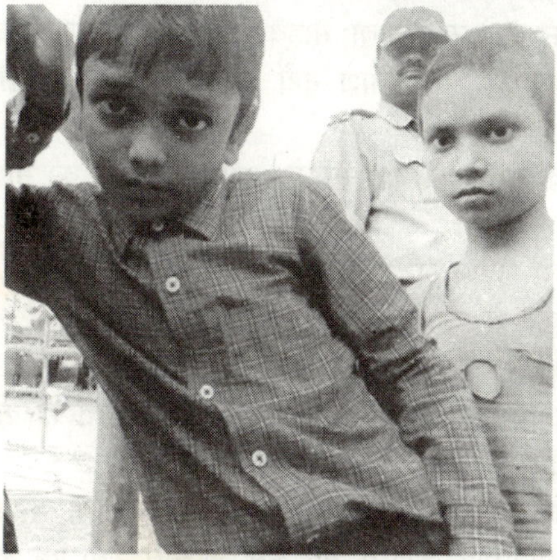

बच्चों के लिए एक सेल्फी

मीरा कुमार ज़ोरदार भाषण से जनता का दिल जीत चुकी थीं। हम तो हैरान थे कि लोकसभा में सबको 'बैठ जाने' की हिदायत देने वाली ये महिला इतनी श्रेष्ठ नेता भी होंगी।

सोनिया ने जनता को अपनी ज़िम्मेदारी का अहसास दिलाया, "चुनाव एक ऐसा मौक़ा है कि जिसमें आप अपनी और बिहार की तस्वीर और यहाँ की जनता की तक़दीर को बदलने में भूमिका निभा सकते हैं। आज आपके सामने दो विकल्प हैं : एक तरफ कांग्रेस, आर.जे.डी. और जे.डी.यू. का गठबन्धन है जो सिर्फ़ वादे नहीं बल्कि उन्हें पूरा करने के लिए संघर्ष करता है...दूसरी तरफ़ भा.ज.पा. और उनका अफ़सरशाही का गठबन्धन है जो वादे तो लम्बे-चौड़े करता है लेकिन उन्हें पूरा करने में उसका कोई विश्वास नहीं है...

"आज महँगाई की वजह से मेरी प्यारी बहनों के लिए घर परिवार चलाना कितना मुश्किल हो गया है। क्या आज उनकी आवाज़ मोदी जी को सुनाई दे रही है? बक्सर, भोजपुर अच्छी खेती के लिए मशहूर हैं। क्या यहाँ का किसान खुश है?"

तालियों और नारों के बीच एक अजीब ऊष्मा थी।

रैली के बाद हमने कुछ लोगों से बात की, हालाँकि सभी तितर-बितर हो रहे थे। महिलाओं के बीच में पहुँचकर एक वृद्ध महिला से पूछा, "का आम्मा? कैसन लगल भाषण?"

"ख़ूब नीमन लागल! सोनिया बतियावेली त अच्छा लागेला! हिन्दी में बतियावेली नू? बाकी बातों ठीक बोलली ह! रुजगार त बढ़ल नीखे! महंग त रुकल नीखे!"

और भी तीन-चार महिलाओं से बातचीत करने का मौक़ा मिला। सभी केन्द्र सरकार से नाखुश थीं। सभी ने 2014 में मोदी को चुना था।

"ग़रीब किसान की कोई नहीं सुनता, साहब! आप लिखो और अख़बार में छापो!"

हम उन्हें सच बताकर और हताश नहीं करना चाहते थे। पूछा, "और क्या छपवाना चाहते हैं?"

"ये लिखियेगा कि ग़रीब की बात सुनिये! ग़रीब के लड़के को नौकरी दें! बाकी तो ठिक्के है!"

हैलीकॉप्टर दोबारा उड़ान भर रहा था। जनता का उत्साह कुछ ऐसा था कि हम समझ ही नहीं सकते थे कि वे मुख्य अतिथि से मिलकर प्रसन्न हैं या इस ज़ोरों की गड़-गड़ के सुर से सुर मिलाने की होड़ में हैं। माहौल में काफ़ी उत्साही ऊर्जा थी। हम उस ओर देख रहे थे जहाँ महिलाएँ बैठी थीं। पुरुषों ही की तरह वे भी ख़ूब शोर कर रही थीं।

हैलीकॉप्टर ने महिलाओं, पुरुषों, बच्चों, बूढ़ों, नेताओं तथा जनता के बीच के फ़र्क़ को मिटा दिया था। कुछ क्षणों के बाद हमें अहसास हुआ कि भाभी एवं मिनी तो कहीं दिखे ही नहीं! शोरो-गुल के बीच हमने निकास की ओर चलना प्रारम्भ किया। रास्ते में विभोर एवं मनोज जी मिले। उन्होंने बताया कि भाभी और मिनी घर पर ही रह गयीं। हमें कुछ आश्चर्य हुआ क्योंकि यह एक महत्त्वपूर्ण क्षण था, न केवल बक्सर के लिए बल्कि संजय जी के लिए भी। उन्हें अवश्य ही आना चाहिए था। हमने उनके घर जाने का निश्चय किया और बाहर चले आये। संजय जी हमारी गाड़ी के समीप ही खड़े थे। "बधाई हो, संजय जी। गरदा उड़ गया!"

"बहुत धन्यवाद, मैडम जी!"

कुछ पुरुषों से भी बात हुई। वे हैलीकॉप्टर से काफ़ी प्रसन्न थे और नारेबाजी में इतने मसरूफ़ थे कि न तो उन्होंने हमारे सवाल सुने और न ही हमसे कोई सवाल किये।

गाड़ी में बैठकर हम ये सोचने लगे कि आख़िर स्वतन्त्रता है क्या? जो महिलाएँ हैलीकॉप्टर को देखकर पगलाये जा रही थीं, क्या वे ज़्यादा स्वतन्त्र नहीं थीं? वहीं दूसरी ओर पढ़ी-लिखी मिनी, एक सम्भावित एम.एल.ए. की बेटी, क्या वह वाकई में स्वतन्त्र थी? और ये भी कि क्या स्वतन्त्र होने का अर्थ घर से मनमर्ज़ी से निकलना ही है? क्या किसी महिला की स्वतन्त्रता उसे घर की चारदीवारी में रहकर भी हासिल नहीं हो सकती? क्या जिन मापदण्डों से हम किसी के बँधे होने का अनुमान लगाते हैं वे मापदण्ड अविवादित सत्य हैं? हम ख़यालों में गोते लगा रहे थे कि मिनी का फ़ोन आया, आवाज़ उत्साह से भरी थी, "कहाँ हैं आप? घर आइए न?"

"हम तो तुम्हें ढूँढ़ते ही रह गये!"

"हमने सोचा कि जाना उतना ज़रूरी भी तो नहीं है। पापा को, इनको (विभोर

को) मनोज भइया, सभी को हमारा ख़याल रखना पड़ता। धूल-धक्कड़ अलग! माँ तो कह रही थी कि आपको भी न जाना हो तो बेहतर होगा परन्तु मनोज भइया ने कहा कि आपकी उपस्थिति हमारे लिए गर्व की बात है।"

हम कहते भी क्या? कुछ ग़लत भी तो नहीं बोल रही थी वो। हम कुछ देर में उनके डेरे पर पहुँच गये। सभी महिलाओं के साथ भोजन किया। ख़ूब बतियाये। मज़ा आया। लेकिन अब शायद हमारे खाना खाने का समय आ गया था।

हमें पटना जाना था और वहाँ से आरा। हमने उन सबसे विदा ली और होटल में मनोज जी से मिलकर ये तय किया कि अगली सुबह उन्हीं के साथ हम पटना की ओर रवाना हो जायेंगे। मनोज जी भी आरा ज़िला के एक प्रसिद्ध गाँव पीरो के निवासी हैं। वे हमारे ससुराल से कुछ ही दूर रहते थे। हमारा ससुराल जगदीशपुर के खननी कलान में था जो पीरो से सात-आठ किलोमीटर पर ही है। पीरो जाकर मनोज जी अपनी माँ से मिलना चाहते थे। हमें ये प्रस्ताव भा गया।

इसी बहाने हम पीरो एवं तरारी का भी एक ब्योरा ले पायेंगे।

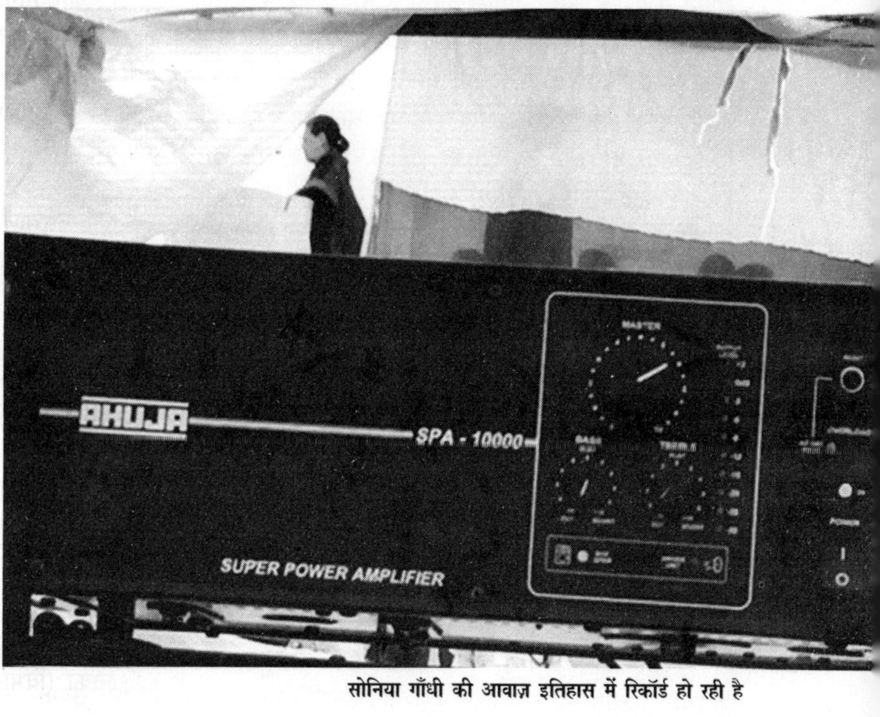

सोनिया गाँधी की आवाज़ इतिहास में रिकॉर्ड हो रही है

भारत माँ : भारत अम्मी

सप्तमी का दिन था और हम नवरात्रि की सप्तमी को उपवास करते हैं। बातों-बातों में मनोज जी को यह मालूम हो गया। ''आप भी उपवास करती हैं?'' हमने व्यंग्य में कहा, ''हम हिन्दू हैं, हर परिवार की तरह हमारे भी संस्कार हैं।'' मनोज जी गम्भीर हो गये, ''हमारा बिल्कुल भी ये मतलब नहीं था, मैडम जी! दरअसल हम लोगों के मन में एक छवि बनी हुई है जो कि वाकई ग़लत है। लेकिन एक पढ़ी-लिखी आत्मनिर्भर स्त्री, पूजा-अर्चना में भी आस्था रखे, ये हम सोच ही नहीं सकते। इसलिए जब आपने कहा कि आप उपवास करती हैं तो आपके प्रति मान और भी बढ़ गया।''

हमारा दिमाग़ भी अजीब खेल खेलता है। बक्सर शहर से पीरो की ओर जाते गाड़ी में यकायक हमारा दिमाग़ यूनिवर्सिटी की ओर चला गया। वो दिन याद आ गया जब एक साहित्यिक कार्यक्रम के बाद यूनिवर्सिटी में दोपहर का भोजन आयोजित किया गया था। हम भी खा रहे थे कि अचानक एक वरिष्ठ प्रोफ़ेसर साहिबा ने हम पर चुटकी ली, ''प्रतिष्ठा, खाना खा रही हो? आज कोई उपवास नहीं है क्या? ज़्यादातर तो तुम धर्म के नाम पर भूखी ही मरती रहती हो।''

हम कुछ उत्तर नहीं दे सके थे। हमें उनकी बात बहुत चुभी थी। यूँ लगा था मानो हम ही कुछ ग़लती कर रहे थे। फिर कुछ दिन बाद, हमारे सामने ही एक नवविवाहित छात्रा को ख़ूब बुरा-भला सुनाया गया। वो सज-धज के आ गयी थी, उस दिन करवा चौथ का उपवास था जो दिल्ली में बहुत प्रचलित है। वो आँसुओं को रोक नहीं पायी। मनोज जी जिस 'छवि' की बात कर रहे थे, क्या वो सिर्फ़ गाँव के लोग ही बनाते हैं? यदि एक स्वतन्त्र महिला को उच्च शिक्षा प्राप्त करने की आज़ादी होती है, तो क्या उसी महिला को अपने धार्मिक विचारों का पालन करने की कोई आज़ादी नहीं हो सकती? यदि पढ़ी-लिखी महिलाओं की ज़रूरत से ज़्यादा उन्मुक्त होने वाली छवि असहनीय है, तो क्या पूजा-पाठ करने वाली महिला की अत्यधिक रूढ़िवादी छवि ग़लत नहीं?

''आपको सच में बुरा लगा न, प्रतिष्ठा जी? माफ़ कर दीजिए।'' हमने उन्हें विश्वास दिलाया कि ऐसा कुछ नहीं था। उनकी बात ने हमसे कुछ ऐसे सवाल किये

थे कि हम उनका उत्तर तलाशने में ही खो गये। वे जल्दी ही हमारी बात मान गये लेकिन हम अभी भी काफ़ी गहरी सोच में थे। ये बिहार का सफ़र हमें कितना कुछ सिखा रहा था!

पीरो पहुँचकर मनोज जी ने ड्राइवर साहब को एक चौड़ी सड़क पर गाड़ी रोकने को कहा। आगे का रास्ता पैदल ही तय करना होगा। हम एक दुकान के बगल से गुज़रते हुए एक छोटी पगडंडीनुमा गली से होकर एक मोहल्ले में जा पहुँचे। पहला ही बड़ा मकान मनोज जी के परिवार का था। हम मनोज जी के पीछे-पीछे प्रथम तल पर आ पहुँचे। तेरह-चौदह बरस की एक लड़की हमारे लिए पानी और मिठाई ले आयी। मनोज जी किसी दूसरे कमरे में ओझल हो गये और कुछ क्षणों बाद एक पतली-दुबली वृद्ध महिला को अपने साथ ले आये। हमने देखते ही उनके चरण-स्पर्श किये। ये उनकी माँ थी। सर साड़ी के पल्लू से ढका हुआ था, आँखों पर चश्मा था, हाथ कुछ लड़खड़ा रहे थे। उन्होंने हमारा हाथ पकड़ा और हमें उस कमरे से बाहर आँगन में ले आयीं। फिर उन्होंने हमें मुँह-हाथ धोने को कहा और ख़ुद रसोई में चली गयीं। हमारे साथ-साथ उन्होंने उस छोटी बच्ची को भी लगा दिया। उसने हमें मुँह पोंछने के लिए तौलिया दिया और हमें रसोई के सामने वाले हिस्से में ले गयी। हम वहाँ अकेले बैठे-बैठे खिड़की के बाहर का नज़ारा देख रहे थे। पीरो जैसा गाँव लेकिन घर बड़े-बड़े और बहुत आधुनिक थे। हमारे गाँव में तो बिजली नहीं थी। लेकिन सभी गाँवों का स्वभाव लगभग एक-सा होता है, ज़रूरतें एक-सी एवं माँएँ भी एक ही सी होती हैं। हिन्दू हो या मुसलमान हमारे अनुसार तो गाँव के घरों की ये माँ ही भारत माँ हैं, भारत अम्मी हैं।

मनोज जी की माँ एक थाली भर कर खाने का सामान ले आयीं। हमने उन्हें समझाने की बहुत कोशिश की कि हम उपवास में कुछ भी नहीं खाते लेकिन माँ की भोजपुरी हठ के आगे हमने घुटने टेक दिये। "खा ला! अरे, खा ला रे, बुचिया! देह हाथ में मजबूती रहेला। खा ला!!" हमने चुपचाप पलँग पर रखी वो थाली उठाई और ख़ुशी से खाने लगे। काफ़ी दिनों से हमने अपनी माँ को देखा नहीं था। हम मनोज जी की माँ का हाथ थामकर उनकी हथेली में अपनी माँ का स्नेह ढूंढ़ने लगे। वहाँ जाकर आराम मिल रहा था। लेकिन हमारे पास ज़्यादा समय कहाँ था?

"माँ, रऊआ वोट देब नू?

वोट त देबे के पड़ी, नू? सब्बे कोई वोट देबे खाती जाता। पिताजी अ हमहु जाइब। काहे? कोनो दिक़्क़त बा का?"

तभी मनोज जी भी आ गये और माँ को समझाने लगे कि हम अपने शोध के

लिए कुछ पूछ रहे थे। वे इसे पूरी तरह तो नहीं समझी थीं परन्तु हाथ को हवा में हिलाकर ये संकेत दे रही थीं कि सब ठीक होगा...या शायद सबका भला होगा। "माँ, हमनी के चली जा।" माँ यदि कुछ उदास भी थी तो बेटे के काम के रास्ते में नहीं आना चाहती थीं। हम, मनोज जी और वह बच्ची (जो मनोज जी की भतीजी थी) आँगन में खड़े थे और माँ भीतर अपने कमरे में चली गयी थीं। कुछ पलों बाद वे अन्दर से हमारे लिए 'खोऐंचा' ले आयीं। 'खोएचा' वो है जो कोई माँ या सास अपनी बेटी या बहू को विदा करते समय देती है : कुछ सूखी हल्दी की गाँठ, थोड़ा-सा जीरा, कुशो घास और कुछ रुपये। देखा जाये तो हमारा कोई नाता नहीं था लेकिन मनोज जी की माँ के हाथ से खोएचा लेने में हम ज़रा भी नहीं सकुचाये। उनका आशीष लिए। फिर मनोज जी ने कहा, "मैडम, दस मिनट के लिए हमें थाने में जाना है। थाना सचिव से मिलना है।" "जी बिल्कुल मनोज जी। फिर तरारी भी तो वहीं है, न? प्रत्याशी से भी मिल सकते हैं।"

मनोज जी ने तरारी से कांग्रेस के प्रत्याशी से बात करने की कोशिश की लेकिन वे उपलब्ध नहीं थे। अभी तक हमें ज़रा भी भनक नहीं थी कि मनोज जी पार्टी के वरिष्ठ कार्यकर्ताओं में से एक थे एवं तरारी से टिकट पाने के अभिलाषी भी। अब तक कई ज़िलों में हम कई ऐसे पुरुषों से मिल चुके थे जो अपने ज़िले के उम्मीदवार से असन्तुष्ट थे। ये असन्तुष्टि अमूमन इस बात से सीधी तौर पर जुड़ी हुई थी कि वे स्वंयं किस शिद्दत से चुनावी उम्मीदवार होने का स्वप्न सँजो रहे थे। इन सभी महत्वाकांक्षी व्यक्तियों में एक बात समान थी–ये सभी झुंझलाहट के शिकार थे। बात कोई भी क्यों न हो, ये लोग उसे इस बात से बख़ूबी जोड़ देते थे कि किस प्रकार उनके साथ पार्टी ने अन्याय किया था। चूँकि हमारी बातचीत शुरू के कुछ दिनों तक सभी चुनावी पार्टियों से होती रही थी, इसलिए ना-खुशी की यह भावना हर पार्टी में हद से ज़्यादा देखने को मिली थी। अच्छी बात ये थी कि पार्टी के सभी लोगों को ऐसे लोगों के बारे में मालूम था। सभी ये मानते थे कि यदि इन महापुरुष को टिकट दिया गया होता तो वे निश्चय ही आसमान में छेद करके दिखाते। परन्तु जब ये कार्यकर्ता वर्तमान उम्मीदवार के समक्ष आते तो इनकी अटूट निष्ठा पर चाहकर भी सन्देह नहीं किया जा सकता था।

मनोज जी वैसे नहीं हैं। बिल्कुल भी नहीं। वे दौड़-धूप करके भी काफ़ी सन्तुष्ट प्रतीत होते थे। उन्होंने किसी के लिए भी कोई कड़वाहट व्यक्त नहीं की थी। पीरो पुलिस थाने में दाख़िल होने तक हम भी इस सबसे अनजान ही थे। थाने का एक बड़ा-सा आँगन था जिसमें दीवार से सटा हुआ एक बाग़ीचा था। आँगन में ही एक कुर्सी एवं टेबल रखी थी। कुर्सी पर एक बलिष्ठ पुलिस अफ़सर बैठे थे। आस-पास पाँच-सात लोगों का झुंड खड़ा था। थाना परिसर की अफरा-तफरी साधारण ही लग

रही थी। मनोज जी को देखते ही ये अफ़सर खड़े हो गये। दोनों ने सहज मित्रता के भाव से एक-दूसरे का अभिवादन किया। मनोज जी ने हमें धीरेन्द्र कुमार पाण्डे जी से मिलवाया और उन्हें भी हमारा संक्षिप्त परिचय दिया। फिर हमारे बैठने के लिए दो कुर्सियाँ मँगवाई गयीं। दरोगा बाबू ने उन लोगों से कुछ देर और बात की फिर हमें बताया कि क्या मामला था। दरअसल उस दिन प्रातःकाल सड़क के किनारे एक नवजात कन्या पायी गयी थी। सुनते ही हमारी साँस मानो थम-सी गयी। निश्चय ही धीरेन्द्र जी ने हमारे चेहरे के भाव पढ़ लिए और बोले, "मैडम साहब, आप तो घबरा गयीं। आगे तो सुनिए क्या हुआ, यहाँ जो एक दुबला-सा युवक खड़ा था न? उसने और उसकी पत्नी ने उस बच्ची को गोद लेना चाहा। वे बोले कि नवरात्रि का समय है, ऐसे में इस कन्या रूपी माता के अवतार को वे अनाथ कैसे छोड़ सकते थे। काग़ज़ी कार्रवाई तो अभी पूरी नहीं हुई है लेकिन बच्ची अब उसकी पत्नी के पास है। घबराने की कोई बात नहीं है।" हमने चैन की साँस ली। फिर भी ये मामला असामान्य था। इतनी जल्दी उस बच्ची को घर मिल गया!! क्या सच में कोई दैवी शक्ति होती है?

बातों-बातों में धीरेन्द्र जी ने हमें सूचित किया कि थाना परिसर का बाग़ीचा मनोज जी ने ही बनवाया है। दीवार पर उनके नाम की बड़ी-सी प्लेट भी लगी थी।

"मनोज जी ने बहुत किया है यहाँ के लिए। हम तो रोज़ देखते हैं कि किस प्रकार ये यहाँ के लोगों की परेशानियों का हल निकाल देते हैं। इन्हें ही यहाँ से इस बार टिकट मिलना चाहिए था।" मनोज जी ने आँखों के इशारे से उन्हें शान्त होने को कहा। वे चुप हो गये।

"गाँव के मिट्टी के कुल्हड़ वाली चाय पीजिएगा, मैडम जी?" धीरेन्द्र जी कुछ क्षणों में ही दोबारा सक्रिय हो गये थे।

"हम चाय पीते ही नहीं हैं।"

"क्या? चाय पीबे नहीं करती हैं?" धीरेन्द्र जी की हैरानी में निराशा का भाव था। हमें अपनी चाय न पीने की आदत पर आत्मग्लानि हो रही थी।

"चलिए आज पी लेते हैं। गाँव की तो चाय भी अच्छी ही होगी!"

चाय, चाय जैसी ही थी। लेकिन गाँव में अपने पति के पैतृक निवास के इतने समीप आकर बहुत सकारात्मक विचार मन में आ रहे थे। दरअसल ये घर बन्द रहता है और महीने-दो महीने में जब देश के अलग-अलग कोनों से परिवार के सभी सदस्य यहाँ आते हैं, तभी साफ़-सफ़ाई करवा के खोला जाता है। हमारी निजी परिकल्पना में ये घर एक ऐसी ठंडक और शान्ति प्रदान करता है जो आज तक किसी दूसरे घर में हमें नहीं मिली। हम घर तक न जाकर भी, उसके अपनत्व की निर्मल ऊर्जा को महसूस कर रहे थे।

तरारी से पटना...

कुछ ही देर में हम और मनोज जी फिर से गाड़ी में सवार थे और पटना शहर की ओर जा रहे थे। पीरो से सोनबरसा तक के सफ़र में कुछ लोगों से मिलने के लिए मनोज जी ने गाड़ी को एक-दो बार रुकवाया। सभी उन्हें आशीर्वाद दे रहे थे एवं उनके चुनावी उम्मीदवार न होने पर दुख व्यक्त कर रहे थे। रास्ते में हमने उनसे इस बारे में बात करनी चाही। मनोज जी ने 'सब ईश्वर की मर्ज़ी है' कहकर बात को आगे बढ़ने ही नहीं दिया।

लगभग 4 घण्टे बाद हम पटना, अपने ससुराल में थे। एक दिन बाद दशहरा था और हमारे पति भी दिल्ली से पटना आ गये थे। परिवार इकट्ठा होता है तो रिश्तेदारों की बातचीत से ज़्यादा बिहार में राजनीति पर चर्चा होती है। चर्चा राजनेताओं के रिश्तेदारों पर भी होती है और सरकारी महकमों में ऊँची पदवी पर बैठे अफ़सरों के बारे में भी होती है। पापा का मोदी जी में अटूट विश्वास है। भक्ति का आलम ये है कि उनकी हर नीति का पक्ष लेते हुए वे स्वयं भी कुछ आश्चर्यचकित प्रतीत होते हैं। हम अपने शोध के विषय में कोई ख़ास चर्चा नहीं करते थे। हमें लगता था कि चुनाव के बाद आराम से सब कुछ बताया जायेगा। शाम भर पटना की गलियों में एक पण्डाल से दूसरे पण्डाल तक हमने कई इलाकों की खाक छानी। फ़ैशन, पकवान एवं धार्मिक श्रद्धा के कई रंग देखने को मिले। देखने वाली बात ये थी कि पटना शहर के हर नुक्कड़ पर कम से कम एक पण्डाल तो था ही। धार्मिक नुक्कड़ों में दो-तीन छोटे-बड़े पण्डाल थे। शहर के ट्रैफ़िक के बारे में यहाँ बात करना अनावश्यक है लेकिन आप स्वयं भी अन्दाज़ा लगा सकते हैं कि त्यौहार और चुनाव प्रचार जब साथ ही चल रहे हों तो पटना जैसे शहर का क्या हश्र होता होगा!

अगली सुबह हम सब परिवारजनों ने आमी माता के स्थल पर जाने का निर्णय लिया। नवमी का दिन था और हमें ये पता था कि ग़ज़ब की भीड़ होगी। लेकिन हम ग़लत थे। वहाँ भीड़ नहीं थी, श्रद्धालुओं का एक सैलाब था। आख़िर धक्के-मुक्के में भी अपनी छोटी बहन जैसी गोतनी और फ़ौज के जवान जैसी सास के साथ हम दर्शन कर ही आये।

क्या प्रधानमन्त्री जी से आम आदमी केवल विस्मयाभिभूत है या उनकी नीतियों से सच में सन्तुष्ट है?

पुरुषों की लाइन अलग थी और उन्हें ज़्यादा समय लगने वाला था क्योंकि उनकी क़तार वहाँ तक जा रही थी जहाँ तक हमारी नज़र भी नहीं पहुँचे। बाहर आकर, मन्दिर परिसर में बिछी कुर्सियाँ देखकर हमने चैन की साँस ली। वहाँ पहुँचे तो किस्मत से तीन कुर्सियाँ खाली भी थीं। हम तीनों बैठकर बतियाने लगे। इस आँगन के एक छोर पर एक चापाकल लगा था और दूसरे छोर पर मन्दिर समिति का दफ़्तर था।

दफ़्तर के दरवाज़े पर मोदी जी के दो-तीन पोस्टर अपने हाथ हमारी ओर ताने खड़े थे!! मोदी जी ही थे—कुर्ते की बाजू आधी थी, जवाहर जैकेट गेरुए रंग की थी, सम्भावित फ़ोटो खिंचवाने के लिए वे मुस्कुरा भी रहे थे। लेकिन वे तीन थे। मोदी जी तो एक ही हैं—न भूतो न भविष्यति। ध्यान से देखा तो पाया कि वो प्रधानमन्त्री जी का एक सजीव दिखने वाला आदमक़द पोस्टर था। त्रि-वीमीय होने के कारण वह सजीव प्रतीत हो रहा था। कुछ बच्चे लुक-छिप रहे थे। तभी दफ़्तर के भीतर से दो युवक बाहर आये और मोदी जी की ओर हसरत भरी निगाहों से देखने लगे। एक ने दूसरे को कुछ कहकर उत्साहित कर दिया और वो लपककर मोदी जी के हाथ को थामने की नाकाम कोशिश करने लगा। पहला युवक ये देखकर प्रसन्नता से भर उठा और जेब से अपना फ़ोन निकालकर फ़ोटो पे फ़ोटो खींचने लगा। मोदी जी मुस्कुरा ही रहे थे तो हमें उम्मीद है कि फ़ोटो अच्छी ही आयी होंगी। फिर दूसरे लड़के ने पहले लड़के को वैसे ही पोज बनाने को कहा और स्वयं फ़ोटो खींचने में जुट गया। नेताओं के इस प्रकार के कट-आउट हमें कुछ हास्यापद लगते हैं। हम सोचते थे कि भला कौन इस प्रकार की फ़ोटो खिंचवाता होगा? अब हमने अपनी आँखों से देख लिया था। क्या प्रधानमन्त्री जी से आम आदमी केवल विस्मयाभिभूत है या उनकी नीतियों से सच में सन्तुष्ट है? क्या वे किसी फ़िल्मी सितारे जैसे 'ग्लैमर' के स्वामी हैं या एक सफल और कार्यदक्ष राजनेता भी बन पाये हैं? सवाल कई थे, गर्मी बहुत थी और परिवार के पुरुष अब लौट आये थे। मोदी जी को अलविदा कहना होगा...

दशहरे के दिन हम सुबह ही बेगूसराय के लिए रवाना हो गये। वहाँ हम किसी को भी नहीं जानते थे। हमने सोचा था कि चूँकि वहाँ की कांग्रेस प्रत्याशी एक महिला थी, हमें कुछ समय वहाँ ज़रूर रुक जाना चाहिए। रास्ता लम्बा था और हम कुछ थके हुए थे। कब बेगूसराय पहुँच गये, पता ही नहीं चला। रोड अच्छा था, पक्की नींद आ गयी। कई छोटे-छोटे गाँवों में गये—राजौड़ा, छपकी, बधिया, कारी चक, सैदपुर। कुर्मी, कहार, एवं भूमिहार जाति के ग़रीब-अमीर विभिन्न वर्गों के लोगों से बातचीत हुई। सभी नीतीश जी के लिए काफ़ी तत्पर थे, महिलाओं से

बात हुई तो पता चला कि बात केवल नीतीश जी तक ही सीमित नहीं है। कांग्रेस प्रत्याशी अमिता भूषण जी की भी अच्छी साख बनी हुई थी। कइयों ने बताया कि वे साल-भर इलाके में रहती हैं, लोगों से मिलती हैं एवं जितना बन पड़ता है, सहायता भी करती हैं। महिलाएँ नीतीश जी के मुफ़्त स्कूली वर्दी वाली योजना से भी बहुत खुश थीं। "दोसरा के नेबा देबै वोट!" यूँ लग रहा था मानो नीतीश जी ने कांग्रेस से हाथ मिलाकर इस ज़िले के लोगों के लिए वोट देने के निर्णय को बहुत आसान कर दिया था। कई इलाकों में मुसलमान भाई-बहनों से भी बातचीत करने का मौक़ा मिला। वे पूरी तरह से कांग्रेस पार्टी के समर्थन में थे। कुछ लोगों ने तो यहाँ तक कहा कि यदि पार्टी की प्रत्याशी अमीता जी जैसी जागरूक नेता न भी होतीं, तो भी वे कांग्रेस को ही वोट देते। धर्म के नाम पर वे शायद भारतीय जनता पार्टी से कुछ असन्तुष्ट थे लेकिन ग़रीबी के चलते तो वे केन्द्र सरकार से सर्वथा नाखुश थे। 2014 के बाद वे अपने जीवन में कई बदलाव की अपेक्षा करने लगे थे परन्तु रत्ती-भर भी बदलाव नहीं हुआ था। किसान वर्ग एवं मज़दूर वर्ग मनरेगा से खुश थे और कांग्रेस के साथ भी। कुछ जगहों पर गलियों में सड़कें टूटी थीं एवं नालियाँ खुली थीं। देर शाम जब हम घर लौटे तो शस्त्र पूजा की गयी। सबने साथ बैठकर खाना खाया और हमने फ़ैसला किया कि इस बार हम चम्पारण की यात्रा पर निकलेंगे।

"निशान्त जी, गोविन्दगंज एवं नरकटियागंज जाने का सोच रहे हैं," फ़ोन पर हम अशोक चौधरी जी के पी.ए. से बात कर रहे थे। दोनों ही जगह कांग्रेस उम्मीदवार थे और ये बहाना हमारे लिए काफ़ी था। "मैडम, सर आपसे एक बार मिलना चाहते हैं यदि आपके पास कुछ समय हो तो हम आपको लेने के लिए गाड़ी भेज दें?"

सदाकत आश्रम के कांग्रेस कार्यालय में आने की ये हमारी दूसरी बारी थी। अशोक जी कुछ पढ़ रहे थे, आस-पास कुछ पुरुष बैठे थे। "प्रतिष्ठा जी, हाऊ आर यू? बैठिए।" हम सामने रखे सोफ़े पर बैठ गये और अशोक जी अपनी कुर्सी छोड़कर पास रखे दूसरे सोफ़े पर। "अब ज़रा बताइये...कैसा रहा वहाँ? क्या लग रहा है आपको?"

"जी...किस बारे में? रैली?"

"हाँ रैली भी! सब बताइये! कैसी स्थिति है पार्टी की? आपने तो काफ़ी लोगों से मुलाकात की थी न?"

"जी हाँ! सच पूछिए तो हमें ये लगा कि ज़्यादातर वोटर, ख़ासतौर पर महिलाएँ, आप ही के साथ हैं। एक बड़ी संख्या नीतीश जी के नेतृत्व से भी काफ़ी प्रभावित है। वे उन्हें ही अपने मुख्यमन्त्री के रूप में देखना चाहते हैं। कुछ क्षेत्रों में राजद को लेकर शंकाएँ हैं लेकिन ये बहुत घातक प्रतीत नहीं होतीं।"

चौधरी जी मुस्करा रहे थे। इसके बाद उन्होंने हमसे हमारे रहने-खाने के बारे में

पूछा, होटल कैसा था, गाड़ी के ड्राइवर कैसे हैं, क्षेत्र के उम्मीदवार ने हमें समय दिया कि नहीं। जब हमने उन्हें ये बताया कि बक्सर में किस प्रकार हमारा अभिवादन किया गया था, ये सुनकर वे काफ़ी सन्तुष्ट नज़र आये। फिर बोले, "अब आगे क्या करना चाहती हैं? आज आप हमारी पटना की महिला टीम से मिल लीजिए। हमने आपके बारे में उन्हें बताया है, वे सब आपसे मिलना चाहती हैं।"

"अरे सच? धन्यवाद सर। न जाने आपने ऐसा क्या कह दिया कि ये कांग्रेस की दिग्गज नेत्रियाँ हमसे मिलना चाहती हैं। सर आप हमें इनके फ़ोन नम्बर दे दीजिए। हम अभी बात कर लेते हैं।"

आमी मन्दिर परिसर का स्थानीय बाज़ार

कार्यकर्ता केवल वोटर नहीं है

डॉ. कुमारी अनिता जो कि बिहार प्रदेश महिला कांग्रेस (पटना महानगर) की अध्यक्षा एवं सह-प्रवक्ता हैं, एक बेहद सभ्य और शालीन महिला हैं। फ़ोन पर एक मिनट बात करते ही हम समझ गये थे कि वे हमें पसन्द आयेंगी। सुबह नौ-साढ़े नौ का वक़्त था और उन्होंने बेझिझक हमें अपने घर आने का निमन्त्रण दे दिया। एक बहुमंज़िला इमारत में उनका सुन्दर-सा घर था। इमारत के सामने एक खुला पेशाबघर था। अनिता जी ने इसके बारे में लम्बी बातचीत की। उन्होंने एवं उनके मोहल्ले वालों ने इस पर बारम्बार आपत्ति जताई थी। बहुत खींचतान के बाद कुछ समय के लिए यहाँ से पेशाबघर हटा दिया गया था। लेकिन दुर्भाग्यवश नगरपालिका की आँखें जब खुलीं तब लोगों को कहीं खुले में शौच करने की आदत पड़ गयी थी। बहरहाल, जनता एवं नगरपालिका की जुगलबन्दी पर कब तक रो सकते हैं?

अनिता जी बोलीं कि हम बहुत रोचक शोध कर रहे हैं, उनके संगठन की बाकी महिलाएँ भी हमसे मिलना चाहेंगी। उन्होंने कुछ को फ़ोन घुमाया और ये तय किया कि हम सब आधे घण्टे बाद मिलेंगे। वे तैयार होने अन्दर चली गयीं और अपनी दाई को कह गयीं कि वो हमें चाय पिला दे। बिहार में काम वाली बाई! जिस प्रकार वो दिल्ली-मुम्बई जैसे महानगरों में जीवन निर्वाह की बहुमूल्य इकाई है, ठीक उसी प्रकार वो बिहार में भी हर घर की भौतिक आवश्यकता है। हालाँकि यहाँ 'बाई' को 'दाई' कहा जाता है। हमने उसे बरतन साफ़ करते देखा तो तभी उससे बात करने रसोई में चल दिये। उसका नाम मोनी था और वो तीस वर्ष की थी। घर पर पति और एक-दो वर्षीय बेटा था। उसका वोट भाजपा को ही पड़ा होगा। उसने बहुत सहजता से बताया कि देखा जाये तो किसी भी सरकार से उसकी निजी ज़िन्दगी में कोई ख़ास बदलाव नहीं आने वाला था। ज़ाहिर है कि ऐसा उसे लगता था। ऐसा कभी भी होता नहीं है। सरकारों के बदलने से हम सबके जीवन थोड़े या बहुत बदलते रहते हैं। शायद इसलिए तो उन्हें 'सरकार' कहा जाता है। मोनी सीवान से थी और इस बार नीतीश जी के ख़िलाफ़ वोट देना चाहती थी।

"बढ़िया!! इसकी वजह?"

पार्टियों को टिकटों का कुछ प्रतिशत हम महिलाओं को भी देना चाहिए। आप ये बात ज़रूर उठाइएगा, प्रतिष्ठा जी।

हमारा सवाल पूरा भी नहीं हुआ था कि मोनी ने झट से कहा, ''ऐसे ही। लेकिन आप मैडम को नहीं कहिएगा। वे ग़ुस्सा जायेंगी। वे कांग्रेस में हैं न? ये सब राजनीति हमें झिला देता है। हमें अपने काम से काम है बस। आप बैठिए हम अभी चाय लाते हैं।''

''हम चाय नहीं पीते।''

''चाय पीते नहीं या अभी मन नहीं है? आप चाय नहीं पीती? काहे?''

''ऐसे ही!''

अनिता जी के साथ हम एक पुराने ज़माने के शॉपिंग कॉम्प्लैक्स में गये। वहाँ एक कॉफ़ी शॉप थी और हमने उनसे निवेदन किया कि हमें वहीं बैठना चाहिए। दरअसल जितनी बार कोई हमें चाय पिलाने की कोशिश करता उतनी बार हमारा मन कॉफ़ी पीने को करता। वहाँ अच्छी कॉफ़ी मिलेगी इस लालच में हम अन्दर जाकर बैठ गये।

एक-दो मिनट बाद दो और महिलाएँ आ गयीं। फ़ैशन के अनुरूप रंगों व डिज़ाइन वाले कपड़े पहने व सर पर धूप का चश्मा टिकाये एक ख़ूबसूरत एवं आत्मनिर्भर दिखने वाली जयन्ती झा जी। ये बिहार प्रदेश महिला कांग्रेस की उपाध्यक्ष थीं एवं एक बेहद निष्कपट मुस्कान की स्वामिनी। साथ में सुधा मिश्रा जी थीं जो महासचिव थीं। उनके व्यक्तित्व का तेज़ देखते ही बनता था लेकिन जब वे हमारे सामने आयीं तो एक औपचारिक मुस्कान के पीछे अपनी खीज को छिपा रही थीं। आत्मविश्वास में कोई कमी नहीं थी, न ही बुद्धिमत्ता की, लेकिन कुछ ऐसा था जिसके कारण ये शुरू में अप्रभावित-सी प्रतीत हो रही थीं। जहाँ जयन्ती जी एवं अनिता जी अपने संगठन की तारीफ़ों के पुल बाँधते नहीं थक रही थीं, वहीं सुधा जी कुछ ठण्डी मालूम होती थीं। हमने कई अलग-अलग तर्क देकर सुधा जी को उकसाने की कोशिश की। यही तरीका था उनके भीतर की बात जानने का। ''कुछ भी कहिए, यहाँ बिहार में हर पार्टी बहुत सोच-समझकर चुनावी टिकट देती है। उम्मीदवारों की सूची बेहद प्रभावशाली होती है। उम्मीदवार या तो क़ाबिल-ए-तारीफ़ होता है। या एकदम कमज़ोर। बिहार का चुनाव सारी हदों के पार लड़ा जाता है।'' मनोज जी की बात के बाद हम समझ गये थे कि चुनाव में टिकट-वितरण एक संवेदनशील मुद्दा है। हम उसी पर खेल रहे थे।

''पता नहीं क्या होता है। टिकट कैसे बँटते हैं क्या पता। हमें तो नहीं मिली। इतने पुराने एवं मानवीय नहीं। पार्टियों को टिकटों का कुछ प्रतिशत हम महिलाओं को भी देना चाहिए। आप ये बात ज़रूर उठाइएगा, प्रतिष्ठा जी। यहाँ कार्यकर्ता पार्टी के लिए मरा जा रहा है और पार्टी से क्या मिलता है? हमें तो सोनिया जी,

राहुल जी पर विश्वास है, बीच में किसी का कोई भरोसा नहीं। अब आप देखिए, अमिता भूषण जी को टिकट मिला है। वे अपने क्षेत्र के लिए कार्य करने को सदैव तत्पर रहती हैं। मैडम, जितने दिल से एक महिला काम करती है उतने दिल से एक पुरुष कभी भी नहीं करेगा।''

''लेकिन हाँ, हमारी पार्टी में शिकायत करने की आज़ादी तो है।'' जयन्ती जी ने जब सुधा जी के वक्तव्य को काटा, तो हम समझ गये कि सुधा जी की अवस्था किसी से छिपी नहीं थी। हम चाहते थे कि वे और बोलें। महिलाओं की आवाज़ में जब आवेग घुल जाता है तो सामाजिक बदलाव दूर नहीं रह जाता। सुधा जी एक क्षणिक अन्तराल के बाद फिर से बोलने लगीं, ''शिकायत? अब क्या फ़ायदा है जी शिकायत करने का? अगले चुनाव में तो हमें देबे करेंगे टिकट!!''

हमने सुधा जी को समझाया कि हर पार्टी में कार्यकर्ता उस पार्टी की धमनियों में प्रवाहित होने वाले रक्त के समान होता है; वो भले ही नज़र न आये, उसकी उपस्थिति से ही पार्टी जीवित होती है। अमूमन कोई कार्यकर्ता ये कहता नहीं है कि उसका नेता उससे भेंट करे, उसे भरी सभा में शाबाशी दे। लेकिन सच तो ये है कि हर कार्यकर्ता ऐसी आशा करता है। नेताओं की दृष्टि से देखा जाये तो भी कार्यकर्ता केवल उनका वोटर नहीं है। वो एक किस्म की मोटर है जो बाकी जनता को नेता से अवगत करता है। इस लिहाज़ से कार्यकर्ता सम्मान एवं स्नेह का पात्र है। सुधा जी की इस बात से हम सौ फ़ीसदी इत्तेफ़ाक रखते हैं लेकिन उनकी पार्टी उन्हें टिकट देने में असफल रही, ये जानते हुए भी कि वे किसकी बहू हैं, तो इस बात में हमें कोई बुराई नहीं दिखी। काफ़ी देर तक बहसबाजी चलती रही। सुधा जी के संवाद एकदम स्पष्ट थे और हम सब उनकी बातें बिना ध्यान दिये भी सुनते तो सब समझ आ जाता। ख़ैर, अब करीब बीस मिनट बीत जाने के बाद, सुधा जी सामान्य हो चुकी थीं और बीच-बीच में मुस्करा भी रही थीं। उन्होंने

चुनाव प्रचार के दौरान अनिता जी

हमारे शोध के बारे में भी पूछा। ये जानकर कि ऐसे बेकार अध्ययन को वे ख़ुद कभी सकारात्मक दृष्टिकोण से देख नहीं सकतीं, वे चुप रहीं। समझ गयी थीं कि जहाँ कुछ अच्छा न बोल सके, चुप रहने में ही भलाई है। एक कुशल नेता बनने के लिए उन्होंने इस गुण को अपना लिया था। हमने कॉफ़ी का आर्डर भी दिया और बिल भी। इस पर तीनों महिलाएँ नाराज़ होने लगीं और बोलीं कि मेहमान को पैसे देने का अधिकार नहीं होता। हमने समझाया कि बिहार हमारा भी ससुराल है और इस हिसाब से हम मेहमान तो नहीं हैं। तब कहीं वे सब पराजय स्वीकार कर के शान्त हो गयीं। इत्तेफ़ाक की बात है कि उस दुकान में केवल दो महिला कर्मचारी ही थीं। जिसने हमसे पैसे लिए थे वो कांग्रेसी महिलाओं के विरोधी तेवर को देखकर सहम गयी थी। दूसरी लड़की हँस रही थी। पूछने पर पता चला कि वे दोनों ही बंगाल की रहने वाली थीं और बिहार में नौकरी कर रही थीं। हम अपनी टेबल पर लौट गये। कैफ़े खाली ही था। सुधा जी वहीं कुर्सी पर बैठे-बैठे उस लड़की से बोलीं, “जहाँ की भी हो, जब चुनाव का समय आये तो कांग्रेस को ही वोट देना।” दोनों युवतियाँ मुस्कुराने लगीं लेकिन उन्होंने कुछ नहीं कहा। कॉफ़ी पीते हुए चर्चा कुछ देर तक और चलती रही। सबने हमें अपना फ़ोन नम्बर दिया और हमारा नम्बर भी नोट कर लिया। फिर सुधा जी ने एक लड़की को आवाज़ दी। उसके आने पर वे बोलीं, “अरे एक फ़ोटो तो निकाल दो।” अनिता जी कोने पर बैठी थीं। उन्होंने अपना फ़ोन आगे कर दिया।

सबसे विदा लेते समय ऐसा लग ही नहीं रहा था कि इनसे हमारी पहली मुलाकात थी। हमने गले मिलकर अलविदा ली और 'टच' में रहने का संकल्प भी किया। अच्छा लग रहा था ये जानकर कि साधारण दिखने वाली ये घरेलू महिलाएँ राजनीति से इतने करीबी तौर पर जुड़ी थीं। हम मन ही मन सुधा जी की तुलना अपनी माँ से करने लगे। किसी कैफ़े में बैठकर इतने आत्मविश्वास से कर्मचारी युवतियों को मेरी माँ कभी भी नहीं बुला सकतीं। क्या केवल दफ़्तर जाने से किसी महिला के आत्मविश्वास का विकास हो जाता है क्या ये एक व्यक्तिगत मुद्दा नहीं है? दफ़्तरों में ऊँची पदवी पर होकर भी कुछ महिलाएँ आत्मनिष्ठा को इतनी ख़ूबी से व्यक्त नहीं कर सकतीं।

हमने अशोक जी को फ़ोन किया और उनके महिला संगठन की प्रशंसा की। वे भी उनकी तारीफ़ करते नहीं थक रहे थे। आगे के कार्यक्रम पर चर्चा करते हुए हमने कहा, “हम नरकटियागंज जाना चाहते हैं।” वे कुछ अचम्भित होकर बोले, “अकेले ही?”

“ड्राइवर जी तो रहेंगे ही, न??”

एक गुलज़ार शाम में ठहाके

आज ही नरकटियागंज के लिए रवाना होना मुश्किल था। हमने पटना शहर में एक और रात काटने की सोची। शाम को एक बड़े पाँच सितारा होटल में गुलज़ार साहब का कार्यक्रम था। हमने सोचा वहीं चला जायेगा। होटल पहुँची तो पाया कि कार्यक्रम शुरू होने में कुछ समय बाकी था। बाहर ही संयोग से अनिता जी एवं जयन्ती जी मिल गयीं। उन्हें गुलज़ार के कार्यक्रम के बारे में कुछ पता ही नहीं था। वे तो अपनी पार्टी की स्टार कैम्पेनर नगमा जी से भेंट करने गयी थीं। बड़े नेता लोग इस प्रकार के होटलों में ही ठहरते हैं। फिर भी, एक लिहाज़ से, बड़े पूँजीवादी समाज को ठुकराते हुए, पटना आज भी किसी विख्यात पाँच सितारा होटल को अपना नहीं पाया है। यहाँ जो दो बड़े होटल हैं, वे केवल यहीं हैं। ये चार सितारा ही हैं, भले ही यहाँ देश भर के बड़े-बड़े सितारे क्यों न ठहरते हों।

ख़ैर हम उस हॉल के भीतर पहुँचे जहाँ गुलज़ार साहब का कार्यक्रम था। कार्यक्रम शुरू होने में अभी पन्द्रह मिनट शेष थे और हॉल की हर एक कुर्सी पर कोई न कोई बैठा था। पुरुषों एवं महिलाओं में एक झूठा अभियान था जो हमें नहीं भा रहा था। महिलाओं की साड़ियों पर लगी क्लफ उनकी आवाज़ में भी उतर आयी थी। वही खिंचाव, वही कुरकुरा रूखापन! हम पीछे ही खड़े हो गये। खाली कुर्सियों की इन क्लफ आवाज़ों से पहरेदारी की जा रही थी। यूँ लग रहा था मानो हम किसी नौसिखिए बुद्धिजीवियों के बीच आ गये थे। ख़ैर, कार्यक्रम शुरू हुआ और गुलज़ार साहब की बातचीत के बाद जनता के सवालों का सिलसिला आरम्भ हुआ। गुलज़ार साहब अपने मज़ाकिए अन्दाज़ में जवाब दे रहे थे। किसी ने पूछा "आपके कपड़े हमेशा यही रहते हैं? सफ़ेद कुर्ता पैजामा!"

"कहिए तो बदल दें?"

गुलज़ार साहब का इतना कहना था कि पूरा हॉल ठहाकों से गूँज उठा। हम समझे ही नहीं कि इतनी हँसी की क्या बात थी। माहौल चुनावों का था तो कुछ सवाल राजनीति से भी जुड़े हुए थे। "जो ये लेखक लोग अपने पुरस्कार वापस कर रहे हैं, उससे क्या आप सहमत हैं।"

"दरअसल मैंने भी शुरू में इस बारे में सोचा था। देश में इस प्रकार की असहिष्णुता हमने कभी नहीं देखी। नाम पूछने से पहले लोग जात पूछते हैं। दुख की बात है। लेकिन पुरस्कार यदि साहित्य अकादेमी ने दिया है तो उसे वापस करके क्या मिलेगा? वो सरकार थोड़े ही है। उन्हें पुरस्कार वापस देना ये मान लेना होगा कि सरकार अपने हिसाब से अपने अनुयायी को ही पुरस्कृत करती है। मैं ये नहीं मानता। लेकिन हाँ, इस प्रकार की कलात्मक बाध्यता अब से पहले मैंने महसूस नहीं की।"

सन्नाटा। एक भी ताली नहीं बजी। कोई ख़ास खुसुर-फुसुर भी नहीं। ये था पढ़ा-लिखा समाज। ये अपनी धारणाओं में जकड़े हुए थे कि किसी दूसरे के विचारों को ठुकराने के सिवा इन्हें कुछ आता ही नहीं। और वो भी उनके पसन्दीदा लेखक!!

चाहते तो और सवाल करते, तर्क प्रस्तुत करते, अपनी बात रखते...लेकिन हम अपनी चुप्पी से अपने अल्पज्ञान का प्रमाण देने से न चूके। बातें और भी होती रहीं लेकिन अब सभागार में सिर्फ़ चुनावी सहमति-असहमति की बू आ रही थी।

पटना का 'एलीट' वर्ग अपने मतदान का खुला ऐलान कर रहा था। पढ़ा-लिखा मोटी आय वाला वर्ग मोदी जी का नेतृत्व चाहता था।

शर्मा जी की आपबीती

ख़ैर ऐसा हो न सका। हमारे परिवार ने ज़ोर डालकर एक पुलिस सुरक्षाकर्मी को भी हमारे साथ कर दिया। अकेले जाने को हम शायद स्वयं की एक उपलब्धि मानते पर ऐसा नहीं हो सका। अगले दिन सुबह हमारे घर के नीचे पाण्डे जी नामक पी.एस.ओ. एवं शर्मा जी नामक ड्राइवर हमारी प्रतीक्षा कर रहे थे। रास्ता लम्बा था और बात न करना हमारी फितरत नहीं थी। शर्मा जी एक कम उम्र के युवक थे जो अपनी कहानी बताने को आतुर लग रहे थे। ''हम बेगूसराय से हैं मैडम सर, ये ड्राइवरी तो हम यूँ ही करते हैं।''

किसी भी छोटे शहर में जाइएगा तो पता चलेगा कि कोई भी ड्राइवर, दरअसल ड्राइवर है ही नहीं। हालाँकि पटना किसी लिहाज़ से छोटा शहर नहीं है, पर हमारा मतलब है कि दिल्ली, बम्बई जैसा महानगर तो नहीं है। ऐसे शहरों में सबके पास बहुत सारी ज़मीन होती है। जिन महीनों में खेती का काम पूरी तरह से प्रकृति के हाथों होता है, उस समय ये लोग ड्राइवर, टूरिस्ट गाइड और दफ़्तरों में चपरासियों के रूप में देखने को मिलेंगे।

लेकिन हमारे शर्मा जी की कहानी कुछ हट कर थी। दरअसल उनकी बहन की शादी दिल्ली में रहने वाले उन्हीं की जात के एक कामकाजी युवक से करवा दी गयी। कुछ सालों बाद, शर्मा जी के जीजा जी की हत्या कर दी गयी और उन्हें यह भी पता चल गया कि इसके पीछे किसका हाथ है। शर्मा जी इन सबको विधि का विधान न मान सके और न ही उन्हें ये विश्वास हो पाया कि कानून के लम्बे हाथ आज नहीं तो कल उस हत्यारे तक पहुँच ही जायेंगे। जवानी में प्रत्येक जीवन को एक दिशा की आवश्यकता होती है। दिशा सही या ग़लत नहीं होती। वह तो केवल एक दिशा होती है जिस पर चलने से ही जीवन को अर्थ प्रदान किया जा सकता है। शर्मा जी का अर्थ उस हत्यारे को दबोचने में था। उनके जीवन का लक्ष्य साफ़ था—अपनी बहन एवं उसके बच्चों के साथ हुए अन्याय का बदला लेना। हत्या के एक साल बाद तक वो ख़ून के प्यासे नरभक्षी की तरह उस हत्यारे को खोजते रहे। उन्होंने अपनी पढ़ाई-लिखाई एवं घर-बार का त्याग कर दिया। लेकिन अन्ततः

परिवार के लगातार ज़ोर के चलते लौटकर घर आना ही पड़ा। लौटकर शर्मा जी ने पाया कि जीवन निर्वाह के लिए कमाना भी पड़ता है। किसी रिश्तेदार ने गाड़ी चलाना सिखा दिया और अब वे उसी रिश्तेदार की गाड़ी चलाते हैं।

कहानी में दम था। शर्मा जी को देखकर हम अन्दाज़ा लगा सकते थे कि किस प्रकार के जोशीले आवेग में उन्होंने घर छोड़ा होगा। बाकी बातचीत के लहज़े में शर्मा जी बहुत शालीन थे लेकिन जब अपने स्वर्गीय जीजा के बारे में बताने लगते तो उनका ख़ून खौल उठता था। पहले-पहल हमें लगा कि अब उनके सर से ये भूत उतर चुका था। हमने उन्हें टटोला, "अब आपकी बहन कहाँ है?"

"वो तो दिल्ली में है। जीजा जी का प्रॉपर्टी का काम था, वही सँभालती है। बच्चे भी अच्छे स्कूल में पढ़ते हैं। आपका फ़ोन नम्बर दे देंगे। मिलने भेजेंगे आपसे दिल्ली में।"

"ज़रूर। शर्मा जी, आप भी आइएगा। हम अपने हसबैण्ड से बात करेंगे आपके लायक कोई अच्छी नौकरी के लिए। कब तक ड्राइवरी करिएगा। है न?"

"बहुत धन्यवाद, मैडम सर। हम यहीं ठीक हैं। फिर जब तक वो ज़िन्दा है, हम चैन की साँस नहीं ले सकते।"

"कौन?" हम जिस जवाब से डर रहे थे, वही जवाब बड़ी स्वाभाविकता से शर्मा जी ने दे दिया।

"वही जिसने सब बरबाद कर दिया। हमारा बदला कहाँ हुआ अभी?"

हम हैरान थे। इनकी बहन अपने पति की कमी से समझौता कर चुकी थी। उसने अपना व अपने बच्चों का जीवन बख़ूबी सँभाल लिया था। महिलाओं की मानसिकता किसी भी जटिलता को सरलता से परास्त करने में सक्षम होती है। हमें इस युवक पर तरस आने लगा था। न जाने किस प्रतिशोध को अपने जीवन का एकमात्र लक्ष्य बनाये जी रहा है?

"कल जब तुम्हारी शादी हो जायेगी तो ये सब भूल जाओगे।"

पाण्डे जी काफ़ी देर से चुप थे और हमें उनकी बात सुनकर ही पता चला कि वे भी ध्यानपूर्वक शर्मा जी की आत्मकथा सुन रहे थे।

"अरे पाण्डे जी, आपको क्या लगा कि अब तक हमारी शादी काहे नहीं हुई। अगुआ लोगों ने घर पर जीना मुश्किल कर दिया था। हम तो पहले ही कह दिये—हम न करेंगे शादी। बस।"

दोनों एक-दूसरे से बात करने लगे और जल्द ही हम उनकी वार्तालाप में केवल 'हाँ, हूँ' का ही योगदान करते पाये गये। पीछे बैठकर उनकी आवाज़ हम तक पहुँच

ही नहीं रही थी। बाहर सड़क से भी कुछ अजीब-सा शोर आ रहा था। देखने में सब शान्त था लेकिन एक दबे हुए स्वर में जलसे जैसी चहल-पहल की आवाज़ हो रही थी।

एकाएक एक विशालकाय जनसमूह ने मानो हमें घेर ही लिया। ध्यान से देखा तो पाया कि झुण्ड में पुरुषों की संख्या ज़्यादा थी। कई युवकों ने हाथों में नंगी तलवारें उठा रखी थीं और सर पर हरे रंग के गोटेदार पट्टे बाँध रखे थे। हम समझ पाते, उससे पहले ही पाण्डे जी बोल उठे, "महोरूम है!!" उस दिन मुहर्रम था और हम भूल ही गये थे। मानव की संवेदनशीलता की परख इस बात से की जा सकती है कि वह दूसरों की पीड़ा को किस नज़र से देखता है। पैगम्बर मोहम्मद के पोते हुसैन को याद करके, उनकी पीड़ा पर शोक व्यक्त करना मुहर्रम का एक अहम हिस्सा है। हुसैन की शहीदी को याद करके कुछ लोग ख़ुद को पीड़ा पहुँचाते हैं। हमने मुहर्रम का ये दर्दनाक नज़ारा कई वर्ष पूर्व जॉर्डन में भी देखा था। यहाँ मोतिहारी में नवयुवक तलवारें तानकर आक्रमण के लिए तैयार तो थे परन्तु सब कुछ अहिंसावादी भाव से चल रहा था। हर कुछ किलोमीटर पर इसी प्रकार के समूह थे। वे नारेबाजी कर रहे थे, तलवारें प्रदर्शित कर रहे थे और साथ ही एक-दूसरे से स्नेहपूर्वक दुआ-सलाम भी कर रहे थे।

हमारी गाड़ी को निकालने के लिए वे समय-समय पर अपनी पदयात्रा को किनारे कर लेते और फिर से गाड़ी के पीछे हो लेते। हमने ग़ौर किया कि वहाँ एक भी वर्दीधरी पुलिसकर्मी नहीं था।

हमने पाण्डे जी से पूछा भी, "पाण्डे जी, कहाँ हैं आपके साथी?" हमने व्यंग्य किया था, पाण्डे जी ने दिल पर ले लिया।

गाड़ी से बाहर मुहर्रम का नज़ारा

वे बिना कुछ कहे गाड़ी से उतर गये और कुछ मिनटों बाद फिर से भीतर आ गये। "अब ज़रा बाहर देखिए मैडम!"

हमारी गाड़ी की हर ओर दो-दो पुलिसकर्मी खड़े थे। "वाह! आप तो इन्हें बुला ही लाये। हम ये नहीं चहाते थे। आपको क्या ऐसा लगा कि हम डर गये हैं? ऐसा बिल्कुल नहीं है। दरअसल दिल्ली में तो, विश्वविद्यालयों में भी छावनी जैसा अहसास होता है।"

"मैडम, यहाँ शान्ति है। जब पुलिस के डण्डे की ज़रूरत ही नहीं है तो पुलिस डण्डा काहे दिखाएगी? सब आराम से अपने धर्म का पालन कर रहे हैं। पीछे केसरिया नामक एक इलाका था जहाँ हमने पहला जुलूस देखा था। वहाँ बहुत हिन्दू भी हैं, सब घरों से बाहर आकर देख रहे थे। किसी को कोई तकलीफ़ नहीं है।"

"ये तो हम जानते हैं। कई बार गाँवों के लोगों की सूझ-बूझ और ठहराव, हम शहर वालों को चकित कर देता है। देखिए, देखिए ताजिया!!" बाहर एक बाँस का बना ऊँचा मीनार रूपी ढाँचा था। ताजिया ख़ूब सजाया हुआ होता है और ये भी था। इसे दफ़नाने निकला ये कारवाँ हमें क़ुर्बानी पर फ़क्र करना सिखा रहा था।

एक बार को हमारा मन हुआ कि हम भी इनमें शामिल हो जायें। पर लगातार हम इन सबके बारे में लैपटॉप पर लिख रहे थे और इसलिए गाड़ी से उतरना कठिन था। अगले जुलूस में महिलाओं और पुरुषों की बराबर संख्या थी। हमने ख़ूब फ़ोटो खींचे।

मुहर्रम का जुलूस

गाँव ईजारा, ज़िला गोपालगंज

अब हमसे रहा नहीं गया और हमने सोचा कि हमें बाहर जाकर कुछ महिलाओं से ज़रूर बात करनी चाहिए। हम और पाण्डे जी अब उस भीड़ का हिस्सा थे। वे हमें सुरक्षा देने की चेष्टा कर रहे थे जबकि हमें उसकी कोई आवश्यकता थी ही नहीं। लोग हमें देख ज़रूर रहे थे लेकिन फिर वे चुपचाप अपनी यात्रा पर चले जा रहे थे। जब यह हुजूम आगे बढ़ चला तो हमने एक घर के बाहर बैठी कुछ महिलाओं से बात की।

"चुनाव? वोट का होला?" कहकर एक बूढ़ी महिला हँसने लगी। उसके व्यंग्य में बहुत शक्ति थी। हम लाजवाब उसका मुँह ताकते रह गये।

"इ जो सरकार बा नू? हमनी के नीमन लागता। सरकार बदले के कोनो ज़रूरत नीखे।"

"राऊर नाम का बा?" हमने ये जानने के लिए पूछा था कि उस बूढ़ी महिला के धर्म, जाति के बारे में पता चले। हमने ग़लत किया था। यह सोच ही ग़लत है।

"नाम? काहे? हम ऐईजा के बानी।" शायद अपनी दूरदर्शिता के कारण वो इस सब जात-पाँत से ऊपर उठ चुकी थी। हमें खुद पर बहुत शर्म आयी लेकिन उससे ज़्यादा शर्म हमें इस समाज पर आयी जो अन्तर्मन तक हमें बाँट देता है।

कुछ आगे चलकर हमें तीन महिलाएँ दिखीं। वे सड़क के किनारे खड़ी थीं और मुहर्रम का जुलूस देख रही थीं। हिन्दू थीं : बिन्दी, सिन्दूर, कंगन पहने हुए। हमें आता देख मुस्कुराने लगीं। हमने जाकर प्रणाम किया और शुरू हो गये, "रऊआ लोग इएजा रहीला? हम दिल्ली से आईल बानी। रऊआ लोग से मिले खाती!"

"के ह रे? हम रऊआ के पहचननी ह न।"

"न न! अपना जान पहचान नीखे। हम त बस ई जाने खाती आईल बानी के रऊआ लोग वोट देब के न?"

"हम?? हम त देबे करब वोटवा! नीतीशवा के जिताए के पड़ी। बहुते नीमन मुखमन्त्री रहे अगले साल! बाकी सरकार त ग़रीब आदमी के मिटावे के चाहेले। हतना महँगा हो गइल बा की का कही!! तेल, मसाला, नीमक!! अ दाल त हम

खाइबे न करीला! जमनवे बदल गइल बा...नीतीशवा हमार रिसतेदार बा। एई खाती उनका पे बिसबास बा!"

महँगाई भी महिलाओं के लिए चुनाव का एक अहम मुद्दा रहा है। महिलाओं का रुझान केन्द्रीय सरकार के ख़िलाफ़ होता जा रहा था।

बातचीत के दौरान यह भी पता चला कि बूढ़ी महिला की तरह ये लोग भी घर में शौचालय को गन्दगी की खान मानते थे। हमने काफ़ी समझाया। वे बहस नहीं करना चाहती थीं लेकिन ज़ाहिर था कि हम उनके विचार बदल नहीं सके। आगे हमने कुछ और महिलाओं से भी बात की। वे मुसलमान समुदाय से थीं और ये बात उन्होंने बिना पूछे ही बतायी थी। वे कांग्रेसी परिवारों से थीं, महागठबन्धन के साथ थीं।

गाड़ी में बैठकर रास्ते भर हमने स्वयं को बहुत झिंझोड़ा। हमने ये बात भी समझी कि सम्भवतः हम अपने शोध की दृष्टि से ये सवाल कर रहे थे। देखा जाये तो आमतौर पर हम कभी ये सोचते भी नहीं कि कोई व्यक्ति किस धर्म या जाति का है। सामाजिक सोच के नियमों का पालन हमने आज से पहले कभी किया ही नहीं। फिर आज क्यों? क्या इसे पढ़ने वाला हर व्यक्ति ये ही नहीं सोचेगा कि बिहार में बिताये चन्द हफ़्तों ने हमें बदल दिया? क्या सचमुच ऐसा है? अफ़सोस और भीतरी कशमकश के बाद हम इस नतीज़े पर पहुँचे कि ऐसा नहीं था? बिहार ने हमारा दिमाग़ और खोला ही था। हम किसी भी लिहाज़ से इस राज्य को दोषी नहीं ठहरा सकते। यहाँ पर गाँवों के लोगों की सकारात्मकता संक्रामक थी। हमें भी अगली सरकार, चाहे वो किसी की भी हो, से बहुत उम्मीदें थीं। जीवन की आपा-धापी का अन्त-सा प्रतीत हो रहा था। जबकि दूसरी ओर हमारी बुद्धि हमसे कह रही थी कि बदलाव में बहुत समय लगेगा। यदि बदलाव की दिशा भर तय कर ली जाय तो किसी भी सरकार की बहुत बड़ी उपलब्धि होगी।

रास्ता आगे बढ़ रहा था और नरकटियागंज तक की दूरी घट रही थी। मुहर्रम के जुलूस अब हम पीछे छोड़ आये थे। रास्ते में चाय की एक बहुत छोटी दुकान थी। इनके उद्योग की लघुता इससे ही पता चलती थी कि बाहर सड़क पर रखा बेंच, दुकान की चौड़ाई से दुगुनी लम्बाई की थी। इस पर दो सज्जन बैठे थे। एक व्यक्ति एवं दुकान का मालिक मन्त्रमुग्ध होकर सुन रहे थे। चाय कोई नहीं पी रहा था और स्टोव भी बुझा हुआ था। शायद दूर से ही यह दृश्य देखकर हमारी गाड़ी के ड्राइवर साहब को चायवाले पर तरस आ गया और उन्होंने अकस्मात ही गाड़ी किनारे लगा दी।

"मैडम, चाय?" शर्मा जी ने सोची-समझी तरकीब लगाई। ख़ुद चाय पीने का मन था परन्तु जताया यूँ मानो हमारे प्रति चिन्ता से ग्रस्त हों।

"थक गयी होंगी आप! दस मिनट ठहरा जाये, का? पाण्डे जी?"

"चाय तो हम भी पीयेंगे।" पाण्डे जी ने कहा।

"आप दोनों ही चाय पी लीजिए। हम यहीं बैठे हैं। दस-पन्द्रह मिनट का ब्रेक ले लेते हैं।" हम कुछ दो-तीन मिनट गाड़ी में बैठे-बैठे ही बाहर ताकते रहे।

कुछ दूर एक और ढाबानुमा दुकान थी। चाय दुकान से काफ़ी बड़ी थी और पास ही एक महिला टेढ़ी होकर कमर पर बच्चा टिकाए खड़ी थी। हम उतरकर उसके पास चल दिये। दुकान पहुँचे तो वहाँ कुछ बर्तन थे, सब ढके हुए। एक स्टोव पर कड़ाही चढ़ी हुई थी और उसमें कुछ पक रहा था। सुगन्ध ऐसी थी कि नाक से होकर सीधे पेट तक पहुँची और उसे मानो नींद से जगा दिया। वहाँ सभी ने 'नमस्ते, सर!', 'राम राम, साहब' कहकर हमारा अभिवादन किया और बदले में हम सिर्फ़ इतना ही कह सके, "क्या पक रहा है?" बुढ़िया ने गर्व से कहा, "मछरी! लेकिन अभी पाके में आधा घण्टा आऊरी लागी। रऊआ खाइब?" आधा घण्टा 'आऊरी' कहाँ था हमारे पास! तब भी हम बतियाने के लिए बेंच पर बैठ गये। चार में से तीन पुरुष खड़े हो गये और चौथे, अधेड़ उम्र के सज्जन बेंच के दूसरे कोने पर कुछ इंच जगह में झूलने लगे। ये यहाँ पर सम्मान देने का तरीका था। यदि इस भाव का आधा भी महानगरों तक पहुँच जाये तो महिलाएँ घर के बाहर सुरक्षित महसूस करने लगें।

ख़ैर हमसे पूछा गया कि हम कहाँ से आये हैं और भोजपुरी बोली कैसे जानते हैं। औपचारिक बातचीत के बाद हमने बच्चे की माँ से पूछा कि बच्चे की उम्र कितनी है और वह इतनी शान्ति से सो कैसे रहा है। पता चला कि बच्चा बीमार है, अस्पताल दूर है और चिकनी रोड होने के बावजूद इन लोगों के लिए वहाँ तक सफ़र करना कठिन है। आय कम थी, सरकारी बस और भी कम। कुछ थी तो बस 'ईश्वर' में आस्था। उसकी महिमा यहाँ भी उतनी ही अपरम्पार थी जितनी देश के हर राज्य में ग़रीबों के घर होती है।

गाँव का नाम ईजारा था, ज़िला गोपालगंज। स्थानीय स्तर पर छोटी-बड़ी समस्याओं का समाधान खोजने में असमर्थ ये लोग मुख्यमन्त्री, प्रधानमन्त्री से उम्मीद रखना जानते ही नहीं थे। हमने यहाँ भी समझाया कि गाँव के लोगों को मिल-जुलकर पंचायत से शिकायत करनी चाहिए। हमें आज भी पूरा शक है कि उन्हें हमारी बातों का कोई अंश भी समझ आया होगा। परन्तु वे सब लगातार गर्दन हिलाकर अपनी सहमति व्यक्त करते रहे।

अन्त में बूढ़ी महिला बोली, "ई हमनी के दुकान बा। कोनो कमाई नीखे! खेत

में कभी पानी होता कभी न। का करी? रऊआ बोलीं केकरा के वोट देब?" इस प्रश्न ने हमें अपने कन्धों पर रखी ज़िम्मेदारी की अनुभूति करवाई। अनजाने में ही सही, हम चुनावी माहौल में जनसम्पर्क कर रहे थे। लोगों से मिलना केवल हमारे अध्ययन का हिस्सा न होकर, एक बड़ा सामाजिक एवं राजनीतिक अवसर बन गया था। हमने कहा कि वोट उसी को देना चाहिए जो उनकी समस्याएँ समझे। जो समझेगा वो एक दिन समाधान भी कर ही देगा। अब चाय के प्याले पकड़े शर्मा जी और पाण्डे जी भी हमारे सामने ही खड़े थे। शर्मा जी ने कहा, "रऊआ कांग्रेस के साथ बाड़ी। रऊआ लोगन के महागठबन्धन के वोट देबे के चाही।" नीतीश जी हमारे पसन्दीदा उम्मीदवार बन चुके थे। बात राजनीतिक हो चुकी थी। हमने सबसे विदा ली। बुढ़िया ने पूछा, "मछरी खाइब नू?"

"ना अम्मा। हमनी के चली जा। प्रणाम।" हम कैसे समझाते कि हम जो नहीं करना चाहते थे, शायद वही कर रहे थे। हमने सोचा कि आगे का सफ़र बिना किसी घटना के तय हो जायेगा, लेकिन ऐसा कहाँ होने वाला था।

"चुनाव? वोट का होला?"
वोटर माता : बीड़ी से एक ब्रेक लेते हुए

ज़िला : चम्पारण, समय : शाम के लगभग 6 बजे। पुलिस चैक पोस्ट!

"रोको, रोको!" डण्डों को हवा में लहराती हुई दो-तीन परछाइयों ने हमारी गाड़ी रुकवा दी। तसल्ली से गाड़ी के अन्दर झाँका। ड्राइवर साहब और पी.एस.ओ. जी तेज़ी से उतर गये। हम मुस्कुराते हुए ये सब देख रहे थे। चुनाव के दौरान बिहार में कई बार हमारी गाड़ी रोकी गयी थी। हम उत्सुकता से गर्दन निकालकर बाहर देख रहे थे। तभी पी.एस.ओ. जी अन्दर आये और बोले, "मैडम-सर, आप बैइठे रहिएगा जरा। चैकिंग चल रही है!"

उनका इतना कहना था कि हमने दरवाज़ा खोला और बाहर आकर खड़े हो गये!

तीन पुलिसकर्मियों ने गाड़ी की डिक्की खुलवा ली थी और हमारे दोनों साथियों के बस्तों की जाँच करने लगे। बेवजह रूखेपन से बात कर रहे थे और हक़ से सामान की नाकद्री भी कर रहे थे। हम भी वहीं जा पहुँचे। वहाँ उपस्थित पाँचों पुरुषों ने सर ऊपर उठाकर देखा। पी.एस.ओ. जी और ड्राइवर साहब ने कुछ निराशा से हमारी ओर देखा। वे नहीं चाहते थे कि हम गाड़ी से उतरें। पुलिस वाला तो मानो हमारा जन्मजात वैरी हो। उसने मुँह चिढ़ाया और बोला, "ये सूटकेस किसका है?"

"हमारा है!" हमने बहुत शान से कहा, मानो सूटकेस न हो, कोई ख़ज़ाना हो।

"हाँ तो खोलिए इसे, मैडम!"

हम सूटकेस की ओर बढ़े और सहजता से जब जिप को आधा खींच चुके थे, तभी हमें कुछ याद आया और हमने उसे वापस बन्द कर दिया।

"अरे, क्या कर रही हैं आप? हम खोलने को न बोले थे?"

"हम नहीं खोल सकते! ये हमारा सूटकेस है, इसके अन्दर हमारा सामान है।"

"तो? आप कौन हैं कि हम आपका बैग नहीं देख सकते? चुनाव चल रहे हैं मैडम! किसी को रिआयत नहीं है। कलेक्टर की गाड़ी भी हम चैक कर सकते हैं!"

"आप तीनों के अलावा कोई और भी है इस पोस्ट पर?"

"यहाँ तो हम ही हैं! आप किसे ढूँढ़ रही हैं? आप हैं कौन?"

"एक महिला! किसी महिला पुलिसकर्मी की अनुपस्थिति में हम बैग नहीं खोलेंगे!" इतना कहकर हम गाड़ी में आकर बैठ गये। पी.एस.ओ. जी काफ़ी प्रसन्नता से हमारे पीछे-पीछे चले आये और चन्द लमहों में हम फिर से अपनी मंज़िल की ओर अग्रसर थे।

चाय पर चुनावी चर्चा

अँधेरा होने को था और हम रेलगाड़ी के फाटक पर खड़े थे। नरकटियागंज कुछ ही दूर था। रेल के गुज़र जाने के बाद हमारी गाड़ी फर्राटे से बायीं ओर दौड़ने लगी। वहाँ गाँव का छोटा-सा बाज़ार था। आगे बढ़े तो एक बड़ी फैक्ट्री दिखाई पड़ी। हम करीब दस किलोमीटर आगे आ गये थे। ऐसा लग रहा था कि हम रिहाईरा को कहीं पीछे छोड़ आये थे। हम ग़लत रास्ते पर आ गये थे। फाटक से बायें नहीं, दायें जाना था। गाड़ी को घुमाया गया और हम आधे घण्टे में नरकटियागंज पहुँच गये। हमारी प्रतीक्षा की जा रही थी। हमें शहर के सबसे बढ़िया होटल में ठहराया गया। कमरे में खाने का एक मेनू था पर मेनू पर लिखी कोई भी वस्तु वहाँ उपलब्ध नहीं थी। लेकिन, दाल, भात, भुजिया बिहार में कहीं भी मिल ही जाती है।

होटल बोधी ट्री का मीनू कार्ड

पाण्डे जी और शर्मा जी को भी एक कमरा दिया गया। न जाने कब पाण्डे जी ने सब को निर्देश दे दिया कि हमसे जो भी मिलना चाहे, उसे पहले उनसे बात करनी होगी। वे तो सिर्फ़ अपना ही काम कर रहे थे लेकिन हमें यह कुछ अजीब लगा। हमने उनसे कहा कि किसी को भी हमसे मिलने की आज़ादी होनी चाहिए। मुँह-हाथ धोकर हमने कुछ खा लिया और होटल की लॉबी में चले आये। वहाँ काफ़ी सारे लोग बैठे थे। वे हमारी प्रतीक्षा नहीं कर रहे थे। वे केवल वहाँ बैठकर पार्टी के उम्मीदवार श्री विनय वर्मा के बारे में बातचीत कर रहे थे। वे उनके समर्थक थे। कुछ लोग किसी संगठन से जुड़े थे, कुछ उस बड़ी चीनी फैक्ट्री से भी थे। प्रत्याशी के परिवार का पुराना राजनीतिक इतिहास था। सभी उन्हें भली-भाँति जानते थे। सभी लोग उनकी प्रशंसा कर रहे थे और आश्चर्य की बात ये थी कि सबकी बातें सच लग रही थीं।

विनय जी निर्धारित समय से एक घण्टा देरी से पधारे। परन्तु इस बात पर उन्होंने बहुत खेद व्यक्त किया और विलम्ब की वजह भी बतायी, "दिन भर कैम्पेनिंग के बाद ज़रा घर चले गये थे चाय पीने।" विनय जी का स्वभाव विनयपूर्ण था और उनकी वाणी में एक सुलझे हुए व्यक्तित्व का भाव था। उन्होंने हमें कहा कि वे सर्वप्रथम इन लोगों से मिलना चाहेंगे जो वहाँ दोपहर से उनकी प्रतीक्षा में बैठे थे। यह जानकर हमें बहुत अच्छा लगा। पटना से पार्टी अध्यक्ष द्वारा 'भेजी' गयी दिल्ली की एक महिला शोधकर्ता को विनम्रता से कुछ देर इन्तज़ार करने को कहना आसान नहीं था। कुछ अवसरों पर तो हमें यह भी प्रतीत हुआ था कि चुनावी माहौल में भी हम जैसे 'अनावश्यक' अतिथि की ख़ातिर सिर्फ़ इस डर से की जाती थी कि कहीं हम किसी से शिकायत न कर दें। यहाँ ऐसी कोई बात नहीं थी। विनय जी सम्भवतः केवल अपने वोटरों को ही प्रसन्न करना चाहते थे। इस दुआ के साथ कि वे चुनाव जीतने के बाद भी यूँ ही जनता का आदर करेंगे, हम अपने कमरे में लौट गये। लगभग आधे घण्टे बाद हमें बुलवाया गया। बाहर अब भीड़ कुछ कम थी, विनय जी एक ख़ाली कुर्सी के सामने खड़े थे। हमें देखकर उन्होंने हाथ जोड़कर कुर्सी पर बैठने को कहा।

"विनय जी, शाम भर से कोई महिला यहाँ नहीं आयी। आप क्या केवल पुरुषवर्ग के प्रत्याशी हैं?" हमारा सवाल अंग्रेज़ी में था, सो विनय जी ने भी साफ़-सुथरी अंग्रेज़ी में जवाब दिया। "ऐसा बिल्कुल भी नहीं है। जब हम घर-घर जाते हैं तो महिलाओं से भी भेंट होती है। परन्तु ज़्यादातर महिलाएँ संगठित नहीं हैं। पार्टी का अपना जो महिला संगठन है, वे लोग हमारे साथ हैं।"

"हम उनसे मिल सकते हैं? कल किसी भी समय?"

"आप हम सब के साथ कल प्रचार के लिए क्यों नहीं चलतीं।"

हमारे देश में चाय का प्याला वो कड़ी है जो सदियों से धर्म-जाति-लिंग से परे लोगों को आपस में जोड़ता रहा है।

"हम यहीं पर पहले कुछ महिलाओं से मिलना चाहते हैं। क्या सम्भव है?"

अगले दिन भोरे-भोरे तीन महिलाएँ हमसे मिलने आ पहुँचीं। गाँव की महिलाएँ थीं। साड़ी के पल्लू से सर ढका हुआ था।

"आप विनय जी के लिए चुनाव प्रचार में जाती हैं?"

कोई जवाब नहीं मिला। तीनों हमें बस देखती रहीं और कुछ क्षणों बाद एक-दूसरे की ओर देखने लगीं। उनमें से जिस महिला ने आते ही 'प्रणाम!' कहा था, उसी ने उत्तर देने का जिम्मा उठाया। "ज जाते हैं। ऐसी कोई बात नहीं है।" यह महिला विनय जी के सगंठन का हिस्सा थी। शायद महिला कांग्रेस की एक सक्रिय सदस्या भी।

"कैसी बात नहीं है?" हमने बात साफ़ करने की नीयत से पूछा।

"म मैडम जी, हम जाते हैं। सबसे मिलते हैं।"

"देखिए, हम सिर्फ़ जानना चाहते हैं कि यहाँ महिलाओं के क्या मुद्दे हैं। आप लोग जाती होंगी तो आपको पता होगा। बस ये सोचकर ही पूछ लिया। आप घबराइए नहीं प्लीज़।" बाकी की दोनों महिलाएँ दहशत में दिख रही थीं।

हमें समझ ही नहीं आ रहा था कि क्या कहें। तभी हमारे समीप खड़े पाण्डे जी बोल पड़े, "मैडम सर, चाय मँगायें? सब चाय पीजिएगा?" इस एक बात के लिए हम चिरकाल तक पाण्डे जी के आभारी रहेंगे। हमारे देश में चाय का प्याला वो कड़ी है जो सदियों से धर्म-जाति-लिंग से परे लोगों को आपस में जोड़ता रहा है। राष्ट्रगान एवं तिरंगे के बाद शायद चाय ही वो चीज़ है जो हिन्दुस्तानियों को गर्व और प्रेरणा से भावविभोर कर देती है।

इस समय हमने ये ठीक नहीं समझा कि हम कहें कि हम चाय नहीं पीते। "जी बिल्कुल! कुछ बिस्कुट वगैरह भी मँगवा लीजिएगा, पाण्डे जी। धन्यवाद!" चाय के आने तक हम चारों महिलाएँ बिना एक भी शब्द कहे बैठी रहीं।

चाय पीते हुए उसी महिला ने बात शुरू की–

"आप दिल्ली से पार्टी दफ़्तर से आयी हैं न?"

"जी नहीं। हम दिल्ली से आये हैं। पार्टी से कोई सरोकार नहीं है। हम ये जानना चाहते थे कि बिहार की महिलाएँ किस मनसा से वोट देती हैं।"

"काहे?"

अब इसका हम क्या जवाब देते। हमने बताया कि हम बिहार की ही बहू हैं और ससुराल आने का कोई भी बहाना मिले तो चले आते हैं। इस जवाब ने उनके सभी सवालों को निरर्थक कर दिया और बात अब केवल इतनी ही रह गयी कि हमारा ससुराल बिहार के किस ज़िले में है। परन्तु अब भी, बाकी दोनों महिलाएँ

चुप्पी साध कर चाय पी रही थीं। हमने कुछ देर तक महिलाओं के चुनावी रुझान के बारे में बातचीत की। इनके हिसाब से विनय जी की जीत निश्चित थी। सभी वर्गों से भारी समर्थन पा रहे थे कांग्रेस के प्रत्याशी। अन्त तक मूक रहने वाली इन महिलाओं से भी हम कुछ सुनना चाहते थे।

"जी हाँ! ये भी हमारे साथ जाती हैं। और महिलाएँ भी जाती हैं।" उसी जानी-पहचानी आवाज़ ने जवाब दिया।

"अच्छा! आप ऐसा करिए, हमारा फ़ोन नम्बर लिख लीजिए। कल जहाँ जाने का कार्यक्रम हो, हमें बता दीजिएगा, हम भी साथ चलना चाहेंगे।" इससे पहले कि ये सक्रिय सदस्या हमारी बात का फिर से अपहरण करती, हमने पाण्डे जी से कहा कि वे एक काग़ज़ एवं कलम दे दें। उन्होंने अपनी ही जेब से एक छोटा-सा काग़ज़ का टुकड़ा निकाल दिया और कलम भी। हमने उन दोनों महिलाओं की ओर इशारा कर दिया। उन्होंने भी हताशापूर्ण भाव से कलम-काग़ज़ थाम लिए। "अट्ठानवे, ईग्यारा..." हम बोलने लगे लेकिन उन्होंने लिखने का कष्ट नहीं किया। तब, कुछ हिचकिचाकर वही महिला बोली, "इन्हें लिखना नहीं आता है। हम लिखा दें?"

महिलाओं की निरक्षरता से जन्मी कुण्ठा का यह मार्मिक दृश्य था। वे दोनों महिलाएँ अपने अनपढ़ होने की वजह से सकुचा रही थीं। उन्होंने एक शब्द भी नहीं कहा। क्या वे किसी भी अनजान व्यक्ति, फिर चाहे वो महिला हो या पुरुष, से कोई बात कर सकती थीं? हमें सन्देह है कि वे चुनाव प्रचार करने में सक्षम होंगी। हालाँकि हमें ऐसा भी नहीं लगता कि हमें झूठ बोला जा रहा था। ये महिलाएँ चुनाव प्रचार करने जाती तो होंगी परन्तु केवल मूक दर्शक बनकर। चुनावी बोली में कुछ महिलाओं को देखने भर से वोटर महिलाएँ खुलकर अपनी बात कर पाती होंगी। लेकिन गाँव की महिलाओं की शिकायतें एवं सुझाव यदि नोट ही नहीं किये जाते होंगे, तो उन पर आगे चलकर काम कैसे होगा? क्या चुनाव प्रचार आज भी कुछ इलाकों में केवल ढोंग है? या फिर क्या चुनाव प्रचार में केवल उम्मीदवार को ही अपनी बात कहने का अधिकार है? और क्या हमें केवल सुनना ही होगा? क्या हमारी बातें सुनी नहीं जायेंगी? या अगर कोई विरला सुन भी लेगा तो क्या कभी उस पर कोई कार्यवाही की जायेगी? चुनाव क्या है—ये हम समझ भी लें तो क्या कभी ये समझ पायेंगे कि चुनाव प्रचार क्या बला है? प्रचार के दौरान व्यक्ति, आश्वासन, वायदे और सान्त्वना सभी झूठी हो सकती हैं। सच्चा होता है तो बस वोट माँगने का आग्रह।

सुकून की बात ये है कि यहाँ का वोटर इस दोगलेपन को समझता है लेकिन उस समय प्रत्याशी के वचनों पर विश्वास करने के सिवा उसके पास कोई विकल्प नहीं होता। इसमें महिला वोटर झुंझलाहट की एक ऐसी सीमा पर पहुँच चुकी होती

है कि वो निडर होकर विद्रोह कर उठती है और जो मन में आता है, बोल देती है। बिहार ही में नहीं देश के अन्य भागों में भी हमने देखा कि जहाँ प्रत्याशियों का सामना किसी बेबाक महिला वोटर से होता है, तो अमूमन वो लाजवाब-सा खड़ा ही रह जाता है। महिलाएँ वार सीधा करती हैं क्योंकि वे भली-भाँति जानती हैं कि चन्द लम्हे ही हैं उनके पास। अपनी पूरी भड़ास इसी क्षण में निकालनी होगी। और फिर प्रत्याशी की उँगली भी अभी दबी होती है। वह कुछ कह भी तो नहीं सकता।

अगले कुछ घण्टों में हम स्थानीय नेताओं से मिले।

मुसलमान वर्ग में कांग्रेस और विनय जी की लोकप्रियता बहुत गहरी थी। कांग्रेस पार्टी ने अल्पसंख्यक वर्ग के मन पर अपनी पकड़ बना रखी थी। विनय जी एक विश्वसनीय नेता प्रतीत होते हैं। पढ़े-लिखे हैं और उनके स्वर में एक परिपक्व ठहराव है। उनके सुपुत्र श्री विवेक जी हमें एक छोटी-सी राजनीतिक बैठक में ले गये जहाँ उनकी पार्टी के नये-पुराने कार्यकर्ता जमा हुए थे। पाण्डे जी और शर्मा जी हमारे साथ थे। सभागार में अगली कुछ कुर्सियों पर पार्टी कार्यकर्ताओं के कुछ पुराने नमूने विराजमान थे। पीछे की कुर्सियों पर कुछ महिलाएँ भी थीं। वहाँ सबसे ज़्यादा संख्या में नौजवान कांग्रेस प्रेमी थे। हमने कुछ देर महिलाओं से बातचीत की और फिर वापस अपने होटल पहुँच गये जो कि सड़क की दूसरी ओर था।

शाम को विनय जी दुबारा होटल की लॉबी में बैठक करने आये। उन्होंने हमसे भी बात की और हमें अगले रोज़ अपने काफ़िले के साथ प्रचार के लिए आने को कहा। हम यहाँ का जायज़ा ले चुके थे और अब आगे बढ़ जाना ही हमारी नियति थी। हमने उनसे क्षमा माँगी और अगले दिन सुबह पटना की ओर रवाना होने की इजाज़त ली।

तीन महिलाओं की एक लड़ी

सुबह गाड़ी में बैठते ही हमने अशोक चौधरी जी के विश्वास पात्र निशान्त को फ़ोन किया। उन्होंने हमें सुझाव दिया कि हम गोविन्दगंज होते हुए लौट सकते हैं। हमें बताया गया था कि वहाँ के कांग्रेस प्रत्याशी ब्रजेश कुमार पाण्डे की धर्मपत्नी चुनाव प्रचार में बहुत सक्रिय थीं। हमें उनसे मिलने की प्रबल इच्छा थी परन्तु हमें ये भी बताया गया कि उस दिन वहाँ (अरेराज में) कांग्रेस नेता राहुल गाँधी जी की रैली थी। एक रैली हम बक्सर में देख आये थे। ये बात साफ़ थी कि रैली वाले दिन काम की कोई भी बात नहीं हो सकती। रैली एक किस्म का बल प्रदर्शन होता है।

वाल्मीकि टाइगर रिज़र्व : रास्ता इधर से ही है

रैली अपने वोटरों को लुभाने के लिए कम और दूसरी पार्टियों को दिखाने के लिए ज़्यादा की जाती है।

ये अपने वोटरों को लुभाने के लिए कम और दूसरी पार्टियों को दिखाने के लिए ज़्यादा किया जाता है। ''आ देखें ज़रा, किसमें कितना है दम...'' शर्मा जी की गाड़ी का रेडियो सही समय पर सही गीत बजाता था। हम अपने विचारों से जूझ रहे थे। गोविन्दगंज जायें या नहीं। तभी बाहर हमें एक बाघ का चेहरा मुँह फाड़ता नज़र आया। जी नहीं, बाघ एक पोस्टर पर था, साक्षात हमारे समक्ष नहीं।

''बेतिया में अभयारण्य भी है?'' हमने कुछ हैरानी से पूछा। पाण्डे जी ने हमारे सामान्य ज्ञान की निन्दा की और बेतिया के वन्य जीवों की अत्यधिक प्रशंसा।

तेज़ी से सफ़र तय करती हुए हमारी गाड़ी पटना शहर की ओर लपक रही थी। अचानक शर्मा ज़ी ने पूछा, ''मैडम सर, गोविन्दगंज जाना है? आप फ़ोन पर बतिया रही थीं न? गोविन्दगंज?'' स्वयं को तर्कसंगत समझने वाले हम भी कभी-कभी चीज़ों को ईश्वर की इच्छा मानकर स्वीकार कर लेते हैं। शर्मा का प्रश्न मानो हमें कह रहा हो कि पटना अभी दूर था, गोविन्दगंज हमारी राह देख रहा था।

हम सीधा रैली के मैदान पर ही पहुँचे। इससे पहले ही हमने फ़ोन पर ब्रजेश जी की धर्मपत्नी से बात कर ली थी। ''आप हमें मैदान के बाहर ही मिल जाइएगा? हम ढूँढ़ लेंगे आपको।'' भाभी जी की आवाज़ में जोश था। हमें लग रहा था कि गोविन्दगंज आकर हमने अच्छा ही किया था। मैदान के बाहर पुलिसकर्मियों के जत्थे थे। हमने गाड़ी रुकवाई और उतरकर भाभी जी को तलाशने लगे। सामने से दो महिलाएँ हमारी ओर आ रही थीं। उनमें से जो क़द में कुछ कम थीं, वे हमारे पास आकर हमारे गले लग गयीं। मानो हमें बरसों से जानती हों।

''भाभी जी?''

''हाँ, हाँ, प्रतिष्ठा जी। कैसी हैं आप?'' उनकी मुस्कान में जो अपनापन था, वो उसे एक मीठी-सी हँसी बना दे रहा था। उन्होंने हमें अपनी ननद से भी मिलवाया। भाभी जी का बात करने का लहज़ा ऐसा था मानो वे सच में ही हमारी रिश्तेदार हों। उन्होंने हमसे बेहद स्वाभाविकता से पूछा, ''दिल्ली में सब कैसे हैं? आप के घर में?''

''सब ठीक हैं, धन्यवाद।''

''आपके पति?''

''जी हाँ, वे ठीक हैं।'' अब इतने जवाब-सवाल के बाद हमें इतनी हिम्मत नहीं थी कि उनसे पूछें ''आपका नाम क्या है भाभी,'' हमने पूछा, ''भइया कहाँ हैं? आज तो बहुत व्यस्त होंगे न?''

''आप तो सब जानती ही हैं। आज तो इस सब में ही लगे हैं।'' भाभी जी ने मैदान की ओर इशारा करते हुए कहा।

"अरे भइया, किस तरफ़ से अन्दर जाना है? हम लोगों को मंच के पास जाना है।" भाभी जी टहलते हुए पुलिसकर्मियों से पूछ रही थीं। उनके साथ कोई पुरुष नहीं था। उनकी आत्मनिर्भरता को देखकर हम काफ़ी प्रभावित हुए। पिछले लोकसभा चुनाव में हमें राजस्थान में कुछ प्रत्याशियों की धर्मपत्नी से मिलने का सौभाग्य प्राप्त हुआ था। भाभी जी की सादगी के विपरीत, ये महिलाएँ, पाँच-छह सुरक्षाकर्मियों के बिना बाहर क़दम भी नहीं रखती थीं। मेकअप, खाना, पानी के अलावा उन्हें हर पल अपनी पसन्दीदा सहेलियों का साथ भी चाहिए था। उनकी पूछ स्वयं प्रत्याशियों से भी ज़्यादा होती थी और उन्हें भाभी जी कहलाने पर सख़्त आपत्ति थी। वे मैडम वर्ग की स्वाभिमानी स्त्रियाँ थीं। बहरहाल, भाभी जी ने हमारा हाथ थाम रखा था और उनकी ननद ने उनका। हम तीनों महिलाएँ एक विचित्र लड़ीनुमा क़तार में एक बड़े जनसमूह के पीछे चल पड़ीं। रैली आरम्भ होने में अभी काफ़ी समय शेष था। मैदान के किनारे एक आँगन-सा बना था। क्योंकि इस छत वाले आँगन में धूप से बचा जा सकता था, यहाँ सबसे ज़्यादा भीड़ थी। हम इसके नज़दीक ही खड़े थे जब एक युवक वहाँ आ गया। "अरे भाभी जी, आप यहाँ कहाँ फँस गयीं? चलिए!" वहाँ पहुँचकर ज्ञात हुआ कि मेले जैसी रेलमपेल के बीचोबीच एक वीआईपी अहाता बन चुका था। एक कुर्सी पर पसीने में नहाये, पारदर्शी सफ़ेद कुर्ते में ब्रजेश बाबू बैठे थे। आसपास समर्थकों की भीड़ थी। कुछ लोगों से बात करने पर पता चला कि समर्थकों में से नब्बे प्रतिशत तो उनके अपने परिवार के सदस्य ही थे। भाभी जी ने हमें कई पुरुषों से मिलवाया। कोई चाचा, कोई भाई, तो कोई भतीजा था। मिलते-मिलते हम भी प्रत्याशी की कुर्सी तक पहुँच ही गये। ब्रजेश ने हमसे कुछ मिनटों तक बातचीत की। वे अपनी जीत को लेकर काफ़ी आश्वस्त थे। महिलाओं के लिए प्रचार की बागडोर भाभी जी ने सँभाल रखी थी। उनके लिए सबसे बड़ी समस्या गर्मी की थी।

हम लोग करीब बीस-तीस मिनट वहीं छाँव में खड़े रहे। तभी एक युवक ने भाभी जी को पानी की एक बोतल थमा दी। उन्होंने अतिथि-सत्कार का धर्म याद रखते हुए सर्वप्रथम हमें ही उस पानी का अधिकारी माना। बहुत धूप थी और धूप से ज़्यादा कुछ थी तो वो थी पानी की प्यास। हमने एक-दो घूँट पानी पी लिया, यानी ठीक उतना ही जितना एक शिष्ट अतिथि को पीना चाहिए। बाकी का पानी कुछ ही पलों में भाभी जी एवं उनकी ननद के गले से नीचे उतर गया। शिष्टाचार ने बहुतों को मारा है। चलो हम भी सही। जल्दी में हम नरकटियागंज से बिना कुछ खाये-पीये ही चले आये थे। इस किस्म की बेवक़ूफ़ी हमने पहली बार नहीं की थी। शायद इसीलिए हम जानते थे कि हमारी हालत कुछ समय में बिगड़ने वाली थी। ख़ैर पानी की चन्द बूँदें हमें कुछ ख़ास सहारा दे भी नहीं सकती थीं।

कुछ लोगों से बात करने पर पता चला कि समर्थकों में से नब्बे प्रतिशत तो उनके अपने परिवार के सदस्य ही थे।

"आप कुछ खायेंगी?"

"आप?" हमारा सवाल भाभी जी के सवाल का जवाब था।

"नहीं। आप?" भाभी जी ने फिर गेंद हमारे पाले में फेंक दी।

"कोई बात नहीं। अभी ठीक है। वैसे भी यहाँ क्या मिलेगा?"

भाभी जी धूप में भी खिल रही थीं। उन्हें शायद इस कड़ी धूप की आदत थी। हमने पूछा तो वो बोली, "अब आदत हो गयी है। इन दिनों इतना घूमना होता है। रोज़ हम भोरे-भोरे निकल जाते हैं। आप चलिएगा। सब इतना प्रेम, इतना सम्मान देती हैं। हमें बहुत अच्छा लगता है।"

ननद जी भी गर्व से बोली, "हाँ, हाँ। इन्हें तो सभी बहुत स्नेह दे रहे हैं। जहाँ भी जाते हैं, लोग कहते हैं कि इन्हें ही चुनाव मैदान में उतर जाना चाहिए था। प्रत्याशी के रूप में! खूब समर्थन मिल रहा है।"

हमने कहा कि भाभी जी का जैसा व्यवहार है, हमें ज़रा भी आशंका नहीं कि यदि वे स्वयं प्रत्याशी होतीं तो ज़रूर विजयी होतीं।

"अरे लेकिन ऐसे नहीं हैं। हम ऐसे नहीं थे। ये तो सब परिवारजनों का स्नेह और प्रोत्साहन है। हमारे सगे देवर हैं न...?" उन्होंने एक राष्ट्रीय स्तर के हिन्दी चैनल के बेहद लोकप्रिय पत्रकार का नाम लिया। रवीश कुमार। हमने भी टीवी पर कई बार उनका कार्यक्रम देखा है। हमारी नज़र में वे एक उम्दा पत्रकार हैं, और शायद इसलिए उनकी जमकर आलोचना भी की जाती है।

"...वे आपके पति के सगे भाई हैं? हमें नहीं पता था।"

"हाँ! अरे उन्होंने हमें बहुत हौसला दिया। बोले भाभी, आप पीछे मत रहिएगा। सबसे मिलिएगा।" हमें पहले तो थोड़ा अजीब भी लगता था परन्तु अब बहुत अच्छा लगता है। सब कोई बात को ध्यान से सुनते हैं।"

"भाभी जी, आप उन लोगों की भी सुना कीजिए। सब यही करते हैं। अपनी कही और चल दिये। वोटरों को भी तो अपना मन हलका करने का मौक़ा मिलना चाहिए न?"

"आप बिल्कुल ठीक बोल रही हैं।" कुछ क्षणों के लिए भाभी जी के चेहरे की मनमोहक मुस्कान कहीं खो गयी। ऐसा अक्सर तब होता है, जब व्यक्ति को कोई बात गहराई तक समझ आती है। उस क्षण में चेहरे के भाव बदल जाते हैं और मनुष्य ये सोचने लगता है कि इतनी मामूली-सी बात वह स्वयं ही क्यों नहीं पकड़ सका।

"अब आप आ गयी हैं न? इससे हमारा भी फ़ायदा होगा। आप हमारे साथ चलिएगा। आप जैसे बात करिएगा, हम भी वैसे ही करेंगे।" अब वे फिर से मुस्कराने

लगीं। उनके मुस्कराते हुए चेहरे को सच्चाई बताकर हताश करना बेकार था इसलिए हम चुप रहे। उन्हें ये नहीं बताया कि हम रैली ख़त्म होते ही पटना के लिए रवाना हो जायेंगे। मुख्य मंच तक पहुँचने के तीन दुर्गम द्वार थे। हम पहले से दाखिल होकर आँगन तक पहुँचे थे जहाँ हमें बताया गया कि वहाँ से मंच तक का रास्ता बन्द कर दिया गया है। दरअस्ल यहीं पर कुछ दूर, हैलीकॉप्टर के उतरने का इन्तज़ाम कराया गया था। हमें सुझाव दिया गया कि हम दूसरी ओर से प्रवेश करें। हम तीनों महिलाएँ पहले द्वार से निकास करके, दूसरे द्वार तक चलकर पहुँचीं। जैसे-तैसे उन्हें लाँघकर हम वहाँ पहुँचे तो एक पुलिसकर्मी ने फिर से दूसरे द्वार पर जाने को कहा। अभी तक हम मूक दर्शक बने भाभी जी के पीछे-पीछे चल रहे थे। धूप कड़ी थी। मैदान बहुत विशाल था। तीनों द्वार एक-दूसरे से करीब सात-आठ सौ मीटर की दूरी पर थे और बेवक़ूफी में हम भूखे पेट ही थे। तीसरे गेट से दोबारा दूसरे गेट की ओर जाते समय हमने रास्ते में एक एसपीजी के कमाण्डो से पूछा। उसने हमें लौटकर तीसरे द्वार पर ही जाने को कहा। यह हमारे धैर्य की कड़ी परीक्षा थी।

"प्रत्याशी की पत्नी और बहन को इतने धक्के खाने पड़ रहे हैं। ये कहाँ का कायदा है?"

हमें मदद करने वाली कान्स्टेबल युवतियाँ

"प्रत्याशी की पत्नी और बहन को इतने धक्के खाने पड़ रहे हैं। ये कहाँ का कायदा है?"

उस जवान ने हम पर तरस खा लिया और हमारे साथ बल्लियों के ताने-बाने, यानी द्वार संख्या तीन तक चला आया। यहाँ पुलिस की दो महिला कान्स्टेबल थीं और एक पुरुष पुलिसकर्मी। हमारे साथ आये एसपीजी के जवान हमें वहीं प्रतीक्षा करने को कह गये।

हमने इस कान्स्टेबल युवती से कहा, "अरे भाई, जाने भी दो। रैली है या चार धाम की यात्रा।"

ये सुनकर वो हँस पड़ी और बोली, "मैम, हम कुछ नहीं कर सकते। सब कुछ उन लोगों के ही हाथ में है। हम तो बस सिक्योरिटी के लिए..."

हमारा मूड कुछ बेहतर हो गया था और शायद इसकी वजह ये लड़की ही थी। "छोड़ो कोई बात नहीं। चलो एक सेल्फी ली जाये। भाभी जी, आ जाइए।"

इस फ़ोटो को खींचते ही, पुरुष पुलिसकर्मी इस युवती पर चिल्ला पड़ा, "हँसना मना है! चुप रहो।" पुलिस की नौकरी के बारे में कुछ बातें हमें नहीं पता हैं। उनमें से एक यह है कि पुलिसवालों को हँसना मना है। यह नयी बात थी। हम भाव समझ गये थे। भाव वही था जो स्कूली अध्यापक का फ्री पीरियड में होता है। "काम नहीं है तो क्या? बेटा, तुम्हें हँसने न देंगे" लड़की सहम गयी और हमसे कुछ दूर जाकर खड़ी हो गयी। भाभी जी को ये सब देख बड़ी हँसी आयी।

कुछ पलों बाद हमारे लिए बल्लियों के उस पार से सन्देशा आया। हमें भीतर बुला लिया गया था।

आम जनता की आशा-निराशा

मंच के समीप जाकर, भाभी जी को हमसे जुदा होना पड़ा। उन्हें मंच के सामने वाली सीट पर बैठा दिया गया। उनकी ननद भी उन्हीं के साथ चली गयीं। हमें पार्टी की महिला नेताओं के साथ कर दिया गया। एक बार फिर से हम मुख्य अतिथि से भेंट करने वाले नेताओं के गोले में हिस्सा होंगे। "भूख लग रही है, यार!" हम इसके आगे सोच ही नहीं पा रहे थे।

महिला कांग्रेस कर्मियों के जमावड़े में सुधा मिश्रा जी से दोबारा भेंट हुई। उन्होंने गले लगाया तो यक़ीन हो गया कि उस दिन उनका आक्रोश हमारे लिए नहीं था। उनकी झुँझलाहट टिकट न मिलने के धक्के का नतीजा थी। आज वे काफ़ी शान्त और प्रसन्न लग रही थीं। उन्होंने श्रीमती अमिता भूषण जी से हमारी मुलाकात करवाई।

"आपके बारे में काफ़ी कुछ सुन लिया है हमने। आपने तो हमारी महिलाओं को मन्त्रमुग्ध-सा कर दिया है। बहुत समय के बाद सभी ने एक स्वर में किसी की प्रशंसा की है।"

"धन्यवाद, अमिता जी। इसकी वजह शायद ये भी रही होगी कि हमारा किसी राजनीतिक पार्टी से कोई सीधा सम्बन्ध नहीं है।"

"अराजनीतिक कुछ भी नहीं होता, प्रतिष्ठा जी!" वे और लोगों से मिलने चल दीं। बात तो सच ही है। हमारी राजनीतिक सोच थी। महिला वोटरों के सशक्तीकरण से स्वयं महिला वोटरों को रू-ब-रू करवाना।

अपने इस शोध का नतीजा हम पहले ही से जानते थे। महिलाएँ अपने वोट से देश का चेहरा बदल रही हैं। हर राज्य में इस बदलाव का एक अलग रूप था परन्तु हर राज्य इस बदलाव का साक्षी है। हमें भी अराजनीतिक के मुखौटे को तज देना होगा। महिलाओं के आत्मजागरण की बिहारी लहर ने हमें भी अपने आपसे अवगत कराया था। इन अनेक वार्ताओं के बीच हमारे शब्द अब उन सभी के शब्दों के साथ घुल गये थे। बातें और समय नहीं बीते बल्कि हमारे व्यक्तित्व से जुड़ गये थे। हर मुलाकात पहली और आख़िरी दोनों ही होती हैं। हम बदल जाते हैं। हमेशा के लिए बैठने के लिए कोई जगह नहीं थी। ये केवल उन चुनिन्दा लोगों के लिए

थी जो मंच के करीब खड़े थे। आम जनता के लिए अनगिनत कुर्सियाँ बिछी थीं। किसी भले आदमी ने इन बेचारे नेताओं के लिए भी कुछ कुर्सियाँ ला दीं। सभी धूप में तप रहे थे और थोड़ा भी आराम पाने के लिए भगदड़-सी मच गयी। हम सुधा जी के साथ थे। उन्होंने चीते की फुर्ती से दो कुर्सियाँ घेर लीं और हमें अपने साथ बैठा दिया। दोपहर का समय हो चला था। कार्यक्रम आरम्भ होने में अभी आधा घण्टा बचा था। सुधा जी को लगभग सभी पहचानते थे और वे हमें सभी से मिलवा भी रही थीं। बातचीत करने से भी हमारी जान-सी जा रही थी। काफ़ी कमज़ोर लग रही थीं। तभी हमें कहा गया कि मंच के पीछे बने पण्डाल के कमरे में हमारी सुरक्षा जाँच होगी। वहाँ पहुँचे तो सर चकरा गया। दो टेबलों पर केलों के ढेर रखे थे, पानी की बोतलें और जूस के कुछ डिब्बे भी। जिस लड़की ने हमारी जाँच की, हमने उससे पूछ ही लिया, ''ये सब खाना किसके लिए है?'' उसे कुछ पता नहीं था। बाहर एक एसपीजी का जवान खड़ा था। उसने शायद हमें पहचान लिया।

''मैडम, आप बक्सर में भी थीं न? आप दिल्ली से आयी हैं न?''

''जी, आप?''

''हम भी थे वहाँ। आज कल रैली पर ड्यूटी रहती है।''

''अच्छा'' हमने कुछ और देर उस जवान से बात की लेकिन इतनी हिम्मत न जुटा पाये कि उससे पानी व खाने के लिए कहें। सुधा जी सुरक्षा जाँच करवाने के लिए लाइन में खड़ी थीं। उन्होंने हमारी ओर देखा और बोलीं, ''आप ठीक तो हैं? हदसी हुई लग रही हैं। पानी पीजिएगा?'' और हमारे उत्तर की प्रतीक्षा न करते हुए उस जवान से बोलीं, ''एक बोतल पानी दे दीजिए, भाई। देखिए मैडम सूखी जा रही हैं।''

उसने एक पानी की बोतल मुझे पकड़ाकर कहा, ''वैसे तो ये पानी अतिथिगण के लिए है लेकिन मैडम को तो हम जानते हैं।''

हमने और सुधा जी ने पल भर में एक लीटर पानी गटक लिया। ''आप कुछ खाइएगा?''

"हमने सुबह से कुछ खाया ही नहीं है। इसलिए कमज़ोरी जैसी लग रही है।"

'अरे अब इससे फल कैसे माँगें? आपको कुछ खा लेना चाहिए।' हमने सोचा कि हम ही उसे कुछ फल के लिए कह देते हैं। लेकिन तब तक वो बाहर जा चुका था। सुरक्षा जाँच वाली लड़की वहीं थी।

सुधा जी ने धीरे से बोला, ''आप चुपचाप कुछ फल उठा लीजिए, कोई नहीं देख रहा?''

"चोरी?" हमने पूछा। वे मुस्कुराने लगीं।

हमने दो केले उठा लिए। एक उन्हें थमा दिया। हम दोनों ने वहीं पण्डाल के अन्दर छिपकर उन्हें खा लिया और छिलका वहीं पीछे फेंक दिया। खा-पीकर हम दोनों बाहर आ गयीं और एक-दूसरे की ओर देखकर हँसती रहीं। कुछ समय बाद हैलीकॉप्टर के गड़गड़ाने की आवाज़ आने लगी। सभी नेताओं को एक क़तार में खड़ा कर दिया गया। इस बार पिछली रैली की तरह गोल घेरा नहीं बनवाया था। मिनटों में अतिथिगण हमारे समक्ष थे। अशोक चौधरी जी भी आये थे। उन्होंने हमें राहुल गाँधी जी से मिलवाया। हमारे अध्ययन के विषय में बताया। उन्होंने हमें बधाई दी और हाथ जोड़कर आगे बढ़ गये। रैली में जमकर भाषणबाजी हुई। सभी छोटे-बड़े नेताओं ने अपने शब्दों का जादू चलाने की भरपूर चेष्टा की।

ये तलाश क्या केवल हैलीकॉप्टर की थी?

राहुल गाँधी के भाषण में मोदी पर लगातार निशाना साधा गया था।

"किसी को रोज़गार मिला? महँगाई कम हुई?"

किसी ने बीच में कहा, "फेंकू था!"

तो राहुल ने भी इसे तूल दिया, "फेंकू था! है!"

"सरकार का काम होता है शिक्षा देना, स्वास्थ्य देना लेकिन ये (मोदी) वो काम भी नहीं करना चाहते...हमने यहाँ गठबन्धन इसलिए बनाया है कि हम कमज़ोर लोगों की रक्षा करना चाहते हैं। और मोदी जी के चुने हुए सूट-बूट वाले दोस्तों से बिहार को बचाना चाहते हैं। हमारी सरकार आयेगी तो गरीबों की, आप लोगों की सुनवाई होगी, महिलाओं की सुनवाई होगी। हमने 33% आरक्षण की बात की और युवाओं को हम पढ़ाई के लिए चार लाख रुपये क्रेडिट देंगे।" (इस पर जमकर तालियाँ बजाई गयीं)

"गाँधी जी ने अकेले ग़रीबों की लड़ाई नहीं लड़ी। जगजीवन राम जी, आम्बेडकर जी, पटेल जी, नेहरू जी इन सब लोगों ने आपकी लड़ाई लड़ी। ये लोग आपकी बात सुनते थे। कांग्रेस पार्टी उस प्रकार से काम करती है। आर.एस.एस. और बी.जे.पी. सोचती है कि कमज़ोर और ग़रीब लोगों में ज्ञान नहीं है..."

हमने राहुल गाँधी को सुनने आये लोगों से ये जानने की कोशिश की कि वे अपने नेता के भाषण से प्रसन्न थे या नहीं। "एकदम गर्दा!!" पाँच-छह युवकों ने एक स्वर में कहा। कुछ महिलाओं ने पूछा, "इ दिल्लीयो में रहेला नू?"

और कुछ महिलाओं ने कहा, "ये नीतीश के साथ हैं न? तब हम इनके साथ हैं!"

ज़्यादातर जमा भीड़ कांग्रेस कार्यकर्ताओं के परिवार की ही थी। उनसे कुछ भी पूछने पर किसी नयी बात के उजागर होने की कोई सम्भावना नहीं थी। बाहर आते समय हमने कुछ और महिलाओं को आराम से बतियाते देखा। पूछने पर पता चला कि वे एक ही मोहल्ले में रहती थीं। दोपहर के खाने के बाद आराम करते समय उन्होंने लाउड स्पीकर की आवाज़ सुनी और साथ मिलकर मैदान की ओर चल दीं।

हमने उन्हें टोका, "आपको पता था कि किसकी आवाज़ है?"

"न! तभी न आये हैं! जानने तो आये हैं!"

"तो देखकर पहचान गयीं?"

"हाँ! राहुलवा है! सोनाली के लईका!"

"सोनिया के!" उनकी पड़ोसन ने हँसकर कहा। सब हँसने लगीं।

"तो कैसा लगा भाषण?"

"ख़ूब ताली बजाय! वो बोले दंगा मोदी ने करवाया है। गुजरात में और बिहार

में भी! जो लोगों को मारेगा वो हमारे देस में नहीं चलेगा। हिन्दू-मुसलमान सब साथे हैं। ये सबनम है। मुसलमान है पर हमारी सहेली है। हम सबसे बात करते हैं। आप से हमने पूछा कि आप कौन जात हैं? न नू?"

"सबनम" साड़ी का एक कोना मुँह में डाले मुस्कुरा रही थी।

अन्त में हैलीकॉप्टर की गड़गड़ाहट धीरे-धीरे दूर जाने लगी और कुछ मिनटों बाद पूरी तरह से फीकी पड़ गयी। अब एक-दूसरे को दुआ-सलाम करके नेतागण वहाँ से विलोप हो गये। हम कुछ देर आम जनता को देखते रहे। वे अब भी आकाश में हैलीकॉप्टर को तलाश रहे थे।

ये तलाश क्या केवल हैलीकॉप्टर की थी? क्या भारत की जनता किसी मसीहे की तलाश में थी? क्या वे मसीहा की पदवी किसी भी व्यक्ति को देने के लिए तैयार बैठे थे? कि कोई उँगली तो पकड़ा दे, पायँचा हम खुद ही पकड़ लेंगे...किसी मनुष्य को अपना तारणहार बनाने की एक अजीब सी लालसा आम आदमी के चेहरे पर दिखाई पड़ती है। नेता हो या प्रधानमन्त्री—सभी से अलौकिक दूरदर्शिता और अविस्मरणीय उपलब्धियों की आशा करना क्या सही है?

आम आदमी की यह अवास्तविक आशा ही उसके पतन का कारण बन जाती है। वह सकारात्मक आलोचना करना भूल ही जाता है। बहस करना, असहमति व्यक्त करना, अहिंसक रूप में आलोचना करना—ये सब एक स्वस्थ लोकतन्त्र की कुंजियाँ हैं। ये न करके, या ऐसा करने वालों का जबरन मुँह बन्द करना लोकतन्त्र की पराजय है। पिछले उनसठ वर्षों में या तो हम ये भूल गये हैं या उनसठ वर्षों में हम ये सीख ही नहीं सके।

आपके वोट से ही सरकार बनेगी

हम आकर गाड़ी में बैठ गये। बाज़ार में हमारी गाड़ी हलवाई की दुकान पर रुकी। और पाण्डे जी लपककर बाहर उतर गये। इससे पहले कि हम कुछ कह पाते, शर्मा जी ने एक पत्तल में दो रसमलाई भरकर हमें थमा दीं। पाण्डे जी भी पीछे ही खड़े थे। उनके हाथों में भी ऐसे ही दो पत्तल थे। "आज आप हमारी तरफ़ से खाइए, मैडम सर।" जीवन में पहली बार हमने एक साथ दो-दो रसमलाई खाईं। हमें महसूस हो रहा था कि जल्द ही हम सबसे विदा लेकर चले जायेंगे।

ख़ैर, हम एक बार फिर पटना की ओर रवाना हो गये। जैसे-जैसे पटना के करीब पहुँचने लगे, मन ही मन लगने लगा कि शर्मा जी और पाण्डे जी के साथ का हमारा ये सफ़र अब कुछ ही देर में ख़त्म होने वाला है।

"तो पाण्डे जी, कल से फिर ड्यूटी पर अपने थाने जाइएगा?"

"जी मैडम! आपसे एक निवेदन था...अगर आप हमारी पत्नी जी से एक बार बात कर लेतीं? हमें बहुत अच्छा लगेगा!"

"पाण्डे जी ये तो हमारा सौभाग्य होगा। ज़रूर बात करवाइएगा भाभी जी से!" फ़ोन मिलाकर पाण्डे जी ने सीधा कहा, "हाँ। फ़ोनवा दे रहे हैं। बतियावा...अरे तनि बतियावा।" और फिर पीछे हमारी ओर मुड़कर बोले, "मैडम सर!"

"प्रणाम भाभी जी। कैसी हैं आप? पाण्डे जी ने पिछले कुछ दिनों में बहुत साथ दिया है हमारा। उसके लिए आपको भी धन्यवाद। आप नहीं आने देतीं तो नहीं आ पाते।"

पाण्डे जी ठहाका मारकर हँस पड़े। शर्मा जी तो पहले से ही हँस रहे थे। भाभी जी दबी ज़बान से बोलीं, "आपकी बहुत प्रशंसा करते हैं। बोले कि तुम लोग वोट देने भी नहीं जाती हो और मैडम सर दिल्ली से आयी हैं। इस बार हम पक्का वोट देने जायेंगे। हम कह दिये हैं।"

"बढ़िया की हैं आप, भाभी जी। बहुत धन्यवाद। आपके वोट से ही सरकार बनेगी, देख लीजिएगा।"

भाभी जी से बात करके बहुत सन्तोष मिला। अपने पूरे सफ़र में हमने उन्हें

भी वोट देने के लिए राजी कर लिया तो ये भी हमारी जीत थी।

हमें अपने होटल के बाहर छोड़ते समय शर्मा जी भावुक हो गये। उन्होंने कहा कि जब हम अगली बार पटना आयें तो उन्हें ज़रूर याद करें। हम उन्हें भूलने वाले नहीं थे। 'फिर मिलेंगे' कहकर हम होटल में दाखिल हो गये। इसी होटल में हम तीसरी या चौथी बार ठहर रहे थे। जब भी पटना आकर हम काम की व्यस्तता के कारण अकेले रहने पर मजबूर होते थे, अपने ससुराल न जाकर यहीं रहते थे। इस होटल की ख़ास बात थी यहाँ के कर्मचारियों का शालीन व्यवहार। यहाँ की मैनेजर एक महिला थीं जिनके साथ हमने कई बार बातचीत की थी। वे हमारे इस शोध से काफ़ी प्रभावित थीं और हमेशा इस बारे में हमसे पूछती रहती थीं। इनका नाम कीर्ति था। उस शाम भी कीर्ति ने कई सवाल किये और बहुत गर्म-जोशी से हमारा स्वागत भी किया। भूख से हमारा बुरा हाल था तो वो बोलीं, "अभी खाना भिजवा देती हूँ। वहीं खायेंगी न, दाल भात और परवल का भुँजिया?"

उसे याद था!!

हम कमरे में आये और खाना खाकर सो गये।

काग़ज़ मोहर के ज़माना गईल

अगले दिन सुबह हमें आरा के लिए निकलना था। भोजपुर में वोटिंग थी। हमारे पतिदेव भी दिल्ली से रेलगाड़ी में बैठ चुके थे। वे अगले दिन सुबह डुमराव स्टेशन पर उतरने वाले थे। उन्हें लेने हमारे देवर, देवरानी, सास व ससुर जायेंगे। हम पटना से सीधे गाँव ही पहुँच जायेंगे। दोपहर तक सब हमारे पुश्तैनी घर में पहुँच जायेंगे। ये घर खननी कलाँ नामक एक छोटे-से गाँव में है और इस घर का नाम है 'सत्यम् शिवम् सुन्दरम्'।

रेल की देरी और हमारी समय पर पहुँचने की आदत के कारण, हम अकेले ही सबसे पहले गाँव पहुँच गये। गाँव में पहुँचकर कोई भी अकेला महसूस नहीं कर सकता। हमारी गाड़ी को देखते ही गाँव की पड़ोस की गोतिया चाची ने हमें अपने घर में बुला लिया। इनकी दो बेटियाँ हैं। सुजाता और दामिनी। दोनों ही हमारी पक्की सहेलियाँ हैं। हमने साथ बैठकर ख़ूब गप की और दोपहर का खाना भी साथ खाया। हमारे मिस्टर अपने परिवार सहित डुमराव में ही थे। अपनी ज़मीन और घर का जायज़ा ले रहे थे। शाम होते-होते जब सब लोग गाँव पहुँचे तो घर की साफ़-सफ़ाई के लिए दाई को बुलाया गया। गाँव में कोई आता है, तो सबको ख़बर हो जाती है। सभी घर आकर मिल जाते हैं। इस बार हम भी कुछ महिलाओं से मिलने बाहर गये। एक गोतनी चाची के घर से दूसरों के घर भी गये। यहाँ सब राजपूत जात के लोग थे। राजनीतिक और सामाजिक स्तर पर इस बात का कोई ख़ास महत्त्व नहीं होना चाहिए। लेकिन ये बिहार था। यहाँ जातीय समीकरणों और राजनीति का चोली-दामन का साथ था। प्रेम चाचा वाली चाची बोलीं, "वोट? तू वोट डाले खाती जाइबू?? बाक! कोनो ज़रूरत नइ खे!" भूपेन्द्र चाचा वाली चाची ने कहा, "वोट? हा, हा, हा, हा!!" शाम बिहारी चाचा वाली चाची ने कहा, "आइहो दादा! अब वोटों देबे खाती जाए पड़ी का? राजपूतन लाइन में न नू लगेला, रे कानिया!" सबसे बात करके और घण्टों तर्क-वितर्क करके हम थक गये और वापस घर की तरफ़ चल दिये।

रास्ते में एक महिला खड़ी थी। उसने आदर सहित प्रणाम किया। उसकी सूरत

जानी-पहचानी लग रही थी। शायद हमने उसे अपने देवर की शादी में देखा था। "रऊआ माफ़ करी। हम रऊआ के पहचननी ह न!"

"हम चमइन बानी! राऊर घर आईल बानी, बिहा के समय। रऊआ के याद नी खे?"

"अरे हाँ!" हमने उसे पहचान लिया था। ये चमार वर्ग की एक बेहद हँसमुख महिला थी। "ता? रऊआ वोट देबे खाती जाईब की न?" हमने यूँ ही उससे पूछ लिया। हमें लग रहा था कि गाँव की बाकी महिलाओं की तरह ये भी सौ बहाने करेगी। लेकिन हम ग़लत थे।

"हम ता ज़रूर जाईब! वोट्टे तो हम लोगन के ताकत बा। वोट ता देबे के पड़ी! ललटेनवा पर दबाईब बटन। अब त बटन बा, नू? काग़ज़ मोहर के ज़माना गईल।" हमने उसे गले से लगा लिया। जागरूकता और किसे कहते हैं? जहाँ एक ओर गाँव के सम्पन्न परिवारों की महिलाएँ वोट डालने को अपने परिवार की तौहीन समझती हैं, वहीं ये तथाकथित निम्न वर्ग की महिला अपनी ज़िम्मेदारी पूरी तरह निभाती हैं। ऐसी महिलाओं से मिलकर हमें महिला होने पर गर्व होता है। जो ख़ुद से कुण्ठित हो और स्वयं को हीन समझता हो क्या वो कभी अपनी पहचान बताने के लिए ये कहेगा "हम चमारिन हैं!"

ये उसकी पहचान है और वो इस पहचान के सामाजिक संकेतार्थ से सर्वथा मुक्त थी। या शायद इस बन्धन पर उसे गर्व था। वो चमार जाति का होने के बावजूद आत्मनिर्भर थी। जातीय समीकरणों को मात देने का इससे छोटा कोई उपाय नहीं हो सकता।

लेकिन इसके जैसे कितने लोग होंगे? ख़ासतौर पर ऊँची जाति के लोग जो एक अजीब-सी अकड़ और खोखली बड़प्पन की कुण्ठा से ग्रस्त हैं लेकिन ये नहीं कि वे मानवीय स्तर पर बुरे लोग हैं। हाँ, सामाजिक स्तर पर वे अपनी पकड़ खोते जा रहे हैं।

मानवीय स्तर पर तो बिहार के गाँवों से बेहतर जगह मिलना मुश्किल है। गाँवों में कोई भूखा नहीं सोता। भिखारी नहीं होता। कोई अनाथ, या मानसिक रूप से असन्तुलित जीव होता भी है तो कोई न कोई उसे खाने को दे ही देता है। सूखे या बाढ़ के समय भले ही गाँव के गाँव तबाह हो जायें तो बात अलग है लेकिन साधारणतः भुखमरी से तो कोई नहीं मरता।

भूत-परेत के साया

वोट देने से पहले हमने सोचा कि क्यों न सुबह-सुबह आस-पास के घरों में सबसे मिल लिया जाये। हमारे पति और गाँव की एक लड़की सुजाता हमारे साथ हो गये। सुजाता सत्तरह-अठारह वर्षीय एक चुलबुली लड़की है और रिश्ते में हमारी गोतिया ननद भी। कुछ समय पहले ही उसने आरा यूनिवर्सिटी में 'फिलोपसी' की पढ़ाई करने के लिए आवेदन किया था। रास्ते भर हम उसे ये ही रटवाते रहे कि उस विषय को 'फिलॉसफी' कहते हैं। पच्चीस-तीस बार दोहराने के बाद वह सही बोलने लगी थी। हमें सुबह उठकर एक बोतल पानी पीने की आदत है और अब हमें चलते-चलते दस-पन्द्रह मिनट हो चुके थे।

"सुजाता, बाथरूम जाना है।" हमने अपने हाथ की छोटी उँगली खड़े करते हुए कहा। उसने कुछ हैरानी से हमारी ओर देखा।

आज सोचते हैं तो अजीब लगता है। शहर में रहते-रहते हमारा ये हाल हो गया है कि हम 'बाथरूम' शब्द का ग़लत इस्तेमाल करते हैं। लघुशंका मिटाने के लिए इस शब्द का प्रयोग वैसा ही है जैसे ये कहना कि हमें किचन में जाना है। अभिप्राय है कि 'खाना बनाने जाना है' लेकिन 'किचन में जाना है' बिल्कुल ग़लत है। क्या हमारा जीवन इतना आरामदेह हो गया है कि हम भूल गये हैं कि लाखों लोगों के घर में 'बाथरूम' होता ही नहीं है। क्या हम कभी भी ये कहते हैं कि पेशाब करने जाना है? शर्म आती है कहने में? तो सोचिए कि करने में कितनी शर्म आती होगी?

जिन शब्दों को हम अनजानी स्वाभाविकता से 'पेशाब' जैसे शब्द को छिपाने के लिए प्रयोग करते हैं, कितने ही लोगों के पास वो शब्द तक नहीं है...बाथरूम तो दूर की बात है। शहरी लोग शर्म और तमीज़ का लिहाफ़ ओढ़े आराम से घी पीते रहते हैं। ज़रा लिहाफ़ हटाइए जनाब और आँखें खोलिए। यहाँ बाथरूम तो क्या, 'बाथरूम' शब्द तक नहीं है।

खेतों को पार करते हुए हम एक उजड़े से बागान के समीप पहुँच गये थे।

"तुम्हें जाना है न? यहाँ ही फटाफट चली जाओ।" हमारे पति ने बाग़ में खड़े कुछ पेड़ों की ओर इशारा करते हुए कहा। हमने रज़ामन्दी में मुण्डी हिलाई और

जल्दी से उस ओर बढ़ने लगे। सुजाता 'फिलोपसी, फिलोपसी' की माला जप रही थी। हमें बाग़ की ओर जाते देख वो बहुत घबरा गयी और बोली, "भाभी। चलो, चलो यहाँ से।" उसने हमारा हाथ थामा और हमें बाग़ीचे से दूर खींचने लगी। हमारे पति ने कई बार पूछा लेकिन वो कुछ न बोली। नीचे देखती हुई कुछ बड़बड़ाती रही और हमें अपने साथ खींचती रही। हम दोनों मियाँ-बीवी हैरान तो थे लेकिन उसे देखकर हँसी भी आ रही थी। वो कुछ बोल ही नहीं रही थी। पूरा खेत पार करने के बाद वो बहुत बेचैन-सी रुक गयी। "भाभी, यहाँ कुएँ के पीछे।" हम बिना कुछ पूछे कुएँ के पीछे चले गये। बाहर आये तो मिस्टर ज़ोर-ज़ोर से हँस रहे थे और सुजाता रोनी सूरत लिए उन्हें हैरानी से देख रही थी। "न भइया हम सच बोलतानी। ओइजा भूत-परेत के साया रहे। रऊआ लोग मानीला न नू त ठीक बा, हम पापा से कहके पूछा देव।"

देश के हर गाँव में स्कूल, सड़क और बिजली भले ही सरकार की हो, गाँव का पागल, गाँव का कुआँ और गाँव का भूत सभी का होता है। सुजाता की कहानी का भूत उन्हीं लोगों को अपना शिकार बनाता था जो उस बाग़ीचे को 'बाथरूम' समझने की ग़लती करते थे। इसके कारण कुछ महीनों पहले सुजाता को भी बुख़ार और पेट दर्द हुआ था। सबको ये समझते देर नहीं लगी कि ये उसी भूत की करामात थी। हालाँकि सुजाता कभी भी बाग़ीचे के पास नहीं गयी। फिर भी उस पर ख़ामख़ाह भूत का असर हो गया था। हम दोनों हँस-हँसकर उसकी बातें सुन रहे थे लेकिन वो बहुत डरी हुई लग रही थी। उसका ध्यान बँटाने के लिए हमने पूछा, "सब छोड़ा सुजाता! इ बतावा के तोहार कोर्स के नाम का बा?"

'फिलोपसी'—उसने बिना सोचे जवाब दिया।

कम्बख़्त भूत ने सारी मेहनत पे पानी फेर दिया।

भूत-परेत के इस वाक़िये से हमें ईजारा की उस वृद्ध महिला की याद आ गयी जिसे हमने एक घर के बाहर बीड़ी पीते देखा था। पेरिस की गलियों में किसी नाज़ुक-सी लड़की को इतराते हुए सिगरेट को अपने होंठों से दूर करते देखिए और बिहार के देहात की किसी बुढ़िया को बीड़ी सुलगाते...दोनों के चेहरे पर आनन्द और स्वच्छन्दता का एक-सा भाव पायेंगे। ख़ैर, इन्होंने हमें बताया कि शौचालय और भूत के बीच कितना गहरा सम्बन्ध है!

"ऐ राऊर घर बा?" हमने उस बुढ़िया से पूछा।

"न। हमार घर त गाँव में बा। दूर बा एईजा से।"

"अम्मा, हम एक बात पूछे के चाही। राऊर घर में शौचालय बा? काहे के हम यहाँ देखनी हँ के शौचालय के बहुत कमी रहे। राऊर गाँव में भी यही हाल बा

"राती खानी डण्डा लेके जावेली। भूत-परेत रहे नू?"
"त ओकरा के डराए खाती।"

का?" ये बात महीने के उन दिनों की है जब हमें लड़की होने का अहसास कुछ ज़्यादा ही होता है। काम-काज की रफ़्तार में कमी तो नहीं आती, लेकिन शौचालय की कमी ज़्यादा खलती है।

"शौचालय नी खे। जिनका यहाँ पैखाना होवो करला, ऊहो न जायला। पैखाना होए से तो गन्दगी बढबे नु करेला? के साफ़ करी? के ओकरा के ध्यान करी?"

क्या?? ऐसे भी लोग हैं जो घर में शौचालय का होना एक ग़लत चीज़ समझते है?? आश्चर्य का एक जबरदस्त झटका लगने के बाद हमने उनका तर्क समझने की कोशिश की। शायद इस धारणा के पीछे का तर्क ये था कि खुले में शौच करने के बाद, लोग निश्चिन्त होकर घर लौट आते हैं। बाहर की साफ़-सफ़ाई के लिए ये छोटा-सा उद्यम भी काफ़ी होता है। लेकिन घर में यदि शौचालय हो तो बात ये है कि इस विचारधारा में बीमारी-संक्रमण और लोकलज्जा के लिए कोई जगह नहीं होगी।

"आ राऊर बूचिया, पुतोह कहाँ जावेली?"

"जहाँ हम जा तनी। खेत के नजदीक। ओइजा मैदानो बा। एतना दिक्कत नहीं खे।"

"राती खानी डण्डा लेके जावेली। भूत-परेत रहे नू?"

"त ओकरा के डराए खाती।"

वाह री बुद्धि!! डण्डे से भूत को डराते हैं और घर में शौचालय होने से डरते हैं!

हमहू वोटर माता बानी!

आख़िर वह दिन भी आया जब हम सपरिवार वोट डालने गये। क़तार बहुत लम्बी थी लेकिन सब कुछ शान्तिपूर्वक चल रहा था। वोट देकर एक सन्तोष का एहसास तो होता ही है!

बाहर आये तो वेद प्रकाश सिंह जी वहीं खड़े थे। वे निर्दलीय खड़े हुए थे। उनका चुनाव चिह्न अँगूठी था। क्योंकि वे हमारे परिवार के जात भाई और गोतिया थे, पापा ने रात में ही ऐलान कर दिया था कि वे रिश्तेदारी निभाएँगे। माँ और

एक बूँद स्याही की कीमत

हमारी देवरानी दोनों ही 'गुप्त' मतदान में विश्वास रखती थीं। फिर भी हमने माँ को छेड़ते हुए कहा, ''आपने भी तो इन्हीं को वोट दिया होगा न? पापा की सलाह पर?'' पापा और वेद प्रकाश सिंह बातचीत कर रहे थे। माँ ने धीरे से बोला, ''न! हमने नहीं दिया। हम नहीं बतायेंगे।''

तभी स्वाति बोली, ''अरे भाभी। इन्होंने सब बटन दबा दिये होंगे। मस्ती में! बेबी हैं न?'' हमारी सास को घर पर 'बेबी' के नाम से बुलाया जाता है और वे स्वभाव से भी बहुत चंचल हैं।

घर लौटते समय रास्ते में एक वृद्ध व्यक्ति मिले। इन्हें गाँव में सब प्रेम से 'मुखिया जी' बुलाते थे। अपने जीवन काल में वे केवल एक बार मुखिया के चुनाव के लिए खड़े हुए थे। दुर्भाग्यवश अन्य उम्मीदवारों के दबाव के कारण इन्होंने अपना नामांकन वापस ले लिया था और गाँव भर के लिए स्थायी 'मुखिया जी' बन गये थे। हमारे पतिदेव का इनसे काफ़ी स्नेह था।

दिन-भर मतदान की चर्चा चलती रही। श्याम बिहारी चाचा वाली चाची हमें रास्ते में मिल गयीं। उन्होंने बड़े उत्साह से कहा, ''ऐ कनिया, हमहु वोट डलनी हँ, तू कहत रही नू? हम डाल आईब। देखा!''

उनकी उस इठलाती हुई उँगली का वो निशान हम कभी नहीं भूलेंगे...

हमारे मुखिया जी

बिहार की जीत के बाद

बिहार की जीत को एक साल होने आया है और शराबबन्दी पर कई तरह के सवाल उठ रहे हैं...

राजद की रणनीति साफ़ है। लगभग 100 सीटों से लड़ेंगे। बिहार से लगे क्षेत्रों में एवं पटेल (कुर्मी) वर्ग के घनत्व वाले क्षेत्रों पर ही केन्द्रित रहेंगे। एजेंडा–शराबबन्दी, रोज़गार, शिक्षा...यानी मोटा-मोटी वही सब जो बिहार के मुद्दे थे। देश भर के गाँवों और शहरों में महिलाओं के मुँह से शराब की बुराई सुनने में कोई ख़ास मज़ा नहीं है। बहुत पुराना राग हो गया है। मर्द कम कमाता है, उसमें भी कमाई का अधिकतर हिस्सा शराब पीने में व्यर्थ कर देता है, घर लौटकर मार-पीट करता है, किस्मत अच्छी हो तो मार-पीट कर सो जाता है वरना बच्चों और बूढ़ों पर भी हिंसा करता है। पुरानी फ़िल्मों वाला कोई बोरिंग सीन लगता है न? लेकिन तब आप क्या कहिएगा यदि हम कहें कि सीन आज भी यही है? बिहार की महिलाएँ शराबबन्दी को एक बड़ी राहत के तौर पर देखती हैं। शायद इसी वजह से, नीतीश कुमार ने आने वाले उत्तर प्रदेश चुनाव में भी इस पर ज़ोर दिया है। बुद्धिजीवी वर्ग और राजद इससे ख़ुश नहीं हैं। शराब पीने की आज़ादी ने बुद्धिजीवियों को राजद का हमक़दम बनाकर छोड़ा है। ख़ैर, उत्तर प्रदेश में नीतीश को और भी कई बातों का ख़याल रखना होगा। गठबन्धन के मित्र लालू यादव के समधी मुलायम सिंह से सीधा बैर लेना ख़तरे से ख़ाली नहीं। यूँ भी राजद उत्तर प्रदेश में चुनाव लड़ने से इनकार कर चुकी है। दूसरी ओर ममता बनर्जी से बढ़ती मित्रता कांग्रेस को नहीं भाएगी। उत्तर प्रदेश को हासिल करने के लिए बिहार की गद्दी को ख़तरे में डालना सही नहीं होगा। फिर देश भर में शराबबन्दी पर उन्हें पहले ही तीखी आलोचना का सामना करना पड़ा है। व्यक्तिगत रूप से हम शराबबन्दी के पक्ष में हैं। ख़ुमार के ख़िलाफ़ नहीं हैं पर हमारे देश के कुछ वर्ग ऐसे हैं जो आज भी इस आज़ादी को निभाने में असमर्थ हैं। कुछ वर्षों की जागरूकता हमें इस आज़ादी तक पहुँचा सकती है।

दूसरी बात ये भी है कि नीतीश आज भी बिहारी नेता के रूप में ही देखे जाते हैं। राष्ट्रीय स्तर पर उनका वज़न अभी हलका ही है। उत्तर प्रदेश में चुनाव लड़ने

से जद (यू) एक 'नेशनल लेवल' पार्टी बनने के अपने सपने को सार्थक कर सकती है। मोदी और राहुल के साथ केजरीवाल और नीतीश कुमार का नाम भी जुड़ने की सम्भावना है। यदि आप कुल वोटों का 6% चार या चार से अधिक राज्यों में पा लेते हैं, तो आप राष्ट्रीय पार्टी बन जाते हैं। तो 'संघ मुक्त भारत' पाने की जद (यू) की मुहिम 'नीतीश युक्त भारत' की ओर भी ले जाती है।

अन्तिम बात है राजद की जीत की सम्भावना। दरअसल पूर्वांचल पर शुरू ही से बिहार के कुछ ज़िलों का प्रभाव रहा है। गोपालगंज, भोजपुर, सिवान इत्यादि वो ज़िले हैं जो पूर्वांचली उत्तर प्रदेश से आदान-प्रदान करते रहे हैं। एक लम्बे अरसे से भाषा, लोककथाएँ और राजनीतिक सूझ-बूझ ही इन इलाक़ों को आपस में जोड़ती आयी है।

भाजपा बिहार की हार से हैरान तो है लेकिन उस घाव पर लगातार 2014 के चुनाव परिणाम का मरहम लगाती रही है। मोदी के वाराणसी से आज फिर एक बार 'हर हर महादेव!' की गूँज उठने लगी है। ऊँची जाति के हिन्दुओं के बल पर भाजपा यूपी को जीतने की उम्मीद लगाये बैठी है। लेकिन वास्तविकता यह है कि अल्पसंख्यक वर्ग के बिना उत्तर प्रदेश को जीतना थोड़ा कठिन होगा।

कांग्रेस के पास एक तूफ़ानी नेता की कमी है। लेकिन उनके पास प्रशान्त किशोर हैं!! किशोर के इशारों पर शीला दीक्षित को मैदान में उतारा गया। प्रियंका गाँधी को कैम्पेनिंग की बागडोर थमा दी जायेगी। छोटी जाति के हिन्दू और हर वर्ग के मुस्लिम भी उनकी तरफ़ हैं।

अखिलेश यादव से जनता सन्तुष्ट नहीं तो भी काम-चलाऊ स्तर पर उन्हें हज़म कर ही रही है। परन्तु समाजवादी पार्टी के रूढ़िवादी नेताओं को सहन करना मुश्किल हो रहा है। अखिलेश एकाकी तो ये चुनाव नहीं लड़ सकते और इसलिए उनकी जीत भी अनिश्चित है। यदि मुलायम सिंह अपनी पार्टी के वरिष्ठ नेताओं के साथ सख़्ती से पेश आये होते तो शायद आज उनके सुपुत्र की गद्दी बच जाती।

तो क्या शेष बचता है? माया जी!! हाँ!! यूपी चुनाव में अभी तो सब माया ही है! मायावती को विभिन्न वर्गों का समर्थन हासिल है। और शायद जनता को उनकी याद भी आ रही है! कहीं न कहीं स्वयं के पुतलों को खड़े करने पर किया गया अत्यधिक ख़र्च जनता माफ़ कर चुकी है। मायावती की कुछ उपलब्धियाँ आज भी जनता को याद हैं : अस्पतालों का निर्माण, लड़कियों की शिक्षा पर ख़ास ज़ोर, दिल्ली के नजदीकी इलाक़ों का शहरीकरण।

ख़ैर, भारत के किसी भी भाग में चुनाव हो तो हमें हर प्रकार के परिणाम के लिए तैयार रहना चाहिए। हालाँकि यदि कोई महिला जीते तो ये एक प्रकार की ख़ास जीत होगी...है न?

बक्सर में आख़िरी दिन

आरा से मगध एक्सप्रेस पकड़कर हम दिल्ली पहुँचे। गाड़ी नौ घण्टे देरी से नयी दिल्ली स्टेशन पहुँची। शायद रेलगाड़ी भी समझ गयी थी कि हमारा वापस जाने का मन नहीं था।

दिल्ली शहर में कुछ कमी-सी लगती है। बिहार की हरियाली और वहाँ की अनेक मीठी बोलियाँ हमें अपनी ओर आकर्षित करती हैं। "हज़ारों ख़्वाहिशें ऐसी, कि हर ख़्वाहिश पे दम निकले..." तब भी हमने बिहार के चुनावों से बहुत कुछ सीखा-समझा।

ख़ैर, आपको अन्त के कुछ तथ्य बताना ज़रूरी है। दानापुर में जिन परिवारों के पेन्शन कार्ड बनवाने के लिए हमने कोशिश की थी, उनके कार्ड बनवा दिये गये। हमने कुछ नहीं किया। हमारी सहेली तूलिका ने किसी जान-पहचान के अफ़सर को कहकर उनके कार्ड तैयार करवाये थे। काम जान-पहचान से ही बना लेकिन हो गया।

बक्सर में आख़िरी दिन हम ब्यूटी पार्लर गये थे। आराम से पैंडिक्यौर करवाया था। उस दिन हमने टीवी सीरियल पर चर्चा की थी। पत्रकार प्रतिभा जी अब दिल्ली में रहने लगी हैं। वे यहीं पर नौकरी करती हैं। अक्सर हम फ़ोन पर उनसे बतिया लेते हैं। बक्सर की यादें ताज़ा हो जाती हैं। संजय तिवारी जी बक्सर से विजयी रहे। लेकिन वे शायद नहीं जानते कि इसके पीछे उनकी पत्नी का हाथ है। हमें कसम देकर जो रसगुल्ला उन्होंने खिलाया था, वो तो कमाल कर गया।

मनोज जी की माँ से हम दोबारा मिलने जाने वाले हैं। पंचायत चुनाव सर पर हैं और हम इस बार भी गाँव जायेंगे। हाँ, हमारे गाँव खननी कलाँ में बिजली आ गयी है। लोग खुश हैं। अब शान्त दोपहरियाँ टीवी के शोर से गुलज़ार हैं। वहीं दूसरी ओर कड़ी दोपहरी में कम से कम पंखा तो चल ही जाता है। ढिबरी और उससे जुड़े रोमांच के बारे में हमारी वही राय है जो उस महिला की थी। बहरहाल अब ढिबरी के दिन लद चुके हैं...

नरकटियागंज में विनय वर्मा जी विजयी रहे। उनके सुपुत्र से एक-दो बार बात हुई थी।

अब शान्त दोपहरियाँ टीवी के शोर से गुलज़ार हैं। वहीं दूसरी ओर कड़ी दोपहरी में कम से कम पंखा तो चल ही जाता है।

बेगूसराय में वो टूटी हुई सड़क बन गयी लेकिन हम अमिता जी को अब तक आभार प्रकट नहीं कर सके। जल्द ही करेंगे। अशोक चौधरी जी बिहार के शिक्षा मन्त्री हैं और आज भी जनता से निरन्तर सम्पर्क बनाये हुए हैं।

गोविन्दगंज से कांग्रेस के प्रत्याशी ब्रजेश पाण्डे लोजपा के तिवारी जी से लगभग 30,000 वोट से हार गये। लेकिन अगले चुनावों के लिए भाभी जी अब भी उत्साहित हैं।

मुख्यमन्त्री श्री नीतीश कुमार जी ने राज्य में शराब बन्दी का ऐलान किया था। ज़ाहिर है कि उन्होंने ये महिला वोटरों को प्रसन्न करने के लिए ही किया था। वे जानते थे कि उनकी विजय का श्रेय महिलाओं को जाता है, इसलिए मुख्यमन्त्री बनते ही उन्होंने महिलाओं के लिए ये घोषणा की। इस वर्ष एक अप्रैल से, भरपूर सख़्ती से ये शराब बन्दी राज्य में लागू की जा चुकी है। अगली बार की महिला वोटरों को नीतीश जी ने पहले से ही अपनी ओर कर लिया है। आने वाले पाँच वर्षों में मुख्यमन्त्री महोदय किस प्रकार की नीतियाँ बनायेंगे तथा विकास की कौन-सी परिभाषा पढ़ायेंगे, ये देखना अभी बाकी है।

सवाल बहुत हैं और रास्ता भी बहुत लम्बा...

सफ़र अभी ख़त्म नहीं हुआ है...

सफ़र अभी ख़त्म नहीं हुआ है...

...और यह केवल आभार नहीं

तो शुरू से शुरू करते हैं...

माँ, मानू, दिपाली, नन्ही आनन्दिनी का हृदय से आभार। बचपन ही में रोक लेते तो शायद ये सब बिना सिर-पैर के काम न करती। हमारे हर काज में सिर-पैर न तलाशने के लिए आप सबको धन्यवाद कहना कुछ अटपटा लग रहा है!! माँ जैसी सास (हमें भी अपनी क़िस्मत पर यक़ीन नहीं होता!), देवरानी स्वाति, छोटे भाई जैसे आलोक और वो एकमात्र व्यक्ति जिन्हें हम 'पापा' कहकर सम्बोधित कर पाये, आप सभी को धन्यवाद। कितनी बार चुनाव के दौरान आपसे झूठ-सच बोलकर अपने सफ़र पर निकल जाती थी। आपने साथ दिया और आशीष भी।

हमारे क़िस्सों में छिपी किताब को ढूँढ़ने के लिए अदिति को बहुत बधाई और आभार। मात्र प्रकाशक न होकर, वे तो हमारे 'दाविदे' के लिए 'माइकल ऐंजेलो' निकलीं! सम्पादकीय कार्य के दौरान डॉ. पंकज बोस को हमने ख़ासा परेशान किया। उन्होंने हर क़दम पर सुझाव दिया, सिखाया और गलतियाँ भी निकालीं। बहुत धन्यवाद!

शत्रुघ्न सिन्हा जी, पवन वर्मा जी, संकर्षण ठाकुर जी और मनोज वाजपेयी जी की बहुत आभारी हूँ। कच्ची-पक्की किताब को इन्होंने पढ़ा, अपने बहुमूल्य सुझाव दिये और प्रोत्साहन भी।

भूपेन्द्र चौबे, प्रभाकर कुमार, मारया शकील को बड़ा-सा 'थैंक्स!' ऐसे बढ़िया दोस्त सभी को मिल जायें तो सफलता पाना और भी आसान हो जाता है।

सौरभ द्विवेदी को सुझावों की लम्बी लिस्ट के लिए बारम्बार धन्यवाद!

अवनीश मिश्रा सर, श्री सुषमित सर का भी धन्यवाद। हिन्दी में से बिहारी बोली छानने के लिए और बिहारी बोली को 'प्योर' रखने में मदद के लिए! नो लाफासोटिंग!!

सुकृता पॉल मैम, हमारी मार्गदर्शक एवं क़रीबी मित्र। आपकी कविताएँ मरहम का काम करती हैं और आपके शब्द भी!

अंशुल नागर हमारे फ्रेंड, फिलॉसफ़र और गाइड रहे हैं। सफ़र हो या लेखन की प्रक्रिया, हर तरह से उन्होंने साथ दिया और आज भी देते हैं। थैंक्स!!

आपसे, आप जैसी और महिलाओं से ही हमारे देश का गौरव है। आपको शत-शत नमन!

अपूर्व सिंह, हमारे पतिदेव को क्या कहें? वे नहीं कहते तो बिहार से इतनी क़रीबी मुलाक़ात सम्भव ही न होती। वे नहीं कहते तो ख़ुद पर विश्वास ही न होता। वे नहीं कहते तो हम आज भी 'मैं' होते! उनके स्नेह और विश्वास से हम बम-बम रहते हैं और यही एक सफल दाम्पत्य जीवन का राज है। इसलिए फिलहाल आपको कोई आभार नहीं कहती हूँ।

और आख़िर में सबसे गहरा आभार उन सभी महिलाओं का जिन्होंने हमसे बात की। हमारे सवालों को दख़लअन्दाज़ी न समझकर, हमारे साथ मिलकर उनके जवाब तलाश किये। आपसे, आप जैसी और महिलाओं से ही हमारे देश का गौरव है। आपको शत-शत नमन! जिस जज़्बे से आप अपने घर का, परिवार का, खेत का, समाज और राजनीति का दायित्व निभाती हैं, उस जज़्बे को साभार नमन। आपकी जय है! आप वोटर हैं। और वोटर माता की जय! थी, है और रहेगी!

बिहारी उवाच

शब्दावली

1. **अएहो दादा!** : हे भगवान! ओफ्फो!
2. **अथी/अथिया/एथी** : इन शब्दों का कोई एक अर्थ नहीं है इसलिए इनका कोई भी अर्थ हो सकता है। दरअसल ये तीनों शब्द बिहारी शब्दावली के जोकर हैं। इन्हें आवश्यकता के अनुसार कहीं पर भी चेप दिया जाता है। इन शब्दों के अर्थ कहने वाले की नहीं, अपितु सुनने वाले की सूझ-बूझ से निकलते हैं। हमारी सास ऐसे शब्दों की 'ब्राण्ड अम्बैसिडर' बन सकती हैं। कई महीने तो हमें ये ही समझने में लग गये कि वे कहना क्या चाह रही थीं। 'अथिया पे रख दो!' (कहाँ??) "दाल में एथी डाली हो, न?" (क्या??) "अथी कहाँ गया है?" (कौन??) हर वाक्य में ये शब्द सन्दर्भ से अर्थ पाते हैं। आपको हाथ के इशारों, आँखों के घुमाने एवं सामान्य बुद्धि के प्रयोग से पता लगाना होता है कि इन शब्दों का क्या तात्पर्य है। एक दिन माँ सलमान खान का नया गाना सुन रही थीं। 'के मैं हूँ हीरो तेरा...' हमने कहा, 'अरे माँ इस फ़िल्म की नायिका का नाम "अथिया" है।' माँ पहले तो सोच में पड़ गयीं और फिर ख़ूब हँसी—"अथिया!!"
3. **ऊमनिया/वुमनिया** : औरतिया/महिला।
4. **एन्ने, ओन्ने, किन्ने** : इधर, उधर, किधर।
5. **कनफूजियाना** : उलझ जाना।
6. **कपड़ा फिंचना/गाड़ना/पसारना** : कपड़ा धोना/निचोड़ना/सुखाना। क्योंकि चुनावों में भी कपड़े तो फिंचा ही रहे थे न!
7. **कपार** : खोपड़ी। चुनाव प्रचार के दौरान प्रत्याशियों के समर्थक अक्सर इसे खोल देने की धमकियाँ देते और पाते रहते हैं। शुक्र है कि चुनावोपरान्त इन बातों को भुला दिया जाता है।
8. **करुआ तेल** : सरसों का तेल। बिहार में भुँजिया बनाने से लेकर, मछली तलने तक, पूजा में चढ़ाने से लेकर रूखी त्वचा को तर करने तक, करुआ तेल का अपना महत्त्व है।

9. **करेज एवं करेजा :** अपने दिल को करेज कहते हैं और अपनी महबूब को करेजा या करेजवा! सुनने में ये लिवर यानी कलेजे जैसा प्रतीत होता है। इसके पीछे जीव विज्ञान का क्या कारण है, हम कह नहीं सकते!

10. **खखन के :** ज़ोरदार ढंग से, पूरे विश्वास के साथ। जैसे यदि कोई आपको दावत पर बुलाये तो खखन के बुलाये, यूँ ही हलका न्योता दे तो जाना ज़रूरी नहीं है। इससे आपका हलकापन ही साबित होगा।

11. **खखुआ/अलबला जाना :** आवेग में आ जाना।

12. **खिच्चा सब्ज़ी :** ताज़ी सब्ज़ी।

13. **गपास्टिक/गप करना :** इसका अर्थ मिथ्या बोलना नहीं है। मित्रों एवं परिवारजनों के साथ बैठकर इधर-उधर की बातें करने को गप करना कहते हैं।

14. **गमछा :** पतले कपड़े का तौलिया। ये कपड़े का वह निडर टुकड़ा है जो आपने बड़े से बड़े नेता, अधिकारी, ज़मींदार, सफ़ाई कर्मचारी, अध्यापक, खिलाड़ी इत्यादि के काँधे पर झूलते देखा होगा। दीन-धर्म, जात-पाँत, बड़े-छोटे के फ़ासले को बिहार-भर में यदि कोई मिटाता है तो वह है यही साधारण-सा दिखने वाला गमछा। इसका रंग लाल, पीला, नीला या हरा होता है, परन्तु एक-दो धुलाई के बाद, इसके सूती धागे रंग छोड़ देते हैं। लेकिन गमछा जब तक फट नहीं जाता, आदमी के काँधे पर ही विराजमान रहता है। गर्मी में गमछा के प्रयोगों की एक लम्बी सूची है। अपने ज़माने का ये सबसे सस्ता और टिकाऊ 'क्विक ड्राइंग' तौलिया है। मज़दूर वर्ग सुबह काम पर जाते समय गमछे में थोड़ा सत्तू और प्याज बाँधकर ले जाते हैं। भूख लगे तो गमछा खोलो, प्याज और सत्तू में पानी मिलाओ, उसी में खाओ और फिर गमछा धोकर काँधे पर रख लो। 'टिफिन बॉक्स' से लेकर 'प्लेट' तक का काम करता है गमछा। महिलाओं के पास आप गमछे को एक ही अवस्था में पायेंगे : गीले बालों पर बेरहमी से लिपटा हुआ...! गमछा एक काम अनेक!

15. **गरिया देना :** गाली देना। लेकिन इसका अर्थ केवल डाँटना भी हो सकता है। 'आप-हम' करके बात करने वाले बिहारी से बात करते समय शालीनता की थोड़ी भी कमी 'गरियाने' के बराबर मानी जायेगी।

16. **गोड़ लगतानी :** चरण स्पर्श।

17. **घसकना :** खिसकना।

18. **घाम :** तेज़ धूप जिसमें आदमी पसीना-पसीना हो जाय।

19. **घुमरी आना :** चक्कर आना।

20. **चीन्हना :** पहचानना। शायद इस शब्द की जड़ें 'चिह्न' शब्द से होकर गुज़रती हैं। 'चिह्नना' यानी पहचानना। जैसे इतने सालों बाद मिले हैं, हम आपको चिनबे नहीं करे!

21. **चुक्कु-मुक्कु बैइठना** : उकड़ूँ होकर बैठना।

22. **चूहाड़** : असभ्य। जो नेता पसन्द न हो, उसे दूर से ही 'चूहाड़' घोषित कर दिया जाता है।

23. **छानना** : ख़ूब तेल में तलना। जिसे हम 'डीप फ्राइ' कहते हैं, वे 'छानना' कहते हैं। हमें लगता है कि 'छाना' हुए व्यंजन खाने से उतना मोटापा नहीं बढ़ता जितना 'डीप फ्राइ' से बढ़ता है!

24. **जा!** : 'ओह नो!' जी हाँ, बिहारी बोली में ये कहना मुमकिन है। हालाँकि हिन्दी में 'उफ्फ नहीं!' कहने के कोई मायने नहीं हैं। बिहार में जेबें टटोलकर किसी को भी कहते पायेंगे, "जा! फ़ोन तो घरे पे रह गया!" या फिर यदि कोई आपके पसन्दीदा प्रत्याशी को वोट न दे और आपको पता चल जाये तो कहिएगा, 'जा! तुम उसको वोट दे दिये?!'

25. **टिकुली** : बिंदिया। बिहारी महिलाओं के माथे पर बिंदिया न खोजिये! वहाँ आपको टिकुली ही मिलेगी!

26. **टूटल-टाटल** : टूटा-फूटा।

27. **टीसन** : स्टेशन।

28. **ठेलना** : धक्का देना।

29. **डेगे-डेगे** : क़दम-क़दम पर।

30. **तनी सुन/तनी-मनी** : थोड़ा-सा। इसको कहते समय हाथ से एक ख़ास इशारा भी किया जाता है। चारों उँगलियों को जोड़कर सामने वाले को दिखाया जाता है और उँगलियों के ऊपर अँगूठे को रख दिया जाता है।

31. **तोप देना** : ढक देना। जैसे 'गिलसवा तोप दो, कोई मच्छर न पड़ जाये।'

32. **थूर देहब** : तोड़ देंगे। क्या, किसे, कैसे—इसे आप संयोग पर छोड़ दीजिए।

33. **थेथर** : ज़िद्दी।

34. **दीवाल** : बिहार में घर 'दीवालों' के बने होते हैं! 'दीवार' तो अमिताभ बच्चन की एक फ़िल्म का नाम था!

35. **नरभसाना** : घबरा जाना।

36. **नान्ह जाति** : असभ्य लोग। न जाने क्यों चुनाव के दौरान यह शब्द आमतौर पर सुनने को मिलता है!

37. **नियरे** : नज़दीक ही। अंग्रेजी शब्द 'near' पहले आया या बिहारी शब्द 'नियरे'? भाषाविज्ञान के विद्यार्थी के लिए यह बेहद दिलचस्प होगा।

38. **नीमन** : अच्छा।

39. **नून/नीमक** : नमक।

40. **नेनुआ** : तोरई की सब्ज़ी।

41. **पपिस्ता-पपीता :** पता नहीं क्यों!

42. **पाटी/जिला :** यार/दोस्त। प्रिय मित्र को जिला या पाटी कहा जाता है। हमें ये राजनीतिक मूल के शब्द लगते हैं।

43. **पानी पड़ना :** बारिश होना।

44. **पुरनका–नैका :** पुराना-नया।

45. **फाईट :** मुक्का। जैसे–'मारेंगे न एक फाईट मुँहवे खुल जाइब!' का अर्थ है 'एक मुक्का मारेंगे न तो मुँह ही फट जायेगा'। घबराने की बात नहीं है। हँसी मज़ाक़ में ऐसी बात माँ भी अपने बेटे को कह देती है। दिल पर लेना यहाँ का चलन ही नहीं है।

46. **फुल पैंट :** यानी पैंट। 'हॉफ पैंट' से अलग करते हुए, बिहारी लोग 'पैंट' को 'फुल पैंट' कहते हैं। कितना भी समझाइए, वे 'फुल' शब्द के बिना 'पैंट' शब्द का प्रयोग कर नहीं पाते।

47. **फुलौरा :** तल कर खाने वाली वस्तुएँ। इन्हें चावल के आटे या आलू से बनाया जाता है। बिहार में इसे एक पसन्दीदा स्नैक्स के रूप में पेश किया जाता है।

48. **बउवाना :** नींद में बोलना। हमें इसका काफ़ी तजुरबा है!!

49. **बऊआना :** बुड़बुड़ाना, ख़ासतौर पर नींद में। हमारे भी पति कभी-कभी ऐसा करते हैं।

50. **बकलोल/बुड़बक/बकचोंदर :** बिहार के विभिन्न प्रकार के बेवक़ूफ। जो देखने में बेवक़ूफ हो उसे बकलोल या बकचोंदर कहते हैं। जो मुँह खोलते ही अपनी बेवकूफी का प्रमाण दे, वह बुड़बक।

51. **बम-बम :** गद्गद।

52. **बमपीलाट होना :** लम्बे-चौड़े होना।

53. **बवाल :** यूँ तो कहते हैं कि जब जब जो जो होना है, तब तब सो सो होता है। लेकिन बिहार में बिन वजह, जब तब 'बवाल' होता रहता है। ये एक क़िस्म का आकस्मिक विस्फोट है जो वास्तविक भी हो सकता है और आलंकारिक भी।

54. **बाउआ, बबुआ :** बेटा, बच्चा।

55. **बाकि :** लेकिन, किन्तु, परन्तु।

56. **बेलगरामी :** यह एक तली हुई मिठाई है जो बिहार भर में मशहूर है।

57. **भकट्टा! :** जब पतंगबाजी के दौरान पतंग उर्फ़ गुड्डी कटती है तो काटने वाला ज़ोर-ज़ोर से चिल्लाता है–'भकट्टा!' दिल्ली में कहते हैं 'आई बो!' और गुजरात में ''काई पो चे!''

58. **भदकरा :** बेडौल एवं थुलथुल काया।

59. **भितरघुन्ना होना :** मन ही मन में खिचड़ी बनाना। कई नेताओं को भी भितरघुन्ना कहा जाता है।

60. **भोर/बिहान होना :** सुबह होना।

61. **मटिया देना :** भूल जाना या जान-बूझकर भूल जाने का नाटक करते हुए किसी काम से पीछा छुड़ाना।

62. **मार्केटिंग :** जी नहीं ये वो नहीं जो आप समझ रहे हैं। बिहार में इसका अर्थ है ख़रीदारी या शॉपिंग करना! हम कह-कह के थक गये कि मार्केटिंग का मतलब किसी उत्पादन का प्रचार करना होता है, पर पतिदेव अपनी माँ के साथ 'मार्केटिंग' ही करने जाते हैं। शॉपिंग तो पंजाबी करते हैं!!

63. **मुझौंसा/मुझौंसी :** लड़का या लड़की को चिढ़ाने के लिए इन शब्दों का प्रयोग होता है। शाब्दिक अर्थ है–'जिसका मुँह जला हुआ हो!'

64. **मुरेठा :** पगड़ी।

65. **रउआ :** आप।

66. **राउर :** आपका।

67. **लंगटा :** नंगा। यह शब्द निर्वस्त्र बच्चों के लिए प्रयोग किया जाता है।

68. **लईका :** लड़का-बच्चा।

69. **लट गया :** दुबला हो गया। गाँव में हम लगभग प्रतिमास जाते हैं। हर बार हमें कहा जाता है कि हम लट गये हैं। वज़न की मशीन इसके विपरीत बोले तो बोलती रहे। गाँव में चाची लोगों ने कह दिया कि लट गये हैं मतलब लट गये हैं!

70. **लतखोर/थेथर :** लात खाने लायक।

71. **लपरीया देना :** थप्पड़ों की बारिश कर देना।

72. **ललूआ :** लालू प्रसाद यादव जी को स्नेह एवं उपेक्षा दोनों कारण से 'ललूआ' कहा जाता है।

73. **लाफासोटिंग/लोफरई :** आवारागर्दी जो अपने मित्रों के साथ गर्व से की जाती है और यदि घर पर पता चल जाये तो इसे करने के लिए माँ-बाबूजी से माफ़ी माँगी जाती है।

74. **लूर :** सलीका/ढंग। बिहार की अच्छी बात ये है कि यहाँ लड़कों और लड़कियों दोनों ही को सलीका आना चाहिए। 'लूर' का अभाव लड़कों में भी अवांछनीय है।

75. **लोकना :** देखना/दिखना।

76. **सनीमा :** फ़िल्म। फ़िल्म को सनीमा कहते हैं, जैसे 'उस सनीमा में हीरो मर गया, ये कौन बात हुई?'

77. **सड़लका :** सड़ा हुआ/बेकार।

78. **सान कर :** मिलाकर। दाल में भात, चटनी, सलाद इत्यादि को जब हाथ से अच्छी तरह मिला दिया जाता है, तो उसे 'सानना' कहते हैं। बच्चों को सान कर खाने की हिदायत दी जाती है।

79. **साया :** विशुद्ध अर्थ है पेटीकोट। इसी कारण से बिहार में उस मशहूर गीत 'तू जहाँ जहाँ चलेगा, मेरा साया साथ होगा...' का अर्थ कुछ धुँधलाया रहा।

80. **सूत जाना :** सो जाना।

81. **हतना :** इतना। किसी चीज़ की मात्रा बतलाने के लिए इस शब्द का प्रयोग किया जाता है। अक्सर दोनों हाथ को फैलाकर अधिक मात्रा होने का संकेत दिया जाता है।

82. **हदस जाना :** घबराहट में दिल बैठ जाना।

83. **हड़काना/हरकाना :** डाँटना।

पदावली

1. **अपने ही जइसा आदमी है :** विश्वसनीय आदमी के लिए ऐसा कहा जाता है। चाहे कहने वाला विश्वासपात्र हो या नहीं।
2. **आँय हो, तोहार बच्चा बच्चा आ हमार बच्चा जनसंख्या बिसफोट, बे? :** बात साफ़ है। कहने वाला ये जता रहा है कि उसे एवं उसके प्रियजनों को पर्याप्त सम्मान नहीं मिलता। यदि तुम्हारा बच्चा बच्चा है तो हमारा बच्चा केवल जनसंख्या विस्फोट की इकाई तो नहीं। हमें ये मुहावरा काफ़ी पसन्द है।
3. **आइसन न मिली अब :** ऐसा अब नहीं मिलेगा। चुनाव के दौरान गाँव के बुजुर्गों की याद्दाश्त उन्हें अतीत में ले जाती है और वे पुराने नेताओं से वर्तमान नेताओं की तुलना करने लगते हैं। और यह तो आपको कोई भी बता देगा कि नेता, कपड़े और खाना जैसे गये ज़माने में मिलते थे, वैसे तो अब दिखाई भी नहीं पड़ते।
4. **आई पडपोज यू :** मैं तुमसे प्यार करता हूँ। बहुत दुर्लभ! देखिएगा कि यदि किसी लड़के को किसी लड़की के सामने अपने दिल की बात रखनी हो तो ये तीन शब्द उसका ब्रह्मास्त्र होते हैं। पहले तो ये उसके मन का हाल साफ़तौर पर लड़की के आगे रख देते हैं। दूसरे, लड़की को अन्दाज़ा हो जाता है कि अंग्रेज़ी के किस ज्ञानी से उसका पाला पड़ा है। परन्तु इतिहास गवाह है, ये तीन शब्द जवाब में तमाचा ही पाते हैं।
5. **ऑल इंडिया गईल :** पूरी कॉलोनी में गयी है। जब 'लाइन' कटती है, तब बाहर जाकर दूसरों के घर में झाँका जाता है। यदि क़िस्मत अच्छी हो तो आस-पास सभी के यहाँ अँधेरा होता है। घर में भीतर लौटकर आते हैं और ऐलान करते हैं 'ऑल इंडिया गईल'!
6. **आप करे ता टॉम क्रूज, अ हम करें ता करकटर लूज! :** क्या किसी अर्थ की आवश्यकता है यहाँ पर? बिहार एवं पूर्वी उत्तर प्रदेश में उच्चारण की कुछ अशुद्धियाँ पायी जाती हैं। परन्तु ये अशुद्धियाँ अर्थ को अनर्थक नहीं करतीं। हमें तो ऐसा प्रतीत होता है कि बिहारी जान-बूझ कर इस प्रकार उच्चारण

करते हैं। अमेरिका हो या ऑस्ट्रेलिया, केरला हो या गुजरात, एक बिहारी दूसरे बिहारी को इन्हीं सब 'अशुद्धियों' के कारण पहचान लेता है। फर्राटे से अंग्रेज़ी बोलने वाला बिहारी भी, जब अपनी भाषा में अभिव्यक्ति करता है, तो ये असामान्यताएँ देखने को मिलती हैं।

7. **आरा जिला घर बा ता कवन बात के डर बा**? : यदि आपका निवास-स्थल आरा ज़िला में है तो आपको किसी बात का डर नहीं है। हमारे पतिदेव आरा से हैं। और हमारे अलावा उन्हें किसी का डर नहीं है!

8. **ओकरा से पार पाई तू**? : उसे हरा पाओगे? यह सवाल उस अल्पबुद्धि प्रत्याशी से किया जाता है जो किसी भेटनर के सामने चुनावी मैदान में खड़ा हो।

9. **ए गो/एक ठो** : एक। दरअसल किसी संख्या के पीछे 'गो' या 'ठो' में से कोई भी प्रत्यय लगाने का चलन है। मतलब एक ही है। यानी देखा जाये तो दोनों ही प्रत्ययों का कोई मतलब नहीं है। दोनों ही व्यावहारिक रूप से लगाए जाते हैं।

10. **एबीसीडी (ABCD)** : आरा-बलिया-छपरा-देवरिया। ये बिहारी वर्णमाला के चार ऐसे अक्षर हैं जिन्हें राजनीति एवं अपराध जगत के महारथियों का गढ़ माना जाता है। ये हम नहीं कह रहे हैं...ऑल ओभर इंडिया में ई बात प्रचलित है!

11. **एक दिन पूरी रे पचासी, एक दिन ठाप रे उदासी** : जीवन में कुछ भी एक समान नहीं रहता।

12. **एकर दूध भात** : इसकी बात का कोई मूल्य नहीं है। किसी के विचारों को दूध-भात कहकर नकारा जा सकता है। या फिर खेल के मैदान में जब किसी बड़े भाई को जबरदस्ती अपने छोटे भाई/बहन को खिलाना पड़ता है, तो शुरू में ही ये तय कर लिया जाता है कि छोटे के खेल को किसी गिनती में नहीं लिया जायेगा।

13. **एक्के बैक** : अचानक से।

14. **एगजमवा फोड़ देब** : परीक्षा में बहुत अच्छा परफॉर्मेंस करना ताकि अव्वल आ सकें।

15. **एतना गोली मारम न, खोखा बेच के करोड़पति हो जाइम!** : धमकी है कि इतनी गोली मारेंगे कि खोल बेच-बेचकर ही करोड़पति हो जायेंगे। ये बात और है कि जो इतनी गोली ख़रीदेगा वो तो पहले ही से करोड़पति होगा! सामान्य ज्ञान को ताक पर रखकर ही इन मुहावरों का आनन्द लिया जा सकता है।

16. **एही जमनवे बा, बउआ!** : ये ही ज़माना आ गया है! जब किसी बुरी घटना का कोई और तर्कसंगत कारण न मिले, तो बिहार में स्वयं की किस्मत को

दोष देने की बजाय ज़माने को दोषी ठहरा दिया जाता है। यदि कोई जात के बाहर विवाह करने का अधर्म करता है, या भाई-भाई से ज़मीन-जायदाद के पीछे लड़ जाता है, या बहुएँ अपनी चलाने लगती हैं, तो घर के बड़े-बूढ़े किसी कोने में बैठकर ये बोलते रहते हैं। कोई इस बात को तूल नहीं देता। क्या करें, एही जमनवे बा!!

17. **ऐनी टाइम** : हमेशा। अंग्रेज़ी में इसका अर्थ 'किसी भी समय' होता है तो होता रहे! बिहारी तो इसे 'हर समय' के अर्थ में ही प्रयोग करेंगे। ऐनी टाइम देखिएगा तो ये ख़ास प्रयोग ही पाइयेगा।

18. **क़द्दावर नेता :** मँजे हुए राजनेताओं को इस उपाधि से नवाज़ा जाता है।

19. **कपार बथना :** सिरदर्द होना।

20. **करे के गोरखई पूछे गाँव के जामा :** काम करना है चौकीदारी का और पूछ रहे हैं गाँव के ख़ज़ाने के बारे में। कोई साधारण व्यक्ति यदि राजनीतिक या सामाजिक स्तर पर गहन सवाल उठाता है तो उसे ऐसा कहकर चुप करा दिया जाता है।

21. **का कहीं कुछ बुझात नईखे, कहला बिना रहाते नईखे :** क्या कहें कुछ समझ नहीं आता, कहे बिना रहा भी नहीं जाता।

22. **केकरा कहवई के पतीयाइताय, जेकरे कहवई वाइह लतियाइताय :** किसको कहें, कौन समझेगा, जिसको कहूँगा वही गाली देगा! वोट माँगने जाते कार्यकर्ता से पूछिएगा तो बतायेंगे कि उन्हें बेवजह कितनी खरी-खोटी सुननी पड़ती है।

23. **कैट (CAT)** : कैसुअल आरा टाइप (Casual Arra Types) "क्यों बे, बहुत कैट समझते हो ख़ुद को?" आरा के युवकों की बेवजह अकड़ को साधने के लिए ऐसे कहा जाता है।

24. **गड्ढा फीलडर होना :** बेकार खिलाड़ी है। देश की रगों में दौड़ने वाला क्रिकेट का खेल बिहार में भी बेहद जुनून के साथ खेला जाता है। बढ़िया खिलाड़ी को शाबाशी देने में कोई विश्वास नहीं रखता पर यदि किसी से कोई कैच छूटा, तो उसी क्षण से जीवनपर्यन्त वो 'गड्ढा' के नाम से जाना जाता है।

25. **गर्दा उड़ाना :** धूल उड़ाना। जबरदस्त प्रभाव के लिए इस शब्द का प्रयोग किया जाता है। किसी नेता की रैली का प्रभावशाली भाषण सुनकर कई नवयुवक ये कहते मिलेंगे, "वाह!! एकदम गर्दा!!"

26. **गाण्डीव की धार हूँ, मोकामा घाट का भूमिहार हूँ :** जातीय समीकरण को रेखांकित करता यह कथन आप मोकामा के तीव्र प्रवृत्ति के भूमीहार वर्ग के मुँह से सुन सकते हैं। जाति-धर्म से परे होने का दावा करने वाले जे.एन.यू. के कन्हैया भी इसी प्रकार गाण्डीव की धार हैं!

27. **घर के लईका भूखे मरे, बहुरिया माँगे पूरी :** बेटे के पास खाने तक को नहीं है और बहू पकवान की फरमाइश कर रही है। भारत के ज़्यादातर मुहावरों में महिलाएँ अविवेकपूर्ण बातें कहती मिलेंगी। परन्तु यह वास्तविकता से कोसों दूर है। अभाव में भी सुचारु रूप से घर चलाती महिलाएँ हर गाँव और शहर में बसती हैं। याद रखिये कि मुहावरों को यथाशब्द लेना ठीक नहीं।

28. **घर में न भुजड़ी भाँग, बेटा के नाम दुर्गा राम :** अभाव में भी अनावश्यक रौब दिखाना।

29. **चल जाईबा बेटा तिलहण्डी में :** कहाँ चले जाओगे, पता भी नहीं चलेगा। ये भी एक प्रकार की गीदड़ भपकी है जो चुनाव के दौरान सुनने को मिलती है। पसन्दीदा प्रत्याशी की तुलना यदि किसी दूसरे से होने लगे और दो गुट बँट जायें, तो दूसरे गुट को ऐसा कहकर आने वाले ख़तरे से अवगत कराया जाता है।

30. **चवनिया मुसकान :** सकुचाई/ललचाई सी मुस्कान, जो युवाओं के चेहरे पर कुछ ख़ास मौक़ों पर देखने को मिलती है। जैसे जब उस लड़की का ज़िक्र हो जिसे युवक मन ही मन अपना मान चुका है, या उस युवती के चेहरे पर तब जब उस युवक का ज़िक्र हो जिससे शादी की बात चल रही हो, या पिताजी के चेहरे पर।

31. **चुनाव काहे खाती न लड़ेला? :** चुनाव क्यों नहीं लड़ लेता? ये प्रश्न उन बेरोज़गार नवयुवकों से पूछा जाता है जो दबंगई के जोश में रहते हैं, आई. ए.एस. की परीक्षा देना नहीं चाहते क्योंकि वे अपनी योग्यता से अवगत हैं। इनसे अमूमन किसी भी काम-काज की उम्मीद नहीं की जा सकती। ताने और सुझाव के बीच में कहीं ये बात पायी जाती है। इसके जवाब में नवयुवक झल्ला के सर हिला देता है। मानो कह रहा हो, "आप क्या जानें हमारी कीमत?"

32. **छपरा जिला घर बा तो लाठी खाए के डर बा! :** हमें शक है कि ज़रूर आरा वालों ने चिढ़ाने के लिए छपरा वालों पर यह कथन जड़ दिया होगा।

33. **छॉ इंच छोटा करना :** गला काट देना। ये एक ख़तरनाक धमकी है जो ज़्यादातर किसी कन्या के प्रेम में पागल आशिक़ उससे बात करने वाले किसी भी लड़के को दे बैठते हैं। बिहार के स्कूलों में पायेंगे कि सुन्दर कन्याओं का कोई मित्र नहीं होता। एक-आध सहेली होती है बस। बाक़ी सब को धमका दिया जाता है।

34. **जानते हो बे? :** ये तीन शब्द किसी धुआँधार बात को बताने से पहले कहे जाते हैं। सच यह भी है कि किसी फालतू बात को बताने से पहले भी इन

शब्दों को लगा देने से, सुनने वाले पर जादू जैसा असर होता है, और इस बात के महत्त्व का स्तर बहुत उठ जाता है।

35. **जीतेंगे तो रम चलेगा, हारेंगे तो बम चलेगा** : क्या कहें!! अभिव्यक्ति की आज़ादी भी तो है! फिर बम थोड़े ही चलाया है किसी ने। ये तो बस कहने की बात है। है न!

36. **जीतेंगे तो वाइन चलेगा, वरना कारबाइन चलेगा** : हालाँकि इसका अर्थ साफ़ है पर इस बार के विधानसभा चुनाव के बाद ऐसा कुछ भी नहीं हो सका। हिंसा की कोई ख़बर नहीं आयी और नशाबन्दी के चलते वाइन भी नहीं।

37. **झरहड़ी लग जाना** : दस्त होना। गाँव में एक सामान्य घटना।

38. **ट्रेन का पिटाना** : बिहारी लोगों की खेलों में अजीब-सी कुंती है। इतनी कि वे रेलगाड़ी की गति को भी एक खेल बना लेते हैं। अब ये कोई बहुत गहरा राज़ नहीं है कि भारत में रेल पर खेल बनाना टेढ़ी खीर है। खेल यूँ है कि आप जिस रेलगाड़ी में बैठे हैं, आपको ये देखना है कि वह किस-किस रेल को पीछे छोड़ती है और किस से "पिटाती" या हारती है। इसका केवल एक नियम है—राजधानी सबको पीट देती है और जनता एक्सप्रेस सब से पिट जाती है। बाकी सभी रेलगाड़ियों की गति आपकी क़िस्मत से तय होती है और इसी में इस खेल का रस है।

39. **तू हमार हाऊ** : तुम हमारी हो। हाई स्कूल में लड़के कक्षा की लड़कियों को मन ही मन बाँट लेते हैं। लाइन मारने का ये अन्दरूनी तरीका काफ़ी दिलचस्प है। लड़की को पता तक नहीं चलता और कोई लड़का उसे मन ही मन अपनी मान के बैठ जाता है। लेकिन ये राज़ वो बाक़ी के लड़कों को बता देता है ताकि उस लड़की के बारे में सोचकर कोई अपना बहुमूल्य समय व्यर्थ न करे। किस लड़की को मन ही मन अपनाना है इसका फ़ैसला उसकी जात एवं उसकी पारिवारिक परिस्थिति को ध्यान में रखते हुए किया जाता है।

40. **दाँत चियार देना** : ज़ोर से हँस देना।

41. **दाल भात भुँजिया** : दाल चावल और सूखी सब्ज़ी। बिहार दाल-भात-भुँजिया पर दौड़ता है। बिहारी मज़दूर लद्दाख के पहाड़ों पर हों या बिहारी जवान सीमा पर, बिहारी अफ़सर पेरिस में हों, या बिहारी मन्त्री दिल्ली में, दाल-भात-भुँजिया से जो स्फूर्ति उन्हें मिलती है, पहलवानों को घी पीकर भी नहीं मिल पाती।

42. **दिशा फिरना/झाड़ा फिरना/मईदान जाना** : हगने जाना। माफ़ कीजिएगा, बात शायद अभद्र है किन्तु बिना जाये रहा भी तो नहीं जा सकता! बात इतनी-सी है कि कई गाँवों में, घरों में शौचालय नहीं हैं। शिष्टोक्ति के चलते लोग इन

शब्दों का प्रयोग करते हैं। तो यदि आप बिहार में हों और कोई मैदान जाने पर आमादा हो तो समझ जाइये कि तलब खेलने की नहीं, कुछ और करने की है।

43. **दुर मरदे :** 'बक' का एक ऐसा रूप जिसे केवल पुरुष वर्ग को सम्बोधित करने के लिए ही प्रयोग किया जाता है।

44. **दुलउआ होना :** ख़ासतौर पर किसी नेता का दुलउआ होना मतलब बेहद प्रिय होना। ये दरअसल कोई होता नहीं है। ये केवल एक व्यक्ति का ख़्याली पुलाव होता है जो वो समाज में अपनी प्रतिष्ठा बढ़ाने के लिए कहता चलता है। "हम मन्त्री जी के दुलउआ बानी नू? एही खाती हमनी के बहुत पूछ होता!" पूछता किसी को कोई नहीं। हाँ, कभी-कभी कोई किसी को पुकार ज़रूर लेता है।

45. **देख रहे हैं :** हम उस जगह पर गये हैं। हमें पता है वह कहाँ है। जब कोई आपसे किसी जगह पहुँचने का रास्ता पूछता है, या फिर ये पूछता है कि आप कहाँ के हैं, तो आपको ये ज़रूर सुनने को मिलेगा। जैसे, हमसे किसी ने पूछा कि हमारा ससुराल आरा में कहाँ पर है। हमने कहा, "जगदीशपुर"?
"हाँ हाँ, जगदीसपुर देख रहे हैं!"
"वहाँ पीरो"
"पीरो देख रहे हैं!"
"वहीं पास में गाँव है खननी कलाँ, बड़की खननी!"
"देख रहे हैं, देख रहे हैं, खननी कलाँ!"
यहाँ "देख रहे हैं" का तात्पर्य है कि वे इन जगहों पर गये हैं।

46. **नीतीश बाबू तुम मत घबराना, पीछे तुम्हारे नया ज़माना :** चिरकाल से चला आ रहा ये नये ज़माने वाला पुराना नारा है। लेकिन चुनावी गर्मी में नेता घबराए बिना कैसे रह सकता है?

47. **पनछुछुर/पनछुछुल :** बेस्वाद। दाल में पानी अधिक हो तो पनछुछुल। भुँजिया में नमक कम हो तो पनछुछुल। दो लोगों के बीच की बातचीत दिलचस्प न हो तो भी पनछुछुल।

48. **परमोटी अफ़सर :** बिहार में लोग दावा करते हैं कि वे किसी को देखकर ही बता सकते हैं कि वह परीक्षा पास करके अफ़सर बना है या साल-दर-साल तरक़्क़ी पाकर। किसी कारणवश यहाँ 'परमोटी' का मूल्य कुछ कम होता है परन्तु काम निकालने के लिए पूरे उत्साह से इनका भी सहारा लिया जाता है।

49. **फर्जी भौकाल :** फालतू दिखावा। ज़ाहिर है कि चुनाव के दौरान विपक्षी दल हमेशा फर्जी भौकाल ही करते हैं। गर्दा तो केवल अपना ही नेता उड़ाता है।

50. **बक! चुप!** : इसका उपयोग सामने वाले की बोलती बन्द कराने के लिए किया जाता है। भाभी यदि देवर की बात सुनकर लजा जाये तो 'बक!', बाप यदि बेटे की माँग को बेहद अनावश्यक घोषित करना चाहे तो 'बक', राजनीतिक बहस में प्रतिद्वन्द्वी के प्रश्न का उत्तर न होने की सूरत में रुष्ट होकर 'बक!'

51. **बमक के फायर** : ग़ुस्से में लाल। जहाँ एक ओर, आपके पिताजी या बॉस को ही बमक के फायर होने का अधिकार होता है वहीं दूसरी ओर, दामाद से यह आशंका रहती है कि वे किसी भी समय बमक के फायर हो जायेंगे। उन्हें ज़रूरत से ज़्यादा तवज्जो नहीं दी जाती क्योंकि ये सामान्य व्यवहार माना जाता है।

52. **बहुत माई डियर आदमी बा** : जो व्यक्ति हाल ही में सरकारी नौकरी में किसी रिश्तेदार की बहाली के लिए पैरवी कर दे, वो 'माई डियर' आदमी हो जाता है। वैसे अपने पसन्दीदा चुनावी प्रत्याशी के गुणों का बखान करने के लिए भी इसका प्रयोग होता है।

53. **बरियाई दिखाना** : शक्ति प्रदर्शन करना। चुनाव में हर छोटे-बड़े दल को बरियाई दिखाते पायेंगे।

54. **बात बाक़ी जो है सो की** : आगे की बात इस प्रकार है...

55. **बाप मरे अँधेरिया में, अ बेटा के नाम पाभर हाउस** : नयी पीढ़ी का वास्तविकताओं से अनजान रहना।

56. **बिहार का लेनिनग्राद** : बेगूसराय को बिहार का लेनिनग्राद भी कहा जाता रहा है। कहते हैं कि "जब लेनिनग्राद में हवा चलता है तो बेगूसराय का लईका छाता लेकर बईठ जाता है कि बारिश यहाँ न हो जाये!"

57. **बेगूसरैया है** : बेगूसराय का है। जो महानुभाव बेगूसराय से होते हैं, वे अपनी हर हरकत पर ये सुन ही लेते हैं—"बेगूसरैया है, बे!"

58. **बैठल बुढ़िया का करे, ए कोठरी के धान ओ कोठरी में** : गाँव की बुढ़िया को कोई ख़ास काम नहीं होता। वे बिना बात की व्यस्तता दिखाती रहती हैं।

59. **बिर्हीया पूड़ी** : ये एक विशालकाय पूरी होती है जिसे किसी की मौत के भोज पर बनाया जाता है। बच्चे आपको बतायेंगे कि यदि ये दो शब्द किसी बूढ़े को कहो तो डंडा लेकर मारता है। केवल इस पूरी का नाम लेने का तात्पर्य है कि आप उस वृद्ध व्यक्ति को कह रहे हैं कि आप उसके घर भुनिया पूड़ी खाने की राह देख रहे हैं।

60. **भेटनर है!** : अंग्रेज़ी शब्द Veteran का बिहारीकरण है। परन्तु अर्थ भिन्न है। भेटनर वह नेता कहलाता है जो अपने साधू बनने से पहले कई छोटे-बड़े अपराध कर चुका हो।

61. **मणे के :** यानी कि एक प्रसिद्ध बिहारी तकिया कलाम!

62. **माथा ख़राब करना :** दिमाग़ ख़राब करना।

63. **मार के मुआ देना :** मार देना।

64. **खिस बरना :** ग़ुस्सा आना।

65. **रोम पोप का, मधेपुरा गोप का :** मधेपुरा के शक्तिशाली यादव समाज को इटली की राजधानी में स्थित पोप के निवास स्थल वैटिकन से तोला गया है। बात की गहराई में जायेंगे तो इसकी सार्थकता का आभास होगा।

66. **लाइट बुताना :** बत्ती बुझाना।

67. **लाइन आना/कटना/बिजली आना या जाना :** बिजली को बिहार भर में, और नोयडा, मयूर विहार एवं द्वारका के उन इलाक़ों में, जहाँ बिहारी विहार करते हैं, 'लाइन' कहा जाता है।

68. **लेडीज़ है न जी तुम्हारे साथ? बैठ जाओ :** यह बिहारी शिष्टाचार है। इसका नमूना आपको किसी भी रेलगाड़ी में मिल जायेगा।

69. **ले बिलईया! :** फिर से उसी प्रकार सब गुड़ गोबर हो गया, जैसे हर बार होता है।

70. **लोड लेना :** परेशान होना। लोड लेने के ख़िलाफ़ पूरा बिहार आपको समझाता रहता है। जब तक कि आप सच में किसी भी बात की चिन्ता करना छोड़ नहीं देते!

71. **वोट देबा त ठीक बा : बाक़ी सब फिक्स बा :** वोट दोगे तो ठीक है वैसे तो सब फिक्स है। ये वो धमकी है जो गये ज़माने में बूथ कैप्चरिंग के अपराध के बारे में कही जाती थी।

72. **सटला ता गईला बेटा :** सटे तो गये! ट्रक और ट्रैक्टर के पिछले हिस्से पर सबसे कॉमन वाक्य यही होता है।

73. **सदन का सुख (भोगना/से वंचित होना) :** ये वो राजनीतिक सुख है जिसकी अभिलाषा कई लोग करते हैं। बड़े नेताओं के आगे-पीछे घूमने से कइयों को नामांकन द्वारा इस सुख की प्राप्ति होती है। वहीं दूसरी ओर, चुनाव में ख़ून-पसीना इत्यादि बहाने पर भी कुछ अभागे इस सुख से वंचित रह जाते हैं।

74. **सबके बाँट अ हमरा डाँट :** सबको प्यार से दे देना और हमको डाँट के भगा देना! इसमें लेने-देने का ठीक वही अर्थ है जो आप सोच रहे हैं!

75. **समान किनने जाना :** ख़रीदारी करने जाना। महिलाएँ समान किनने जाती हैं और .ज़्यादातर अपने घर की और महिलाओं के साथ ही जाती हैं। मॉल हो या बाज़ार, अकेले शॉपिंग करने आयी किसी महिला को आप नहीं पायेंगे।

76. **सामान सरियाना :** सामान सँभालना। इसके दो प्रयोग हो सकते हैं। एक तो, घर में सामान को सँवार के, सलीक़े से रखना और दूसरा, किसी सफ़र के लिए सूटकेस में सामान रखना। पूरे चुनाव के दौरान न जाने कितनी बार हमें सामान सरियाना पड़ा।

77. **सुतनी मिलना :** कुछ नहीं मिलना या ठेंगा मिलना। अप्रिय प्रत्याशी को वोट दीजिएगा तो क्या मिलेगा? सुतनी ही मिलेगी नू?

78. **सूपवा हँसे चलनिया के :** सूप हँसे छलनी पर। सूप बाँस का बना एक बड़ा छन्ना होता है जिसकी मदद से चावल से धान अलग किया जाता है। मुहावरे का अर्थ है अपनी कमियाँ न देखकर दूसरों का मज़ाक़ उड़ाना।

79. **हमहु :** हम भी। "हमहु खाब/चलब" ऐसा आमतौर पर सुनिएगा। यानी, हम भी खाएँगे, चलेंगे इत्यादि। इस तरह से बोलने में एकता भाव साफ़ झलकता है। जो करेंगे, साथ करेंगे।

80. **हाँ, बे! :** पहली नज़र में अति साधारण प्रतीत होने वाले ये शब्द ज़्यादातर अपनी अज्ञानता को छिपाने के लिए कहे जाते हैं। मित्रों के बीच चर्चा में जब एक मित्र कोई ऐसा तथ्य पेश करता है जिससे दूसरा सर्वथा अज्ञान रहता है, तो वो बीच बीच में 'हाँ, बे' कहकर ख़ुद को धोखा देता है कि वह भी उस विषय की जानकारी रखता है। हालाँकि ऐसा हरगिज़ नहीं होता।

81. **हैईये है :** है ही। नीतीश जी बढ़िया नेता तो हैईये हैं, ऊपर से बोलते भी अच्छा हैं।

नोट

ड़/र : 'ड़' को 'र' बोलना और जब अपनी इस अशुद्धि से अवगत हो जायें तो उच्चारण को सँभालने के लिए सही जगह पर भी 'र' को 'ड़' कर देना। जैसे–टोकड़ी, घबड़ाना, घोरा, सरक। हमारे यहाँ किसी को चिढ़ाना हो तो उसे केवल ये वाक्य दोहराने को कह दीजिए : 'घोड़ा सड़क पर तड़क तड़क के दौडता है!'

स/श : यह एक आम अशुद्धि है। जैसे–सीसा, सहर, अभिसेक, सेर।

र/ल : ये चीन के लोग भी करते हैं। सम्भव है कि चीन और बिहार की नजदीकी इस अशुद्धि के माध्यम से भी इन दोनों जगहों से जुड़ती हो। जैसे–दीवाल, करेजा।